XIN SHIDAI GAOXIAO XUELI JIXU JIAOYU ZHILI
GUANGDONG SHENG DE YANJIU YU SHIJIAN

# 新时代高校学历继续教育治理

## 广东省的研究与实践

"广东省高等学历继续教育治理体系研究与构建"课题组　编著

U0330414

中山大学出版社
SUN YAT-SEN UNIVERSITY PRESS
·广州·

**图书在版编目（CIP）数据**

新时代高校学历继续教育治理：广东省的研究与实践／"广东省高等学历继续教育治理体系研究与构建"课题组编著． -- 广州：中山大学出版社，2024.10

ISBN 978 - 7 - 306 - 08091 - 2

Ⅰ. ①新… Ⅱ. ①广… Ⅲ. ①高等学校—继续教育—研究—广东 Ⅳ. ①G72

中国国家版本馆 CIP 数据核字（2024）第 096791 号

出　版　人：王天琪
策划编辑：赵　冉
责任编辑：王贝佳
封面设计：周美玲
责任校对：凌巧桢
责任技编：靳晓虹
出版发行：中山大学出版社
电　　话：编辑部 020 - 84111946，84113349，84111997，84110779，84110776
　　　　　发行部 020 - 84111998，84111981，84111160
地　　址：广州市新港西路 135 号
邮　　编：510275　传　真：020 - 84036565
网　　址：http：//www.zsup.com.cn　E-mail：zdcbs@ mail.sysu.edu.cn
印　刷　者：广东虎彩云印刷有限公司
规　　格：787mm×1092mm　1/16　19.25 印张　334 千字
版次印次：2024 年 10 月第 1 版　2024 年 10 月第 1 次印刷
定　　价：58.00 元

# 编委会

# 前　言

习近平总书记在党的二十大报告中指出："从现在起，中国共产党的中心任务就是团结带领全国各族人民全面建成社会主义现代化强国、实现第二个百年奋斗目标，以中国式现代化全面推进中华民族伟大复兴。"要推进中国式现代化伟大实践，离不开"具有基础性、先导性、全局性地位和作用"的教育的鼎力支撑。党的二十大报告从"实施科教兴国战略，强化现代化建设人才支撑"的高度，对"办好人民满意的教育"做出专门部署，凸显了教育的基础性、先导性、全局性地位，彰显了以人民为中心发展教育的价值追求，为我们在新时代、新征程中推动教育改革发展，办好人民满意的教育，建设教育强国指明了方向，提供了根本遵循。

继续教育是面向学校教育之后所有社会成员的教育活动，是终身学习体系的重要组成部分，也是教育强国建设的重要领域之一。但反观当前我国的整个教育版图，与基础教育、职业教育、高等教育相比，继续教育仍然属于薄弱环节、突出短板，需要奋发图强，迎头赶上！从中国式现代化对教育的要求来看，办不好继续教育，人民对教育的整体满意度就不会提升；缺失继续教育的现代化，中国教育的现代化就无法真正实现；在建设教育强国的路上，每一类教育都不能弱，更不能少！没有最广大人民参与的高质量继续教育作为支撑，"凝聚人心、完善人格、开发人力、培育人才、造福人民"的教育工作目标就无法实现！2022 年，《教育部关于推进新时代普通高等学校学历继续教育改革的实施意见》以"全面规范、提高质量"为主线，对普通高校举办的学历继续教育改革做出了全面部署，努力推动形成办学结构合理、质量标准完善、办学行为规范、监管措施有效、保障机制健全的新格局。

广东是中国改革开放的排头兵、先行地、实验区，在中国式现代化建设的大局中地位重要、作用突出。党的十八大以来，习近平总书记曾多次到广东考察调研、多次参加全国人大二次会议广东代表团审议，每到广东发展的重要关口，都及时为广东定向领航，指引广东在新时代伟大征程中经风雨、化危机，应变局、开新局。广东也是继续教育大省，在职人员的高等学历教育学习需求十分旺盛，正在向继续教育强省迈进。近年来，在广东省教育厅强有力的领导下，在省内高校的积极参与、开拓进取下，广东省对继续教育治理，特别是高等学历继续教育治理进行了有益探索，在专业建设与管理、教材与资源建设、校外教学点规范管理等方面取得了突破性进展。为持续推进全省高等学历继续教育治理，整体提升办学质量，2020年，广东省教育厅专门设立委托课题"广东省高等学历继续教育治理体系研究与构建"，本书是该课题的主要成果。本书站在新时代的发展关键节点，立足广东，放眼全国，分析和探讨高校学历继续教育治理的内涵与实践模式，初步构建了包含宏观治理、中观治理、微观治理的治理体系，努力为全国高校学历继续教育的改革创新提供广东方案、广东智慧和广东力量。

本书是集体智慧的结晶。其中，第一章由赵宏牵头撰写，在回顾高校继续教育发展历程的基础上，立足时代要求，提出了高校继续教育发展的新定位；第二章由林世员编写，梳理了高校学历继续教育的质量观、内涵与外延等，并分析了当前高校学历继续教育质量存在的问题；第三章由廖芳芳撰写，在分析治理的概念的基础上探讨了我国高校学历继续教育治理的内容和体系；第四章由赵宏、王海荣、贺义梅撰写，重点阐述了宏观层面的高等学历继续教育政策治理；第五章由张妙华、黄旖旎、刘青青撰写，重点阐述了中观层面的高校内部治理；第六章由孟宪明撰写，重点阐述了微观层面的专业治理，特别是人才培养方案的编制；第七章由郑智源、贺义梅撰写，客观呈现了广东省高校学历继续教育的发展现状与问题；第八章由郑炜君牵头撰写，重点阐述了广东省终身学习资历框架与学分银行的研究与实践进展，其中，广东省面向终身学习的学分银行建设一节，李雪婵、何丽萍、贺宪春、赵斯羽、张晶榕均做出了贡献；第九章由杨娴英撰写，呈现了广东高校学历继续教育的若干优秀案例；第十章由贺义梅、郑智源撰写，梳理了近年来广东省高校学历继续教育治理的举措，以及面临的挑战与未来发展思考。全书由武丽志、贺义梅、邱礼平、雷丹、彭展琼进行统稿。

本书从构思到付梓，得到了广东省教育厅职业教育与终身教育处的大力支持，特别是调研员周宝堂在本书写作、编辑的不同阶段都给予了悉心指导，并在课题组因为教育部政策调整不得不进行大幅修改的时候，一再鼓励团队不要放弃，要将研究做下去并将成果正式出版，从而避免了本书的夭折。此外，中山大学出版社赵冉老师对本书的出版付出了大量心血。在此一并对以上参与本书撰写，以及提供过程指导、帮助的各位领导、专家、老师们表示衷心的感谢。

高校学历继续教育正处于发展变革期和政策调整期，无论是理论层面，还是实践层面均呈现出日新月异之势。因此，书中难免存在一些纰漏，还请广大读者、同行批评指正。期待在国内同行的共同努力下，一起推动我国高校学历继续教育健康、可持续发展，服务于中国式现代化建设，服务于学习型社会、学习型大国建设。

武丽志

2023 年 10 月于广州

# 目　录

# 第一章 时代背景：新时代、新要求、新期待

继续教育是面向学校教育之后所有社会成员的教育活动，特别是成人教育活动，是终身学习体系的重要组成部分。我国高校学历继续教育起步于新中国成立初期，改革开放后获得长足发展，已形成了多主体、多形式、多层次、广覆盖的办学服务体系。步入新时代，党和政府高度重视继续教育发展，提出了"建设全民终身学习的学习型社会、学习型大国"要求，为高校发展继续教育（特别是高等学历继续教育）指明了方向。

## 第一节 高校学历继续教育发展历程回顾

新中国成立以来，我国高校继续教育经历了曲折发展、恢复发展、快速发展、转型发展四个阶段。

### 一、曲折发展阶段（1949—1977 年）

1950 年，中国人民大学创办了新中国第一家马克思主义夜大学。1951 年，刘少奇同志亲自批准中国人民大学函授教育方案，开创了我国举办正规成人高等教育的先河。[①]

1951 年，中国人民大学创办了高等函授教育，首创了我国大学以函授形式办高等教育的模式。1953 年，高等教育院系调整后，为进一步挖掘全国现有高校培养各方面建设人才的潜力，让更多在职工农和干部能够接受现代科学文化知识教育，创办函授大学和夜大学被列为高等教育改革的一项重要内容。从此，高等学校函授教育和夜大学教育在全国范围内逐步开展。

1953 年，中国人民大学和东北师范大学率先开始函授教育招生。1954 年 11 月，教育部《关于"视察东北实施函授教育报告"的通报》指出：

---

① 中国人民大学继续教育学院：《中国人民大学继续教育学院简介》，见中国人民大学继续教育学院（http://sce.ruc.edu.cn/gywm/xyjj/index.htm），访问日期：2022 年 7 月 23 日。

"对东北函授教育的经验，必须加以巩固、推广。"随后，1955 年 5 月，教育部《关于在北京师范大学办理高等师范函授部的指示》指出："高等师范学校应立即开展函授教育。"1956 年 5 月，高教部《关于综合大学开办函授教育的通知》提出，自 1956 年秋季起，在复旦大学、东北人民大学、北京大学等综合大学开办函授专业。到 1957 年第一个五年计划结束时，全国举办函授教育的高校共 58 所，举办夜大学的高校有 36 所，包括理、工、农、林、医、文、政法、体育等多种学科门类，共有函授学生 35000 人，夜大学学生 12000 人。[①]

1958 年以后，高等函授教育迅速发展，1961 年，全国举办高等函授教育的院校已达 194 所，在校生 26.6 万人，1961 年开始，教育部对发展过快的高等函授教育及时调整、压缩规模，出台一系列措施以加强函授教育管理，提高教学质量。此后五年，至 1966 年，将全国高等函授教育学校控制在 120 所左右，在校生规模控制在 20 万人左右。

这一时期，高等函授教育是我国高校继续教育的主要形式。与此同时，广播电视大学（简称"电大"）的继续教育形式也开始出现。1960 年 3 月，我国第一所电视大学——北京电视大学开学，第一期招生 6000 人。至 1962 年，北京电视大学在各区、县都建立了教学辅导站，形成了电视教学网，拥有学生 2.7 万多人。1966 年，北京电视大学共为国家培养出三届毕业生 8000 余人，单科结业生 5 万多人。北京电视大学创办之后，上海、沈阳、长春等城市相继成立了电视大学，吉林、重庆等地成立了业余广播大学。至此，我国高校继续教育事业正式起步，初步完成了探索正规化高校继续教育发展道路的任务。

"文革"期间，夜大学、函授教育和各地广播电视大学相继停办。厂办学校、职工学校和成人学校等工人大学兴起，实行脱产或半脱产学制，七二一工人大学、五七大学等在全国兴起，开展在职学员的学历教育或非学历培训。[②] 1973 年以后，有些高等学校为了培养、提高中学教师和上山下乡知识青年的文化素质，举办了一些函授教育。在此期间，这些继续

---

① 董明传、毕诚、张世平：《成人教育史》，海南出版社 2002 年版，第 73 页。

② 李中亮：《中国共产党领导下高等继续教育的百年历程、进展与展望》，载《当代继续教育》2021 年第 4 期，第 4－11 页。

教育由于缺乏明确的培养目标、严格的教学组织和规章制度，多数流于形式。

## 二、恢复发展阶段（1978—1986 年）

改革开放初期，经济全面复苏，人民群众对高等教育的需求和高等教育资源供给之间矛盾凸显。1980 年 9 月 5 日，国务院批转教育部《关于大力发展高等学校函授教育和夜大学的意见》指出："发展高等教育应贯彻两条腿走路的方针，采取多种形式办学，高等学校除办好全日制大学外，还应根据本校情况积极举办函授教育和夜大学。"这一文件对高等函授教育的方针任务、办学形式、教学工作、人员编制、经费、毕业生的使用和待遇都做了明确规定。从 1981 年开始，教育部连续出台了一系列文件，对普通高校举办函授教育和夜大学的政策、任务、办学形式、教学工作、人才培养、经费、毕业生的就业和待遇等做出进一步规定，这使得高等函授教育的发展得到全面恢复。

1978 年 2 月，邓小平同志亲自倡导并批准创办面向全国的广播电视大学。由此，广播电视大学快速发展，办学规模持续扩大。1979—1985 年，广播电视大学招收正式生总数约 149 万人（其中全科生 107.7 万人，单科生 41.5 万人），毕业生约 36 万人（其中全科毕业生 5 万余人，单科和多科毕业生约 31 万人）。[1] 在此期间，我国的电大体系也已基本形成，即由中央电大、省级电大、地（市）级电大分校、县级电大工作站以及教学班（点）组成远程教育教学管理系统。这个体系按照"统筹规划、分级办学、分级管理、分工协作"的方式运行。

广播电视大学快速发展的同时，普通高等学校也快速恢复和发展了以夜大学、函授等多种形式的学历补偿性质的继续教育，招生规模连年增长。1985 年，举办成人学历教育的全国普通高等学校达到 591 所，报考人数超过 170 万。通过创办广播电视大学、创新办学形式、调整办学主体结构，我国继续教育得到了整体发展。

---

[1] 陈丽等：《中国教育改革开放 40 年》（终身教育卷），北京师范大学出版社 2019 年版，第 83 页。

### 三、快速发展阶段（1987—1998 年）

随着我国市场经济体制改革的深入推进以及对外开放的大力开展，我国经济发展呈现出较强的活力，对人才的需求更加旺盛，进一步激发了人们的学习需求。国家针对这一现状颁布了一系列政策文件，明确了成人教育的战略地位。

1986 年 12 月，第一次全国成人教育工作会议召开，会议报告指出："我国成人教育进入了新的阶段。"① 1987 年 2 月，原国家教育委员会颁布了《普通高等学校函授教育暂行工作条例》，这是我国函授教育发展历程中第一份带有法规性质的综合性指导文件，它的制定和实施，对发挥高等学校优势，扩大高等教育规模，提高办学效益，促进函授教育发展具有重要作用。1987 年 6 月，国务院批转了《国家教育委员会关于改革和发展成人教育的决定》，该文件明确了成人教育是我国教育的重要组成部分，界定了成人教育的内涵和主要任务。1993 年颁布的《中国教育改革和发展规划纲要》，第一次明确提出成人教育是传统学校教育向终身教育发展的一种新型教育制度，对于提高全民素质，促进经济和社会发展具有重要作用。1990 年，全国普通高校成人教育工作会议之后 5 年间，原国家教育委员会陆续下发了关于高等函授教育的招生、教学、评估和函授辅导站管理等方面的一系列文件，并在 1993 年至 1996 年组织了评估工作。截至 1997 年，全国共有 635 所普通高校和 4 所独立函授学院开展高等函授教育，在校学生达 90 余万人，毕业生 20 多万人。

从 1986 年开始，原国家教育委员会对电大高等专科教育也采取了一系列的调整措施，例如明确电大成人教育的定位，考生通过全国成人高等教育统一考试方式入学，适当控制招生规模等。在此期间，电大的教育观念也发生明显变化：从一次性学校教育向终身教育观念转变，从传统的校园式封闭教育向现代远程开放教育观念转变，从以教师和课堂为中心向以学生和学习为中心的观念转变。

这一时期，政府通过颁布一系列法规、文件，使高校继续教育的各项规章制度得以完善、教学投入得到加强，无论是举办继续教育的高校数

---

① 尤文：《学习与贯彻：为第一次全国成人教育工作会议一周年而作》，载《北京成人教育》1987 年第 12 期，第 2 - 4、30 页。

量，还是受益于继续教育的学生规模都迅速增长，在很大程度上缓解了国家经济社会发展对各类专业人才的需求，提高了人口素质。

20 世纪 90 年代后期，随着现代信息技术的迅速发展和在教育领域的广泛运用，特别是现代远程教育的发展，传统的高等函授教育面临着生源竞争、资源多样化、教育模式和教学手段变化、师资短缺、工学矛盾等方面的新难题，高校继续教育的办学形式不断调整和优化。1998 年 12 月，教育部颁布《面向 21 世纪教育振兴行动计划》提出"实施'现代远程教育工程'，形成开放式教育网络，构建终身学习体系"的战略行动计划，以新一代现代信息技术应用为支撑的网络教育开始走上历史舞台。

**四、转型发展阶段（1999 年至今）**

为落实《面向 21 世纪教育振兴行动计划》，推动现代远程教育工程的进展，教育部决定支持若干所高校建设网络教育学院，开展远程教育试点工作。1999 年，教育部颁布了《关于启动现代远程教育第一批普通高校试点工作的几点意见》的通知，批准清华大学等四所高校为现代远程教育第一批试点院校，对试点工作的内容、试点条件、试点政策以及对应评估检查的要求等进行规定，这标志着我国"现代远程教育工程"正式启动。同年，教育部批准中央广播电视大学实施"中央电大人才培养模式改革和开放教育试点"项目，开展现代远程教育条件下中央电大人才培养模式改革和开放教育的试点，这意味着中央电大正在从卫星广播电视教育向基于现代信息技术的现代远程教育过渡和发展。2000 年，教育部出台了《关于支持若干所高等学校建设网络教育学院 开展现代远程教育试点工作的几点意见》，从归口管理方式、办学形式、网络教学模式、师资队伍建设、专业设置、学习制度和学位授予等方面对试点工作进行指示。试点初期的这两份文件，从宏观层面对试点工作的开展进行了规划。

随后在 2002 年，教育部先后颁发了《关于现代远程教育校外学习中心（点）建设和管理的原则意见》（试行）和《关于加强高校网络教育学院管理提高教学质量的若干意见》。这两份文件明确要求试点高校加强质量管理，指出质量是网络教育可持续发展的重要保证，要求各试点高校建立网络教育质量标准，加强招生、教学过程以及考试管理，保证教学质量，并提出建立年报年检制度，加强质量监控。2005 年，教育部公布的全国成人高等教育招生计划指出，成人高等教育要坚决控制并逐步减少成人脱产班的招生规模，函授、夜大学等业余学习形式的招生计划一律不得用于招收成人脱产班，随后各高校逐步停办成人脱产班。到 2007 年年底，在认真总结、吸收函授教育和广播电视教育的有益经验的基础上，现代远程教育初步形成了有中国特色的高校网络教育办学体系和支持服务体系，已成为我国高等教育和终身教育体系建设的重要组成部分。[①]

2010 年，《国家中长期教育改革和发展规划纲要（2010—2020 年）》的颁布把高校继续教育创新发展推向新的阶段，该文件用"继续教育"一词代替了"成人教育"，明确"继续教育是面向学校教育之后所有社会成员的教育活动，特别是成人教育活动，是终身学习体系的重要组成部分"；提出了加快发展继续教育、建立健全继续教育体制机制、构建灵活开放的终身教育体系三项主要发展任务。2012 年，中国特色社会主义进入新时代，中国的改革开放事业也进入了全面改革开放的新时期。为更好服务全面改革开放的新时代，我国在教育领域积极推进综合改革，高校继续教育也不断调整优化办学形式。从 2012 年起，我国建设了 6 所开放大学，开始探索广播电视大学的转型发展之路，不断推进高校继续教育供给侧改革。2014 年，《国务院关于取消和下放一批行政审批项目的决定》提出"取消利用互联网实施远程高等学历教育的教育网校审批"；2015 年，国务院印发的《关于第一批取消 62 项中央指定地方实施行政审批事项的决定》提出"取消高校现代远程教育校外学习中心（点）审核"，这两项审批权的取消，充分释放了高校办学自主权，为包括现代远程教育在内的高校继续教育发展提供了更加广阔的空间，继续教育领域事中事后监管机制也在探索中逐渐建立，提高人才培养质量成为政策引导重心，各种措施的目标集中指向规范办学和提高质量。2016 年 11 月，教育部发布《高等学历继续教育专业设置管理办法》，加强对高等学历继续教育专业设置的统筹规划与宏观管理。2018 年，教育部启动了高校继续教育发展年度报告工作，探索建立高校继续教育质量保障制度。北京、广东、山东、上海等省市也以多种方式开展本省市高校继续教育办学的过程监管工作；许多高校也逐渐建立了学校内部的继续教育质量保障体系。2020 年 9 月，教育部颁布《国家开放大学综合改革方案》，这标志着广播电视大学转型升级和

---

① 《改革开放 30 年 远程教育和继续教育成绩斐然》，载《现代教育技术》2008 年第 11 期，第 128 页。

开放大学建设进入新阶段，该方案重在解决开放教育的定位、体系、质量等问题，使其成为服务全民终身学习的重要力量。2021 年是"十四五"规划的开局之年，教育部进一步强化规范管理，连续出台了《关于加强高等学历继续教育广告发布管理的通知》《关于严格规范高等学历继续教育校外教学点设置与管理工作的通知》，高校继续教育进入转型升级和全面质量提升的历史新阶段。

2022 年，68 所普通高校参与的现代远程教育试点宣告正式结束。同年 7 月，教育部发布《关于推进新时代普通高等学校学历继续教育改革的实施意见》，正式拉开了新时代普通高校学历继续教育改革的帷幕，也标志着普通高校学历继续教育正式进入了"高质量""数字化"发展的新阶段。

## 第二节　新时代高校学历继续教育新机遇

继续教育作为我国高等教育的重要组成部分，已成为推进我国高等教育大众化、构建终身教育体系的重要力量。各高校举办的学历继续教育和非学历培训履行人才培养和社会服务的使命与担当，不断推动教育改革和创新。习近平总书记在党的二十大报告中首次将教育、科技、人才作为专章阐述并一体部署，强调了"教育、科技、人才是全面建设社会主义现代化国家的基础性、战略性支撑"，赋予了教育事业新的战略地位、历史使命和责任担当。这对包括继续教育在内的党和国家各项工作都提出了新的要求。

### 一、新时代对学历继续教育提出新要求

十八大以来，党中央对发展继续教育提出了一系列明确要求。十九大报告提出"办好继续教育，加快建设学习型社会"之后的"落脚点"就是"大力提高国民素质"。党的十九届四中全会《决定》更是明确提出要"构建服务全民终身学习的教育体系"，要"完善职业技术教育、高等教育、继续教育统筹协调发展机制"，还要求"发挥网络教育和人工智能优势，创新教育和学习方式，加快发展面向每个人、适合每个人、更加开放灵活的教育体系，建设学习型社会"。党的十九届五中全会审议通过的《中共中央关于制定国民经济和社会发展第十四个五年规划和二〇三五年

远景目标的建议》，在述及"建设高质量教育体系"时，专门提到要"发挥在线教育优势，完善终身学习体系，建设学习型社会"。党的二十大报告在阐述"办好人民满意的教育"时，以"建设全民终身学习的学习型社会、学习型大国"收束，突显了教育事业的发展目标和建设要求。而这一宏伟蓝图的实现，离不开包括继续教育在内的整个教育事业的持续、健康、高质量发展，离不开全社会的积极广泛参与和支持配合。而在整个国民教育体系中，继续教育是当前最为突出的短板弱项，亟待引起重视并加快发展。唯有办好人民满意的继续教育，统筹职业教育、高等教育、继续教育协同创新，才能构建并完善服务全民终身学习的，包括学前教育、基础教育、高等教育、职业教育、继续教育、特殊教育等在内的高质量现代教育体系，才能建设形成全民终身学习的学习型社会、学习型大国。由此可见，发展继续教育已经成为国家的重大发展战略之一。与此同时，我国百姓终身学习的需求也日益旺盛，科技发展日新月异，高校继续教育发展面临着新要求和新挑战，具体表现为以下三点。

（一）新时代学历继续教育要在推动教育公平中发挥更大作用

办好新时代人民满意的继续教育，首先是提供充分的继续教育供给，提高继续教育覆盖面和参与率，促进继续教育的全纳和公平，解决继续教育发展长期存在的不平衡、不充分问题，满足人民日益增长的享受更加公平、更高质量、更好服务的教育需求。

（二）新时代学历继续教育要在加快学习型社会建设中肩负更大担当

学习型社会建设是新时代建设社会主义现代化强国的必然要求，是教育现代化的重要标志。继续教育作为国家终身教育体系的重要组成部分，必须主动作为，担当助力全民终身学习、发展全民终身教育、建设学习型社会的历史重任。

（三）新时代学历继续教育要在人力资源强国建设中做出更大贡献

2021年，教育部发展规划司明确提出"继续提高教育普及水平。实现到2025年劳动年龄人口平均受教育年限达到11.3年目标，高等教育毛入学率力争提升到60%"。这一目标无法单纯依靠学校教育体系来完成，需要学校教育和继续教育的共同努力。2023年，国务院总理李强在"两会"后答记者问时说："人口红利既要看人口数量，更要看人口质量；既要看人口数，更要看人才数。"这是建设人力资源强国对继续教育提出的新使命，是社会大众的重要需求。只有全面提升继续教育服务经济社会发展和人的全面发展能力，才能整体提高国民素质，为全面建设富强民主文明和谐美丽的社会主义现代化强国夯实人力资源基础。

**二、高校学历继续教育学习者呈现新特征**

当前，我国高等教育毛入学率已超过50%，由高等教育大众化阶段正式迈入了高等教育普及化阶段。以学历补偿为主的高校继续教育逐渐成为历史，高校学历继续教育的学习者群体悄然发生着变化，学习者的学习动机、学习方式都呈现出新特点。

（一）年龄两极化增长较快

高校学历继续教育主要是面向成年人开展的教育形式，上到60多岁的老年人，下到18岁的年轻人都可以参加，因而学习者年龄跨度较大。近几年随着学历和非学历教育的齐头并进，继续教育学习者呈现两极化。对于学历继续教育而言，学习者群体呈现年轻化的趋势，22（含）—40岁的学习者占比超过了70%，其中，分布在30（含）—40岁年龄段的学习者规模是最大的，并且这一年龄阶段新生的规模比其他年龄段增长幅度大。同时，随着老年大学、社区教育的发展，越来越多的老年人也参与到继续教育学习中，50岁以上年龄段的占比也明显增加。

（二）学习动机由学历补偿逐渐转向能力提升

学习者参与学历继续教育的目的由以往学历补偿为主转向以能力提升为导向，将继续教育作为第二学历的学生比例逐年升高的现状就是最好的例证，由此，同一个专业中学习者背景的多样化特征也更加突出。

（三）信息素养高，在线学习的障碍少

高校学历继续教育的学习者逐渐年轻化，逐渐以数字时代的"原住民"为主。他们在生活中，对计算机、网络以及智能终端等非常熟悉，具备良好的信息素养，更能适应当前灵活开放的在线学习形式。

（四）对课程与自身需求、职业发展的匹配度要求更高

学习者学习动机的转变表现在学习过程是对内容质量提出了更高的要求，即对专业领域知识的高度渴望、对学习内容明确的针对性和对课程内容与职业发展和能力提升匹配度的要求越来越高。

（五）兴趣点不局限于课程本身，扩展视野的呼声高

高校学历继续教育的学习者趋于年轻化，他们大多兴趣广泛、需求明确，希望能更多地了解职业发展相关的前沿变化，提升认知水平，拓展视

野范围，从而使自身得到全方位的发展。他们渴望适应数字化、网络化、智能化发展新趋势，渴望能够驾驭新产业、新业态、新模式。

### 三、社会大众对高校学历继续教育提出新期望

高校学历继续教育关注面广、涉及人数多，但是近年来其质量问题一直被社会大众所诟病。伴随全民学习、终身学习的学习型社会建设不断推进，人们对学历继续教育提出了更加公平、更加充分、更高质量、更多收益、更加便捷、更加开放灵活的要求。

（一）更加公平、更加充分

教育是人力资本积累最有效的途径，高校学历继续教育对于提高成人人力资本的作用更加明显，是激活人力资源存量的重要途径。社会大众对继续教育的需求是全面的，特别是农民工、残疾人、失业人员等弱势群体对通过继续教育享受高等教育的需求更加迫切。

（二）更高质量、更多收益

近年来，高校学历继续教育的招生乱象、虚假宣传、考试舞弊等负面报道不时见诸媒体。老百姓对高校学历继续教育难辨真假，因此非常期待高质量、好口碑的继续教育形式，以及风清气正的继续教育生态。高校学历继续教育的人才培养质量成为社会大众关注的焦点。

（三）更加便捷、更加开放

高校学历继续教育的学习者多数是在职成人，工学矛盾十分突出。因此，社会大众期望继续教育的学习制度、学习方式、考试方式更加灵活、便捷、开放，以适应个性化学习和方便随时随地进行碎片化学习的需求。

### 四、新技术为高校学历继续教育提供新动能

党的二十大明确提出"推进教育数字化"。习近平总书记在中共中央政治局第五次集体学习时强调"教育数字化是我国开辟教育发展新赛道和塑造教育发展新优势的重要突破口"。其实，从1999年国家启动高校现代远程教育试点工程开始，20年来各试点高校利用新一代信息技术在教学模式创新、在线资源建设等方面进行积极实践和探索，积累了有益的成效和经验，这些经验在助力疫情期间"停课不停学"中凸显并发挥了重要的作用。当前，以互联网为核心的新一代信息技术，如5G、人工智能、云计算、大数据、区块链等新技术的蓬勃发展，为高校学历继续教育的创新

发展，以及开放灵活、个性化服务提供了不竭动力。

（一）新技术发展能有效提升继续教育资源的开放性和灵活性

新技术将所有学习者、教育者、专家、学习工具、学习资源、应用服务联接起来，突破时空界限，让"人人、时时、处处"的终身学习更容易发生。如5G推动了百兆带宽的升级，使包括视频学习在内的继续教育方式都可以变得更灵活、便捷；区块链技术可以真实记录每一个学习者的学习轨迹和每一个教育资源的版权信息，推动优质继续教育资源共享和学分银行建设。

（二）新技术发展能更好地支持继续教育服务的个性化和多样化

新技术有助于加强教学互动和个性化精准推送，更好地满足学习者个性化、多样化的学习需求。如增强现实（AR）、虚拟现实（VR）等技术可以很好地解决远程教学中实验实习、情境障碍等问题，改善学习者的学习体验，激发学习者的学习兴趣和学习动力；大数据、人工智能、学习分析等技术可以及时、准确、连续地反映在线教与学的真实状态和效果，精准判断学习者的学习情况，从而为教师和学习者提供个性化的精准服务。

**五、新知识观对高校学历继续教育提出了新要求**

传统知识观认为知识是对人类生产活动长期的经验与成果提炼、精加工而形成的人类智慧的结晶，具有抽象化、结构化、逻辑化和符号化等特点。进入互联网时代，信息空间为知识回归全部人类智慧创造了基础，改变了知识生产和传播的方式，知识生产过程即是传播过程，人类的经验可以不分载体形式、不分来源、不必经过符号化直接分享和传播，呈现出综合性、动态性、进化性和草根性等新特征。互联网改变了知识内涵，新知识观揭示了海量网络知识、动态主观知识、境域操作知识以及综合碎片化知识等新知识现象，新知识观为高校学历继续教育的发展提供了新要求。

（一）学习空间亟待重构

学习空间是教与学发生的载体与支撑。"互联网＋"时代，移动技术、物联网、沉浸式技术、人工智能等技术的发展为学习空间的拓展和创新提供了有力的技术支撑。在技术赋能下，结合高校学历继续教育特点，重构学习空间，支撑和承载更加丰富的学习体验，突破时空局限，联通真实世界的各种自然与社会空间，创造虚拟认知与生产空间，为学生构建出一个可以根据学习需求自由伸缩延展、动态演变、情境化的学习体验空间已成为高校学历继续教育改革发展的重要议题。

（二）教学方法亟待创新

知识观发展是以互联网为核心的现代信息技术给教育带来的根本性影响。知识观的发展必将引发教育本体论的变化，教育教学规律也正在发生深刻变化。认识新知识观蕴含的新规律，运用新方法揭示和认识新规律，是切实推动教育实践创新发展的关键。

（三）服务模式亟待变革

互联网正在重构教育组织体系和服务体系。基于"互联网＋"形成了各种开放的共同体、社群和小组等非实体、网络化、虚拟的组织机构之间的联通，其借助自组织、动态化的社区教育等形式，形成新的教育业态，如 MOOC、可汗学院、翻转课堂等都是"互联网＋"教育的新业态，它不是简单地运用技术提高传统教育实践的效率和覆盖面，而是运用云计算、学习分析、物联网、人工智能、网络安全等新技术，跨越学校和班级的界限，面向学习者个体，提供优质、灵活、个性化教育的新型服务模式。因此，如何充分发挥继续教育优势，使其能真正服务于人的生活需求、社会需求和未来的发展，构建一个具有高度开放性、灵活性、适应性和多样性的能服务于每一个个体的终身学习生态体系，也是"互联网＋继续教育"发展必须突破的关键问题。

## 第三节　新时代高校学历继续教育新定位

高校学历继续教育一直以来紧密对接经济社会发展，着眼于培养与生产、生活实践密切结合的高素质技能型人才。学历继续教育创办初期，国家对高校学历继续教育的定位非常明确，即在当时经济全面复苏的背景下，面对人民群众对高等教育需求的激增，开展"学历补偿"教育。基于此，改革开放以来高校学历继续教育为数以亿计的社会成员提供学历补偿、职业技能培训和文化素质教育，为数千万从业人员和其他社会成员提供了接受中、高等教育的机会，缓解了社会成员普遍增长的教育需求与传统教育供给相对不足的矛盾。

随着经济社会发展和国民素质的提高，高校学历继续教育的职能也逐渐发生转变，尤其是进入"十四五"时期，我国全面开启建设高质量教育体系，构建服务全民终身学习教育体系的新时代。新时代为高校学历继续教育提供了更广阔的发展空间，也对高校学历继续教育的定位、人才培养质量和体制机制建设提出了新要求。

**一、服务国家战略**

高校学历继续教育是推进我国高等教育大众化、普及化，构建终身教育体系和创建学习型社会的重要力量。《中国教育现代化2035》指出，到2035年，我国将总体实现教育现代化，迈入教育强国行列，为建成社会主义现代化强国奠定坚实基础。"十四五"是我国迈向总体实现教育现代化的重要起点，高校学历继续教育须服务国家战略，全面深化体制改革，加快终身学习体系建设，加强继续教育与普通教育、职业教育互通融合，建设服务全民终身学习的现代化教育体系。

第一，国家及有关部门要发布2035年中国继续教育发展主要指标，从顶层设计角度引领高校学历继续教育走向现代化；第二，高校学历继续教育要明晰办学定位，从学历导向转向"学历＋技能"导向，再转向学习导向，发挥社会服务功能；第三，要加快高校学历继续教育的内涵式发展，探索多元灵活的办学形式；第四，构建多主体合作、多功能的区域创新集群，以高等继续教育力量提高全国不同区域的创新水平，带动区域经济发展。

**二、服务个人发展**

2023年5月，习近平总书记在中共中央政治局第五次集体学习时强调"加快建设教育强国，为中华民族伟大复兴提供有力支撑"，并明确要求"要建设全民终身学习的学习型社会、学习型大国，促进人人皆学、处处能学、时时可学，不断提高国民受教育程度，全面提升人力资源开发水平，促进人的全面发展"。这一指示明确将促进人的全面发展，服务人的终身学习作为构建新的教育体系的目标。高校学历继续教育作为我国高等教育事业的重要组成部分，是高校服务终身教育体系建设的排头兵和中坚力量，必须有效满足持续提升人力资本水平的国家要求和广大社会成员日益增长的多样化学习需求。

第一，始终坚持高校学历继续教育以学习者为中心的发展理念，服务于人的终身发展、全面发展、个性发展；第二，严格"宽进严出"的开放学习制度，加强对学习者的学习个性化追踪，减少学习者流失；第三，利用高等学历继续教育灵活方便的特点，开拓新发展方向，提供短期、不定期职业技术技能培训，满足失业人员、新职业人才等的教育需求。

### 三、坚持公益属性

基础教育教育培训行业的整顿告示我们，教育发展的价值首要在于服务民生，主要目标是为党、为国育人，而不是为资本谋利。高等学历继续教育作为我国高等教育事业的有机组成部分，它的性质是"教育"，本质是"育人"，具有促进经济社会发展和个体发展的功能，这是强化公益属性的根本原因。[①] 高等学历继续教育应落实党的二十大关于"办好人民满意的教育"的决策部署，强化高校学历和非学历继续教育的公益属性，不得以营利为目的，确保办学质量与学校的品牌声誉相统一。

第一，国家应保证高等继续教育机构充足的经费，以确保公益项目的稳定性，使其不受社会利益集团的左右；第二，高校应将继续教育视为一个贯穿人终生周期的行业，把公益性聚焦在教育信息化和职业教育等方面，目的是提升学习者的能力而非颁发相关证书，发挥高等学历继续教育的民生属性，追求社会效益，使每个公民都能享受到公平有质量的教育。

### 四、落实立德树人

党的二十大报告提出："全面贯彻党的教育方针，落实立德树人根本任务，培养德智体美劳全面发展的社会主义建设者和接班人。坚持以人民为中心发展教育，加快建设高质量教育体系，发展素质教育，促进教育公平。""德"是"成人"的根本，高校学历继续教育作为人才培养的重要单元，要有自觉的德育意识，把立德树人作为自身发展的责任，这对当代在职成人大学生形成中国特色社会主义核心价值观，增强国家的国际竞争力，具有十分重要的意义。

第一，高校学历继续教育要贯彻立德树人的指导思想，增强成人学习者的政治站位、文明素养和社会责任意识，为社会主义现代化事业培养全

---

① "高校非学历继续教育规范管理"课题组、武丽志：《新时代高校如何办好人民满意的非学历教育：专家学者谈落实〈普通高等学校举办非学历教育管理规定（试行）〉》，载《终身教育研究》2022年第1期，第9-16页。

面发展的建设者、"当班人"；① 第二，立德先立师，高校教师作为实施学历继续教育的"主力军"，肩负着培养人才的重任，必须发挥思政教育功能，同时提升自身师德，发挥教师榜样作用，以自己的教学和生活全方位影响学生的成长；第三，要开齐开好思想政治理论课，全面推进体现继续教育特色的课程思政建设，探索线上线下相结合的思政育人新模式，建立完善全员、全程、全方位育人体制机制。

---

① 黄健：《高质量发展高等继续教育的思考和建议》，载《终身教育研究》2021 年第 2 期，第 9 – 12、19 页。

# 第二章　提升质量：高校学历继续教育治理目标

"质量问题"一直是悬在高校学历继续教育头顶之上的达摩克利斯之剑，刺痛着行业机构及其从业者的神经，也深刻影响着人们对高校学历继续教育的认知。在社会大众眼中，高校学历继续教育质量"不高"。但社会大众眼中的"质量"一词并不是严格意义上的机构办学质量，而是与办学质量关系密切或者能够反映办学质量水平的概念——质量声誉。产品质量一定会影响产品的声誉，声誉也是反应产品质量的重要信号和指标，但声誉有时不能完全反应产品的真实质量或全部质量。质量声誉是一种共同标识，它反映了人们对行业产品质量在一定阶段内的认知，而且大学的质量声誉在大学的服务质量和学习者的满意度之间发挥着调节作用。新时代高校学历继续教育若要充分发挥作用，则需要通过治理提升质量声誉。

## 第一节　高校学历继续教育的多样化质量观

教育质量观本身是一个主观的、相对的、有争议的动态概念。教育质量观是人们在特定的社会条件下的教育价值抉择，与决策时的社会环境和教育环境相适应。[1] 对于教育质量，不同时代、不同社会、不同国家以至不同个体都有着自己的思考、看法或观点。这些思考、看法或观点，便构成了所谓的教育质量观。质量观会影响利益相关者对于质量的判断。[2] 在诸多质量观中，总有一种或几种相对处于主导、统治和支配地位，其余则基本处于从属和边缘地位。主导性的高等教育质量观具有明确指向性、广泛共识性、相对稳定性和实践规范性等特点，它通常体现为国家、社会或者举办者的意志，并反映在国家有关法律法规、政府有关文件、大学有关规定或者社会习俗之中，影响和左右某一时期国家、社会或高等学校教育

---

[1]　陈玉琨、沈玉顺：《关于高等教育质量本质的探析》，载胡祖莹、曲恒昌：《高等教育评估与质量保证：来自五大洲的最新经验与发现》，北京师范大学出版社1998年版，第17－23页。

[2]　L. Harvey and D. Green, "Defining Quality," *Assessment & Evaluation in Higher Education* 18, no. 1 (1993): 9－34.

质量政策。①

对高等教育质量观的研究由来已久，目前是多种质量观并存。有很多学者对高等教育质量观的研究进行了总结、归纳。从利益相关者的角度，分为学生、机构和社会三个层面。学生层面的质量观包括知识质量观、能力质量观和全面素质质量观。② 机构层面的质量观包括目标论质量观、学术质量观、服务质量观、需要论质量观、适应论质量观、产品质量观和全面质量观。社会层面的质量观包括发展质量观、阶段论质量观和多样化质量观。③ 可以看到，在同一个层面的这些质量观的划分并不严谨，主要是将各个层面典型的质量观进行了列举。在高校学历继续教育领域，概括起来主要有以下四种质量观：卓越质量观、合目的性质量观、物有所值质量观和突破性质量观。

**一、卓越质量观**

这是传统意义上的高等教育质量观。强调提供的产品或服务与众不同；设定超高的生产、发送或呈现标准，只能在昂贵或稀有资源的支持下才能实现；④ 暗含"高标准""排他性"；⑤ 属于绝对质量范畴。卓越高等教育质量的定义来源于大学严格的录取标准、高标准的教学和科研时间、精力及经费的投入。⑥

**二、合目的性质量观**

合目的性质量观认为符合、满足消费者需求和目标的产品或服务就是高质量的产品和服务，它的两个关键因素是标准和消费者。合目的性质量观关注"与说明书一致""满足承诺使命/目标"和"满足需求"，强调的不是达到或超过高标准。"与说明书一致"强调的是符合具体的要求和标

---

① 刘振天：《论"过程主导"的高等教育质量观》，载《北京大学教育评论》2013 年第 3 期，第 171 – 180 页。

② 贾佳：《高等教育质量观：演进逻辑与行为契合》，湖南科技大学硕士论文，2016 年。

③ 袁松鹤、齐坤、孙鸿飞：《终身教育体系下的远程教育质量观》，载《中国电化教育》2012 年第 4 期，第 33 – 41 页。

④ See D. Green, *What Is Quality in Higher Education?* ( London：Taylor & Francis , 1994).

⑤ L. Harvey and D. Green, "Defining Quality," *Assessment & Evaluation in Higher Education* 18, no. 1 (1993)：9 – 34.

⑥ 王莉华：《高等教育的四种质量观》，载《江苏高教》2008 年第 1 期，第 20 – 22 页。

准。这种说法源于制造业质量控制的概念。这里的标准是测量的基础，是描述所需产品或服务特征的准绳。[1] "满足承诺使命或目标"指质量判断依据产品或服务满足所承诺的目标的程度。强调机构明确陈述它的使命和目标，并有效地实现这个目标，主要以顾客满意度作为标识。"满足需求"强调对顾客需求或隐含需求的满足。此时，"合目的"指的就是符合顾客需求，而顾客在高等教育大众化的今天有着多元的构成。

### 三、物有所值质量观

物有所值质量观侧重绩效，注重的是高等教育的效率和效益，要求高校向投资者负责任、证明投资者的投资物有所值。强调"实现成本效益的规模扩张"[2]，强调依据投入、产出、生均教育成本、师生比等一些经济学指标来衡量和评价高等教育的办学效益和质量。[3] 在市场化环境中，高等教育被视为消费或投资，这种观点促进了物有所值质量观在高等教育领域越来越受到重视。这一教育质量观让我们越来越关注高等教育的经济效益，从成本收益分析（私人收益率和社会收益率）和明瑟收益率（相同工作条件下，受教育年限每增加一年带来的收入增加的百分比）等指标衡量高等教育的经济效益。也正是基于这一教育质量观，国家确立了高等教育成本分担和多渠道筹措经费等市场化政策。

### 四、突破性质量观

突破性质量观认为质量的变化是一个内在的、主观的、反思的过程。教育的突破性质量观注重的不是为受教育对象做什么，而是受教育对象通过学习他们的观念、知识和经历发生质的变化。"质量即质的变化"强调价值增值和授权参与，用于测量学生知识、能力和技能提升的程度。[4] 突破性质量观将知识的增长和智力的提高看成是一个整体的全面的发展过程，不像合目的性质量观可以将知识和技能按类别和阶段区分成独立的模

---

① D. Green, *What Is Quality in Higher Education*? ( London：Taylor & Francis , 1994 ).

② L. Harvey and P. T. Knight, *Transforming Higher Education*, ( Maidenhead：Open University Press, 1996 ).

③ 参见田恩舜《高等教育质量保证模式研究》，中国海洋大学出版社 2007 年版。

④ See L. Harvey and P. T. Knight, *Transforming Higher Education*, ( Maidenhead：Open University Press, 1996 ).

块，每个模块制定一个标准。①

以上四种类别的教育质量观本身没有优劣，只是立场不同。站在开展精英教育高校的立场，树立卓越质量观更有助于发展，但现今我国的高等教育已经进入普及化发展阶段，卓越质量观显然不能适应我国高等教育的整体发展形势，更不能适合我国高等学历继续教育的发展需求。站在政府拨款规划的立场，强调绩效的物有所值质量观更有指导意义，但是我国的高等学历继续教育没有国家财政的专项拨款，显然物有所值的质量观在一定程度上也不适合。突破性的质量观更多的是关注学习者观念、知识、技能和能力的变化，对于高等教育机构所施予学习者的教育服务并不十分看重，而且很难在短期内对学习者自身发展变化做出准确的判断，况且学习者本身的变化受到诸多因素的影响。因此，本章所确立的高校学历继续教育质量观是合目的性质量观，用以考察小学机构所给予利益相关者的服务或产品是否符合相关要求。

## 第二节　高校学历继续教育质量的内涵与外延

合目的性质量观虽然确立了高校学历继续教育大体的质量方向，但高校学历继续教育的质量定位有着多元的考量维度，其中有一个维度是高校学历继续教育与普通高等教育的横向比较维度，即同层次的学历继续教育和普通高等教育是否应该遵守或达到同样的质量标准。在这一问题上，高校学历继续教育领域出现的"同一性质量"和"分立性质量"的分歧即是典型代表。

### 一、高校学历继续教育同一的质量定位

坚持同一性质量定位的学者认为，学历继续教育与普通学历教育相比，只是教育手段的不同。② 不同的教学模式可能存在不同的质量管理环节，但质量标准应该是同一套标准。同一所高校以不同形式举办的同层次教育，应该实行同样的质量标准。学历继续教育与校内教育的质量最终结

---

① L. Lomas, "Does the Development of Mass Education Necessarily Mean the End of Quality," *Higher Education* 9, no. 1（2022）：71 – 79.

② 陈丽、沈欣忆、万芳怡、郑勤华：《"互联网＋"时代的远程教育质量观定位》，载《中国电化教育》2018 年第 1 期，第 15 – 21 页。

果应该是相同的，而质量评价的过程应有所不同。[①] 高等教育制定统一的质量标准有其必要性，这样高等教育就有了一个底线。[②]

这种观点认为高校学历继续教育应该与校内全日制教育坚持同样的质量标准。除认为学历继续教育与校内全日制教育只是教育手段不同外，还因为我国教育行政部门颁布的高等学历继续教育相关文件，在强调结果质量时总是对标校内全日制教育。如《关于大力发展高等学校函授教育和夜大学的意见》中明确要求"高等学校举办的函授教育和夜大学，要参照全日制高等学校相关的教学计划和教学大纲进行教学，要建立严格的考试制度，保证毕业生达到相当于全日制高等学校同类专业的水平"；《高等教育自学考试暂行条例》要求"高等教育自学考试的专科（基础科）、本科等学历层次，与普通高等学校的学历层次水平的要求应相一致"；《关于支持若干所高等学校建设网络教育学院开展现代远程教育试点工作的几点意见》在论及试点学校的基本条件时，提出"培养规格和教学基本要求符合国家同层次同类专业的标准"；《教育部办公厅关于服务全民终身学习 促进现代远程教育试点高校网络教育高质量发展有关工作的通知》提到"严格按照规定做好毕业资格、学位资格审查工作，推动网络教育毕业生达到相当于本校全日制同类专业的水平"。尽管以上政策文件是从人才培养质量的角度提出高校学历继续教育的质量应与校内全日制教育一致，但无疑对高校学历继续教育的质量定位产生了深刻的影响。

**二、高校学历继续教育分立性质量定位**

坚持分立性质量定位的人认为，高校学历继续教育具有自身的特殊性，不能用校园精英式的高等教育质量标准来衡量。[③] 有学者提出高校学历继续教育的质量标准应该与培养目标相一致，标准过高或过低都会造成教育质量与培养目标的不协调，很难保证教学质量。[④] 甚至有个别学者认

---

① 段福德：《网络教育质量能否"另"眼相看》，载《中国远程教育》2003 年第 2 期，第 26 – 28 页。

② B. Robinson, "Governance, Accreditation and Quality Assurance in Open and Distance Education," in *Policy for Open and Distance Learning*, (London: Routledge, 2003), pp. 197 – 222.

③ 沈欣忆、陈丽、郑勤华：《我国高等远程教育质量保证标准的研究》，北京师范大学出版社 2017 年 01 月版。

④ 侯建军：《现代远程高等教育质量的标准、评价及保证体系》，载《现代远程教育研究》2003 年第 3 期，第 9 – 13、63 页。

为，由于高校学历继续教育的招生对象是社会在职人群，学习基础相对较差，学习时间和精力有限，所以用与校内全日制教育统一的质量标准来要求学历继续教育并不恰当。

分立性质量定位强调学历继续教育的特殊性，强调继续教育学生的差异性，其目的都是强调校内全日制教育的质量标准对学历继续教育不适用。目前，我国高等教育已经进入普及化发展阶段，其质量标准呈现出多元化趋势，但质量标准的多元化是否意味着质量定位的差异还有待商榷。

在高校学历继续教育领域，存在多种利益主体，每类利益主体囿于立场，持不同的质量观、质量定位。① 政府要控制，市场要介入，高校难以应付多种利益主体，因此，高校自身的利益与政府、市场的利益时时冲突，难以调和。②

随之而来的问题是：①谁来定义高校学历继续教育的目标，政府、学生、雇主、高校还是学术专家？②如何解决判断高校学历继续教育质量定位上的冲突？巴内特将高等教育不同主体的质量争议描述为"权利争斗"，各主体都希望自己的声音成为高等教育质量的主旋律。③ 因此，任何一种质量定位都会面临挑战，因为很难实现各方充分、均等的利益。

从政府角度来说，学历继续教育形式在设立之初，其质量定位上对标的是全日制普通高等教育，这在各类学历继续教育的文件中均有体现。从高校的角度来说，学历继续教育的学生具有从事行业不同、地域分散、学习基础差异大、学习条件不均衡等特点，其对教学多样性、差异性的需求要远远高于全日制普通高等教育。在理论和学术能力培养方面，由于学习基础、学习能力和学习方式的差异，学历继续教育很难达到全日制普通高等教育的同质水平，但在实践经验和应用能力上，成人学习者又具有全日制普通高等教育学生所不具备的优势。因此，实践中所反映出来的政府和高校之间对于质量定位的差异在情理之中，但又需要解决。④

---

① M. Tam, "Measuring Quality and Performance in Higher Education," *Quality in Higher Education* 7, no. 1 (2001).

② 参见黄启兵、毛亚庆《大众化高等教育质量保障：基于知识的解读》，北京师范大学出版社 2011 年版。

③ R. Barnett, "The Idea of Quality: Voicing the Educational," *Higher Education Quarterly* 46, no. 1 (1992).

④ 马国刚、李红燕、孙姚同、高小军：《教育改革新常态下高等学历继续教育的发展趋向》，载《中国成人教育》2017 年第 18 期，第 18 – 24 页。

尽管政府在关于高校学历继续教育的政策文件中要求其质量定位对标全日制教育，但笔者认为高校学历继续教育在实际上已经形成了自身的办学体系，其办学对象、人才培养过程和学习效果评价都与校内全日制教育有着巨大的差别。因此，高校学历继续教育质量定位不应该与校内全日制教育完全一致，应该坚持分立性质量定位。高校学历继续教育应该坚持合目的性质量观，在质量定位上与校内全日制教育有所区别，体现出继续教育自身特色。

## 第三节　高校学历继续教育质量的标准设定

教育的质量标准既能作为衡量教育发展水平的技术工具，又能作为引导教育机构办学发展的手册。在国际上，教育质量标准的功能定位更倾向于引导机构的发展，而不仅是对其进行评价。

### 一、国际相关标准的考察

国际上很多国家和地区都已经建立了国家层面的教育质量标准，或者拥有经国家认可的认证机构出台质量标准。这些标准经过较为严谨的设计，并已付诸许多院校的评估、认证和实践，具有较好的代表性和研究意义。对于我国构建高校学历继续教育的质量标准具有很好的借鉴意义。

（一）英国高等教育质量守则

英国高等教育质量保证署（Quality Assurance Agency for Higher Education，简称"QAA"），全面负责英国高等学校的教育质量评估。QAA 是受政府和高校委托的第三方机构，主要任务是评估英国高等学校的总体教育质量与水平以及学科教学质量与标准，提高公众对高等教育的质量及其判定标准的信任。[①] QAA 评估的主要参考标准包括：①高等教育学位资历框架；②学科基准声明；③课程界定；④高等教育学术质量和标准保证的实施规则。

由英国质量保证机构（Quality Assurance Agency）代表英国质量评估常务委员会（UK Standing Committee for Quality Assessment）开发的《英国

---

① 谢洵、丁兴富：《英国 QAA 的学科评估方法及其启示》，载《开放教育研究》2005 年第 4 期，第 38 – 41 页。

高等教育质量守则》（*UK Quality Code for Higher Education*）是英国高等教育的质量基石，阐释适用于整个英国高等教育质量的基本原则，保障公众和学生的利益，并维护英国高等教育在质量方面的世界领先声誉。

表2-1　英国高等教育质量守则

| 标准预期 | | 质量预期 | |
|---|---|---|---|
| 课程的学术标准符合相关国家资历框架的要求<br>在取得资格时及以后，授予学生资格的价值符合部门认可的标准 | | 课程设计精良，为所有学生提供高质量的学术体验，并能可靠地评估学生的成就<br>从入学到毕业，所有的学生都得到了他们从高等教育中获得成功和收益所需要的支持 | |
| 核心做法 | 常见做法 | 核心做法 | 常见做法 |
| 提供者确保其资格的门槛标准与相关的国家资历框架一致<br>提供者确保被授予资格的学生有机会达到超出门槛水平的标准，这些标准与英国其他提供者的标准相当<br>在提供者与其他机构合作的地方，它已作出有效安排，以确保其授予的标准是可信和安全的，而不论课程在何处、如何授课或由谁授课<br>提供者使用可靠、公平和透明的外部专业知识、评估和分类过程 | 提供者定期审查其标准相关的核心做法，并使用结果来推动改进和提升 | 有一个可靠、公平、包容的招生系统<br>设计和（或）提供高质量的课程<br>有数量充足的合格、熟练工作人员提供高质量的学术经验<br>有充足和适当的设施，学习资源和学生支持服务，以提供高质量的学术经验<br>积极地让学生单独或集体参与他们的教育体验<br>有公平、透明的程序来处理所有学生的投诉和申诉<br>若提供研究生学位，应提供能够有效支持研究的环境<br>在与其他机构合作的地力，应作出有效安排，以确保其学术经验是高质量的，而不论课程在何处、如何授课以及由谁授课<br>支持所有学生取得成功的学术和专业成果 | 提供者定期审查与质量相关的核心做法，并使用结果来推动改进和提升<br>提供者管理质量的方法考虑了外部专业知识<br>提供者让学生单独和集体参与发展、保证和提高他们的教育经验质量 |

　　QAA 对于核心做法和常见做法的区分对本书有很好的启示，一方面，质量标准可以按照核心（必要）和常见（推荐）进行分层，可以照顾到不同机构的情况；另一方面，以"做法"的视角去定义反映了质量保证标准的可变性，也从一定程度上增加了质量标准的亲和力，增加了可接受性。

　　（二）亚洲国家远程教育质量标准框架

　　许多亚洲国家已经构建了本国的教育质量标准。通过文献研究发现，各国高等继续教育、远程教育质量标准的内容主要涉及以下 12 个维度：使命和愿景、评价和评估、教育资源、领导力与管理、财经资源、IT 基础设施、教与学、课程开发、学生支持、教职员工、内部质量保证、研究。

**表 2-2　亚洲各国远程教育质量标准框架**

| 内容 | 印度 | 印度尼西亚 | 韩国 | 日本 | 马来西亚 | 蒙古 | 菲律宾 | 新加坡 | 斯里兰卡 |
|---|---|---|---|---|---|---|---|---|---|
| 使命和愿景 | √ | √ | √ | √ | √ | √ | √ | √ | √ |
| 评价和评估 | √ | √ | √ | √ | √ | √ | √ | √ | √ |
| 教育资源 | √ | √ | √ | √ | √ | √ | √ | √ | √ |
| 领导力与管理 | √ | √ | √ | √ | √ | √ | √ | √ | √ |
| 财经资源 | √ | √ | √ | √ | √ | √ | | √ | √ |
| IT 基础设施 | √ | √ | √ | | | | | | |
| 教与学 | √ | √ | √ | √ | √ | √ | √ | √ | √ |
| 课程开发 | √ | √ | √ | √ | √ | √ | √ | | √ |
| 学生支持 | √ | √ | √ | √ | √ | √ | √ | √ | √ |
| 教职员工 | √ | √ | √ | √ | √ | √ | √ | | √ |
| 内部质量保障 | | √ | | | √ | | √ | √ | |
| 研究 | √ | √ | √ | √ | √ | √ | | √ | √ |

　　（三）美国高等教育质量标准

　　美国的高等教育体系是世界上最多样化的，高等教育质量评估也不例外。美国并没有集权的"教育部"实施国家标准。官方监控由三方实施，即高等教育认证机构、联邦政府和州政府。学术机构自愿参与认证。截止到 2014 年 10 月，美国有 86 个高等教育认证机构，主要开展机构认证和项目认证。所有这些高等教育认证机构都要定期接受认证。美国主要有两个认可组织，一是美国教育部（U. S. Department of Education，USDE），由美国国会根据法律授权开展工作；二是美国高等教育认证委员会（Council for Higher Education Accreditation，CHEA），由全国高等学校的代表选举产生。① 这两个组织都承担着对区域性、专门性、全国性、专业性的高等教育认证机构的认可工作，差别在于：USDE 强调高等教育认证机构对院校的评估能力，经它认可的认证机构认证的院校能够获得财政资助；CHEA 则强调高等教育认证机构对学术质量的保证，经它认可的认证机构认证的院校能够获得学术界和同行的认可。

以 USDE 为例，对认证机构的认可始于 1952 年，想要参与联邦学生援助或其他项目的高等教育机构必须经过 USDE 认可的认证机构的认证。2014 年，USDE 认可的认证机构有 51 家，其中包括美国六大地区联盟。美国大学根据地区申请认证，不同地区的大学分属不同的认证机构。以六大地区联盟之一的中部各州大学院校协会②（Middle States Association of Colleges and Schools，MSCHE）为例，对高校的认证标准涵盖了高校的使命和目标、道德和正直、学生学习体验的设计和交付、支持学生学习体验、教育效果评估、规划资源与机构改进、治理领导和管理等等。

**二、我国高校学历继续教育质量标准的构建**

根据上述对国际有关继续教育、远程教育质量标准的分析，结合我国高校学历继续教育发展实际，笔者以文献研究为基础，构建了我国高校学历继续教育质量标准初稿，并进行了细致的修订，最终得到质量标准如表 2 - 3 所示，共由 10 项一级指标，46 项二级指标构成。

---

① 张振刚：《美国高等教育认可和认证系统研究》，载《学位与研究生教育》2007 年第 7 期，第 62 - 69 页。

② MSCHE，"Middle States Commission on Higher Education Accreditation，" accessed October 04，2023，https://www.msche.org/accreditation.

表2-3　高校学历继续教育质量标准

| 一级指标 | 二级指标 |
|---|---|
| 办学定位 | 1. 继续教育办学全面贯彻党的教育方针，坚持社会主义办学方向，坚持立德树人 |
| | 2. 继续教育纳入学校发展统一规划和人才培养整体规划 |
| | 3. 继续教育成为履行大学职能的重要渠道，办学理念、办学模式先进 |
| | 4. 继续教育办学体现学校的优势和特色，符合经济社会发展需求 |
| | 5. 稳步发展学历继续教育，大力发展非学历继续教育 |
| 招生 | 6. 年度招生规模与学校办学能力相适应 |
| | 7. 招生宣传材料真实有效，无虚假模糊信息，由学校统一制作和管理，不能由助学机构印制 |
| | 8. 招生宣传材料有明确的入学要求、学费收取、毕业要求等相关信息 |
| | 9. 招生宣传材料提供专业、课程、培养目标、学分等方面的详细信息 |
| | 10. 招生方式灵活，给有能力、有意愿的学习者提供充分的学习机会 |
| 专业建设 | 11. 专业设置体现学校的优势和特色，符合经济社会发展需求，并在教育行政部门备案 |
| | 12. 建立了科学的专业评估及动态调整机制 |
| | 13. 培养方案明确专业目标、人才培养规格、课程设置、教学方式、评价方式等内容 |
| | 14. 培养目标和教学方式等要符合成人学习者的学习特点和需求，特别要区别于校内全日制教育 |
| | 15. 课程体系设置和课程内容结构合理，确保培养目标能够实现 |
| 课程设计与开发 | 16. 有完善的课程建设机制和规范流程 |
| | 17. 注重教学设计，坚持课程目标、内容、策略、方法活动的一体化设计 |
| | 18. 课程目标明确，学习内容完整、结构合理 |

（续表）

| 一级指标 | 二级指标 |
|---|---|
| 课程设计与开发 | 19. 课程充分运用多种教学策略，有丰富的教学活动 |
| | 20. 课程合理运用多媒体资源和工具，符合相关技术标准，简单易操作、开放性强 |
| | 21. 建立了完善的课程审核机制和定期更新机制 |
| 学习支持与学生管理 | 22. 为学生提供有效的学习技能培训，如学习平台系统的使用、学习时间管理、学习计划制订等，提升学生的自主学习能力 |
| | 23. 为学生提供答疑、辅导、作业批改等学术性支持服务，及时帮学生解决学习中的问题 |
| | 24. 通过多种技术手段和媒体建立多样化的支持渠道，促进师生之间、学生之间的互动 |
| | 25. 建立灵活开放的学习管理制度，推进各类学习成果的认证、积累和转换，方便学生学习 |
| | 26. 校外助学机构布局合理，符合所在地教育行政部门的设置标准，有校外助学机构的准入和退出机制 |
| 学习评价 | 27. 形成与学习目标相对应的评价标准，建有完善的评价制度，并向学生公开 |
| | 28. 对学生学习开展全面评价 |
| | 29. 有过程性评价结果的反馈机制，帮助学生及时改进学习策略和方法等 |
| | 30. 有学习评价分析、总结和反馈制度，为教学、管理等提供质量提升提供依据 |
| 内部质量保障 | 31. 设立学校内部的质量保障机构，并有专职工作人员 |
| | 32. 建立了学校内部的质量保障标准，并向继续教育各部门和社会开放 |
| | 33. 建立了合理的质量保障机制和工作流程，对办学质量进行定期评估 |
| | 34. 编制学校高等继续教育办学质量报告，并向社会公开 |

（续表）

| 一级指标 | 二级指标 |
|---|---|
| 研究与创新 | 35. 关注继续教育基本规律和办学关键问题的研究 |
| | 36. 建立激励机制，鼓励引导工作人员开展相关研究 |
| | 37. 形成了研究和办学的互动机制，能把研究成果应用到实践中，实现机构可持续发展 |
| 基础设施 | 38. 有满足办学需求的办公、教学场所 |
| | 39. 有支持继续教育办学的网络设施、仪器设备和媒体工具等软硬件技术条件 |
| | 40. 有设施、设备、媒体工具的建设规划，根据需求不断更新升级 |
| | 41. 有符合标准、运行稳定流畅的教学平台、管理平台及系统 |
| | 42. 信息安全措施健全 |
| 师资队伍 | 43. 通过多种渠道，建立了数量充足、结构合理的师资队伍 |
| | 44. 制定了严格的师资聘任标准和合理的选拔机制 |
| | 45. 建立了完善的师资考核标准和工作机制，有奖惩制度 |
| | 46. 有师资队伍建设的规划，对管理人员和课程教师定期开展培训 |

　　高校学历继续教育标准的设立应该坚持以国务院教育行政部门为主导，各利益相关主体充分参与，共同协商制定。政府对教育的治理是一次公共教育权力在政府、市场、社会、学校之间的大范围转移。现代社会的"善治"本质上是政府与公民对公共生活的合作管理，是政治国家与市民社会的一种新颖关系，是两者的最佳状态。① 因此，教育行政部门要协调好各参与主体间的相互关系，共同完成高校学历继续教育标准的设立。

　　为适应高等教育普及化阶段对教育标准多样化的需要，笔者建议在国家高校学历继续教育质量标准的基础上，各省教育行政部门乃至各高等学校依据本地区和学校高等学历继续教育发展的实际水平，制定不低于国家标准的地区、高校学历继续教育质量标准。

---

　　① 参见俞可平《权利政治与公益政治：当代西方政治哲学评析》，社会科学文献出版社2000年版。

## 第四节　高校学历继续教育质量存在的问题

正如前文所述，由于国家还未制定、出台清晰的高校学历继续教育质量标准，所以很难对当前高校学历继续教育质量做出准确的判断。但高校学历继续教育社会声誉较低确实是不争的事实，尽管质量声誉并不能完全反映真实的质量水平。从提高高校学历继续教育质量的视角来看，当前我国高校学历继续教育存在的主要问题有如下几个方面。

### 一、高校学历继续教育办学自主权难以充分保障

伯顿·克拉克曾把高等教育系统的协调看作是国家、市场和学术三股力量之间博弈、制衡的三角关系，并构建了学术权威、国家权力以及市场三足鼎立的"三角协调模型"[①]。长期以来，我国高校和国家之间的关系呈现出典型的国家控制特征，教育行政部门努力把高校纳入行政的管理范畴，规定高校按照其要求进行办学。尽管近年来国家在教育治理体系改革方面探索构建政府、学校和社会之间的新型关系，并将其写入了《国家中长期教育改革和发展规划纲要（2010—2020 年)》，开始重新分配政府和高校之间的权力，扩大高校办学自主权。但长期以来受国家控制模式的影响，我国高校办学自主权的落实还有较长的一段路要走，高校办学自主性还十分不充分。大学声誉的形成最重要的是高校办学的自主性。[②] 办学自主性的不充分使得高校在办学过程中更多的关注政府及相关部门的要求，对建立学校与社会之间良性关系的积极性不高，对社会需求的关切程度不够，进一步加剧高校和社会之间的信息不对称。而声誉的形成依赖信息的传递，当公众无法有效感知高校教育服务的质量信息时，就容易对教育质量做出错误的猜测。

另外，高校学历继续教育办学自主性不充分，也可能导致参与办学的高校只关注上级部门的要求，缺乏加强办学质量建设的主动性，这些都会影响到高校学历继续教育的质量。

---

①　吴佳妮：《美国高等教育质量保障体系中的权力博弈：学术、国家、市场的三角关系变迁》，载《比较教育研究》2012 年第 7 期，第 30－35 页。

②　闫凤桥：《大学的办学质量与声誉机制》，载《国家教育行政学院学报》2012 年第 12 期，第 16－20 页。

## 二、高校学历继续教育质量保障标准不清晰

在我国高校学历继续教育发展过程中，教育行政部门出台了大量规范文件，涉及机构资质、办学定位、专业建设、课程开发、招生考试、支持服务、毕业注册等诸多教育教学环节，这些文件多以规定、要求、要点、大纲的形式出现，从质量保障的角度来看并没有形成明确的质量保障标准，更没有形成清晰的指标体系。即便是现代远程教育试点中相对比较成熟的年报年检制度，其也仅仅形成了现代远程教育试点高校网络教育年度工作自检要点，实际运行中的价值追求偏向于年度办学数据统计和情况摸排，没有充分体现促进办学机构内省与质量改进的价值。而自 2018 年开始的高等学校继续教育发展报告制度，也仅仅是发布了要点，倾向于高校继续教育发展的年度汇总和梳理。从某种程度上讲，这些规定、要求、要点仅仅是我国高校继续教育质量保障标准的萌芽形态，远没有达到质量保障标准的程度。质量保障标准的不清晰使质量保障行为失去合理目标指向，也使质量保障效果千差万别。质量保障标准，尤其是国家层面的质量保障标准不清晰，是当前我国高校学历继续教育质量保障体系建设面临的最为急迫的问题之一。

## 三、高校学历继续教育质量协同治理机制不完善

机制是组织功能实现过程的规则性动态体现，[①] 机制合理与否关系到功能的发挥效果。质量保障体系是一个系统，其不同元素间的相互关系影响到整体功能的发挥，而质量保障主体是众多元素中的重要组成部分，其关系合理与否也会影响到质量保障效果。由于不同主体参与质量保障的出发点与动机不同，其参与质量保障的角度和标准亦有差异，任何一方主体作用的凸显都会影响到其他主体功能的发挥。建立合理的质量保障运行机制的目的在于充分发挥不同主体的积极作用，并合理约束其作用边界，本质上是重新认识和构建国家权力、学术权威和市场力量主体之间的关系。合理的运行机制首先要明确质量保障不同力量主体间的运行关系，明确彼此的分工、协作和对接，保障政府、高校、学习者、社会和用人单位等不

---

① 张振刚、朱永东：《美国高等教育质量保障体系》，高等教育出版社 2013 年版，第 122 页。

同利益主体共同参与质量保障，实现公共利益最大化；其次，要明确每一主体参与和实施质量保障的规则与程序，使每一主体的作用在规则范围之内得到最大限度发挥。

在开展高校学历继续教育治理的过程中，需要多种利益相关主体的参与。但是，我国高校学历继续教育质量协调治理机制并不完善，突出表现在利益相关主体参与不充分，利益主体之间的关系不协调的问题。现有的质量治理依赖教育行政部门，在国家教育行政部门和省级教育行政部门之间没有形成合理、明确的职责关系，各级教育行政部门以及同级教育行政部门之间难以有效合作与衔接。除此之外，市场主体、高校主体、学习者主体等利益相关者参与质量治理不够充分，难以充分发挥作用。

**四、部分高校学历继续教育参与主体行为失范**

高校学历继续教育主体的构成较为复杂，既有办学主体高校，更有提供教育支持服务的各类机构，如专业技术公司、课程资源建设机构、学习中心等等。其中任何一类参与主体的行为失范，都会对高校学历继续教育行业的整体声誉产生影响。声誉具有外部性特征，在同一行业内，某一主体的声誉好坏对同行业内其他主体的声誉具有较强的影响。

从高校学历继续教育办学主体的角度看，个别高校出现了办学行为失范的问题，严重影响了行业的整体声誉。为此国家教育行政部门也采取了相应处罚措施，问题在于这一系列处罚措施的信息传播范围非常有限，教育行政部门还需为这一社会行为赋予清晰的社会意义和目的，并认识到它在提升行业整体声誉中的价值。而且高校学历继续教育办学的两大类主体，普通高等学校和独立设置成人高校，在实际办学中并没有从共同维护行业声誉的角度发挥彼此的优势，开展深度合作，反而在一定程度上产生了相当大的内耗。从提供学历继续教育支持服务主体的角度看，这类主体构成复杂、利益诉求多样、多头管理的格局，以及监管权限界限很难形成监管合力，其行为失范的可能性更大，从而造成办学主体的"被违规"，对行业整体声誉的影响也较大。

步入新时代，我国高等教育已经整体从数量型增长、规模化扩张为主的发展阶段逐步进入以提高质量、促进公平、改善环境、优化结构为主要特征的新阶段。高校学历继续教育也不例外，必须坚定不移地走内涵式发展道路。习近平总书记曾经用一句话阐释什么是"高质量发展"："更明

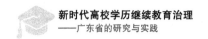

确地说，高质量发展，就是从'有没有'转向'好不好'。"对高校举办学历继续教育来说，改革发展的最终目标就是让人民满意，让学习者受益。归根结底，是办让人民满意的高等学历继续教育。

# 第三章　体系构建：高校学历继续教育治理内涵

## 第一节　治理与教育治理的概念与实践发展

### 一、治理与教育治理的概念

1989 年世界银行在讨论非洲发展时，发布了《撒哈拉以南的非洲：从危机到可持续增长》[①] 这一报告。报告中首次提出"治理危机"。从此以后，"治理"这一术语便被应用于描述低度现代化国家的政治发展问题。[②]"治理"并不以创造新秩序为目的，而是在于借助各利益相关方的力量，分担治理责任，建立与专制观念相反的合作的概念，这是解决问题的一种新方式。"治理"的目的是各利益相关者所关注的普遍利益，而非个人利益，各方在考虑个人利益的同时，必须估计到其他方的利益，因此多主体合作、共同协商、公开透明、问题的解决是"治理"的特点。

教育是一种社会事件，是一种公共服务产品，必然会涉及多方主体。教育治理是多元主体共同管理教育公共事务的过程，它呈现出一种新型的民主形态。[③] 高等教育承担着培养高水平人才的重任，其发展和管理方式能够从侧面反映出一个国家的综合治理格局。在高等教育领域推行治理，已成为许多国家高等教育改革追求的目标。高等教育的治理，意味着政府的角色或功能将发生重大变化。政府不再是高等教育产品的唯一提供者，政府、学校和社会之间存在着权力的依赖和互动，三者之间的关系将发生重组。[④] 这种关系的转变自然会影响到高等继续教育领域。Schemmann 制

---

① A. Pagden, "The Genesis of 'Governance' and Enlightenment Conceptions of the Cosmopolitan World Order," *International Social Science Journal* 50, no. 1 (1998): 7–15.

② 参见徐绪卿《我国民办高校治理及机制创新研究》，中国社会科学出版社 2017 年版。

③ 褚宏启：《教育治理：以共治求善治》，载《教育研究》2014 年第 10 期，第 4–11 页。

④ 盛冰：《高等教育的治理：重构政府、高校、社会之间的关系》，载《高等教育研究》2003 年第 2 期，第 47–51 页。

定大学继续教育的多层治理模式，把大学继续教育的利益相关者划分为教师、学生、管理人员、各种委员会、校长、专业协会等六个类型。[①] 乐传永等提出了从利益相关者视角研究高校继续教育治理的思路，并阐述了高校继续教育治理的缘起、主体与机制。[②] 高等继续教育的一大特色是与市场的密切联系，"治理"使得高校继续教育与企业之间的关系更加宽松，二者的边界得以重新划定，二者更能够以对话的方式展开合作，也能够更多地考虑公共利益，更有利于高等继续教育社会服务功能的发挥。

### 二、教育治理的实践发展

1985 年颁布的《中共中央关于教育体制改革的决定》拉开了教育体制全面改革的序幕，核心旨在解决两个方面的体制问题，即中央与地方的关系以及政府与学校的关系。此后，关于教育治理的文件主要集中在如何调整政府、地方与学校三者的权责关系上。1993 年的《中国教育改革和发展纲要》以及 1994 年的《关于〈中国教育改革和发展纲要〉的实施意见》在"地方负责、分级管理"体制的基础上进一步提出了"以县为主"的管理体制。由此，"责任分担"的教育治理体制基本完善。自 2004 年以来，中央政府致力于将经营性的政府行为转变为以公共服务为本的治理体系。[③] 2010 年，《国家中长期教育改革和发展规划纲要（2010—2020 年）》提出要构建政府、学校、社会之间新型关系，……，以转变政府职能和简政放权为重点，深化教育管理体制改革……，促进管办评分离，形成政事分开、权责明确、统筹协调、规范有序的教育管理体制。2013 年，十八届三中全会通过《关于全面深化改革若干重大问题的决定》首次提出"国家治理"概念，在推进国家治理体系和治理能力现代化的背景下，教育治理渐成关注重点和焦点。2019 年，《中国教育现代化 2035》提到"提高学校自主管理能力，完善学校治理结构，推动社会参与教育治理常态化"。2020 年，《深化新时代教育评价改革总体方案》颁布，要求提高教

① M. Schemmann, "Analysis of the Governance of University Continuing Education in the United Kingdom and Germany," *Internationales Jahrbuch der Erwachsenenbildung* 37, no. 1 (2014): 61–72.

② 乐传永、许日华：《高校继续教育治理：缘起、主体与机制》，载《现代远距离教育》2018 年第 1 期，第 3–8 页。

③ 王有升：《中国教育治理体制的历史演变、现实问题与改革动力探析》，载《华中师范大学学报（人文社会科学版）》2016 年第 6 期，第 167–174 页。

育治理能力和水平，加快推进教育现代化、建设教育强国、办好人民满意的教育。

从新中国成立以来，我国继续教育政策的发展呈现了一个从集权到放权，从一元治理到多元改革的发展过程。改革开放前，我国的继续教育治理治理侧重以"鼓励"为主，鼓励社会大众参加夜大学、函授等学历继续教育，提升文化水平，扩大教育规模，实行集中化管理。改革开放初期至21世纪初，高等学历继续教育进入快速发展时期，随着我国社会经济的发展，各行各业对高学历人才的需求愈发凸显，越来越多的成年人通过报读继续教育提升技能水平和学历层次。为了激发教育活力，国家教育主管部门不断简政放权，给予地方教育部门更充分的主动权。1986年，原国家教委等6个部委联合召开了全国成人教育工作会议，确立了中央各部门合理分工、下放审批权到地方的原则。国家教育部门将包括办学思路特色、专业设置、招生计划、学历管理等权限下放到省级教育主管部门，以激发办学主体的活力。特别是20世纪末启动的现代远程教育试点和开放教育试点，更是进一步推动了我国高等学历继续教育的创新和发展，激发了社会力量参与高等学历继续教育的热情。如教育部开发的以第三方服务的方式服务远程教育，从2001年开始，三家公共服务体系先后成立，分别是奥鹏远程教育中心、弘成教育和知金教育，专门为网络教育办学主体的远程教学提供资源和教学管理支持以及学生服务支持。

## 第二节　高校学历继续教育治理的他国经验

为把握继续教育发展的国际特点与经验，推动我国继续教育综合改革，对若干发达国家和地区继续教育的办学模式、管理体制、运行机制等进行梳理和分析。通过文献调查、案例研究和总结分析，总结出国外继续教育治理发展的五方面特点与经验。

### 一、继续教育享有国家战略地位，是促进终身学习的重要组成部分

继续教育在二战后成功推动德国、日本经济迅速崛起，以成人继续教育和学习为主阵地，推进终身学习成为各国推动经济社会发展的重要战略选择。许多发达国家赋予继续教育与正规学校教育相同乃至更高的战略地位，在国家战略规划、政策支持、经费投入乃至国家继续教育管理机构建

设等方面，对继续教育给予特别的规划和规定。

自 20 世纪 90 年代起，一些处于世界教育发展前列的发达国家（如英国、德国、法国等）把成人教育或继续教育置于终身学习的大语境，在继续教育与学校教育体系之间建立起相互承认和资源共享的机制；另一些国家（如日本、太平洋岛国等）则重在发展学校教育体系外的社会教育，大力倡导旨在改进文化生活以及人的精神状态的终身学习。[1] 有的国家对继续教育的支持和投入甚至超过了对正规学校教育的支持和投入水平。例如，联邦德国教育审议会早在 1970 年通过的《教育结构计划》中，就将继续教育与其他各类教育形式相提并论，将整个教育体制重新划分为学前教育和初等教育、中等教育、高等教育和继续教育。其后，德国出台多个法案，明确将继续教育作为一个独立并与正规学校教育具有同等价值的第四教育领域，并将其作为发展终身学习的最重要领域，予以大力支持。[2]

## 二、多元主体办学，形式灵活多样，注重"弹性""融通"发展

综观国际社会，教育机构、政府部门、企业公司、行业协会、专业组织、个人等都是继续教育的举办主体，他们根据自身优势，举办学历继续教育或非学历继续教育，其形式主要包括：普通全日制大学向成人开放、开放型成人新型大学、企业办大学、利用公共教育服务设施。[3]

这些办学主体实施继续教育具有以下共同特征：①开放办学。办学对象面向所有社会成员，尤其是成人学习者，提供符合其需求的继续教育服务。②办学形式多样。有日校、夜校、周末大学、广播电视教育、网络教育、电话咨询、登报指导等，也有函授、面授和脱产学习。③办学地点多元。既有正规学校，也有企业工厂、购物中心、教堂、图书馆、公园和其他公共场所。④学制富有弹性。有的长至 6—8 年，有的短至几个星期或几个月。有的单科独进，也有的多科并举。⑤重视信息技术与继续教育的深度融合。如英国、韩国、日本、南非等国家均举办有专门的以服务成人

---

① 王建：《继续教育发展的战略转型与推进策略》，载《教育研究》2013 年第 9 期，第 95 – 101 页。

② 李兴洲、卢海红：《继续教育的国际经验》，载《北京师范大学学报（社会科学版）》2010 年第 1 期，第 21 – 28 页。

③ 孙立新：《发达国家成人高等教育发展的特征及其启示》，载《继续教育研究》2005 年第 1 期，第 23 – 25 页。

学生为主的网络教育教学大学。6 通过学分进行灵活管理。如美国、韩国等国家建有学分银行制度，允许成人学习者将不同类型学习成果的学分存储和积累在"学分银行"里，再通过如"校外学位制"的学分转换途径获取学位。

### 三、立法较早，已形成较为健全的政策法规体系

早在第一次世界大战前，英德等欧洲国家就制定了有关成人教育的法规。随后，各国继续教育的法规相继问世。1919 年，英国的《史密斯报告》使成人教育作为制度得以确立。1925 年，德国制定了职工培训的《管理条例》。1937 年，美国出台《菲茨法法案》，规定联邦政府设置机构，制定提高学徒培训的标准；1960 年，美国又推出《人力开发与培训法案》。1971 年，法国颁布《继续教育法》，成立一个隶属于总理的、由国民教育部长任副主任的部际委员会以及一个常设小组，负责制定与实施继续教育方面的政策。① 1976 年，美国联邦政府出台《终身学习法》。1990 年，日本出台《终身学习振兴法》。1999 年，韩国出台《终身教育法》。2000 年，英国出台《学习与技能法》；2007 年，出台《扩充教育和培训法案》。② 继续教育立法已成为很多国家发展继续教育的强力支撑，不断完善的继续教育法律体系有效地促进了各国继续教育的良性发展。

### 四、多元化经费来源，政府大力投入并建立成本分担机制

经济合作与发展组织（简称"经合组织"，OECD）研究发现，一些国家将继续教育视为一种见效快、投资相对较少的教育产业，政府在财政上大力支持继续教育，推动继续教育多元融资，建立了政府、企业、社会、个人共同投入的成本分担机制。

第一，政府大力拨款支持继续教育。1995 年至 2000 年，日本每年的人均社会教育费有 2 万多日元，主要由地方政府拨款，占比高达98%。美国从事终身教育的社区学院也有 60% 以上的开支来自州府拨款。2003 年，英国政府颁布成人教育白皮书《技能战略》，提出为所有不具备良好技能

---

① 许虎：《美、日、法继续教育发展对我国的启示》，载《继续教育》2008 年第 7 期，第 61－63 页。

② 段春明、杨芹：《西方发达国家成人教育的发展与启示》，载《继续教育》2008 年第 5 期，第 61－62 页。

的成人提供免费的在线学习，为部分成人学习者提供每周 30 英镑的拨款，资助其全日制学习。①

第二，明确企业投入责任并给予税收优惠。法国规定企业必须将工资总额的 1.5% 用于员工继续教育或培训。韩国政府建立了"企业教育发展基金"，规定企业主必须为月薪不满 1000 韩元的员工向政府交纳相当于工薪 5% 的金额作为该项基金。②

第三，创新继续教育成本分担的机制。一是"国家—个人—企业"分担模式。2000 年以来，英国、瑞典、澳大利亚、加拿大等国家建立了个人学习账户制度，由个人、政府、非政府组织共同分担成本。③ 二是"政府—企业"分担模式。2004 年，联邦政府与德国工商业联合会和德国雇主协会等经济团体签署了《关于德国职业培训及技能人才后备力量培养的国家协议》。根据上述协议，在增加学徒培训名额方面，企业承担设备和师资方面的费用，联邦政府负责补贴实习生的生活开支。④ 三是"政府—社会"分担模式。新加坡政府建立了政府和社会合作筹款的终身学习基金，该基金主要来源于政府财政预算盈余和社会捐集资。⑤

### 五、全面的质量管理和多样化的监管手段

质量是高等学历继续教育发展的生命所在，许多发达国家建立了较为完善的质量管理机制：遵照相关法律，依法成立的继续教育机构，可根据市场需求自设专业、自主招生。国家管理部门以质量管理为主，设立成人继续教育类的专业委员会或专门评估委员会，代表国家对办学机构实施质量管理。若办学质量达到一定的规格要求，继续教育机构可以发展办学，若办学质量达不到规定要求的会被取缔。

此外，在学历继续教育人才培养的质量方面，应开放入学但严把出口关。因为，继续教育的各种毕业证书同其他毕业证书一样，是一种知识技

① 李兴洲、卢海红：《继续教育的国际经验》，载《北京师范大学学报（社会科学版）》2010 年第 1 期，第 21 – 28 页。

② 李金：《韩国成人教育的发展历程及趋势展望》，载《职教通讯》2015 年第 13 期，第 52 – 55、60 页。

③ 参见李薇《经合组织与全民终身学习发展》，上海教育出版社 2015 年版。

④ 杨伟国、吴守祥：《德国技能人才短缺及其治理》，载《德国研究》2006 年第 2 期，第 48 – 53、79 页。

⑤ 黄建如：《终身学习在新加坡》，载《江西科技师范学院学报》2004 年第 2 期，第 1 – 3 页。

能的凭证，是各类人员寻求职业发展和在岗发展的重要基础条件，因此社会认可度高。欧美和亚洲的日本、韩国等国家普通高校办的成人继续教育所发的毕业证书，没有在职与普通的区别。[①]

## 第三节　高校学历继续教育治理的内容分析

高校学历继续教育治理是一个较为宽泛的概念，涉及内容多、链条长。从国内实践来看，高校学历继续教育治理主要关注以下六个方面。

### 一、专业治理

近年来，理论与实践领域都高度重视高等学历继续教育的专业治理。2016 年，为加强对高等学历继续教育专业设置的统筹规划与宏观管理，进一步扩大省级政府教育统筹权和高校办学自主权，促进各类高等学历继续教育健康、有序、协调发展，教育部印发了《高等学历继续教育专业设置管理办法》，启动了我国高等学历继续教育专业的规范化治理。时至今日，高校每年都要进行高等学历继续教育专业备案，相关工作愈来愈科学化、规范化，成效十分显著。

在研究领域，研究者越来越关注高等学历继续教育专业建设的提升路径，学科分布以医学、建筑、计算机、小学教育等理工类和教育类专业为主。研究者基于自身对所研究专业的了解，结合学科人才培养特点，贴合实际情况提出实操性建议。对专业人才培养方案的研究，多是对各部分要素进行分析，比如培养目标的描述、课程结构的设置、质量保障的路径等。这些研究针对某一个方面深入分析，提出了针对现有问题的改进方案，促进了人才培养方案完善，但缺乏对培养方案的整体构建、对各要素之间关系的阐述，以及整体指导思想和理念的贯穿。普通高校学历继续教育专业治理，至少还需要关注以下内容。

第一，高校学历继续教育专业的定位问题。这一问题是发展高校学历继续教育的首要问题，也是高校学历继续教育专业治理的基础。发展高校学历继续教育，是为了应对目前紧急的财政困难？是短期策略？还是为了

---

① 高有华、王婷：《发达国家成人继续教育比较及启示》，载《内蒙古师范大学学报（教育科学版）》2012 年第 3 期，第 6－9 页。

满足人民群众对高等教育的需求？所开设专业是专科层次？还是本科层次？是公立还是私立？教育部印发的《高等学历继续教育专业设置管理办法》是"教育部规范高等学历继续教育专业设置的首份文件，对于统一各类高等学历继续教育专业设置管理政策，转变管理方式，明确责任和管理程序，加强信息服务与过程监管具有重要意义"。[①]

第二，高校学历继续教育专业的类型问题。这个问题的关键在于我国高等学历继续教育所开设专业是按照普通高校、职业院校全日制专业进行设置，还是可以独立设置属于继续教育的专业目录。这主要涉及高校专业分类治理制度的建立和完善。

第三，高校学历继续教育专业的人才培养及其质量问题。主要包括高等学历继续教育专业人才培养目标的设定、课程体系建设、教材与数字化资源建设、人才培养模式、支持服务、办学条件与设施设备、质量保障体系、考核评价，等等。

## 二、招生宣传

随着新高考改革、高职扩招、高等教育普及化、人口出生率降低、网教停止招生等事件的出现和发展，高校学历继续教育倍感招生压力。如何在"教育治理能力现代化"的背景下，抓住高等学历继续教育转型的机遇，提高高等学历继续教育质量并吸引生源，已成为高校学历继续教育面临的深层危机。根据法人治理理论，高校是提供教育服务的组织，顾客是学生及其家庭，高校若想解决招生难题，就必须满足"顾客"的需求，以吸引潜在客户。同时，利益相关者理论告诉我们，要重视非股东的其他利益相关者，这些利益相关者与企业的利害关系密切相关，企业倒闭意味着他们人力资本的损失，因此他们更关心企业的发展。所以，举办高等学历继续教育的高校应调节其他利益相关者之间的关系，将风险降低，将收益拉高，即要重视教师、学生、家长、校友、第三方机构等的相关利益。

高校学历继续教育在招生领域的治理，要重点关注以下三点内容。

第一，招生的主体问题。高校是学历继续教育的招生主体，而非校外

---

① 中华人民共和国中央人民政府：《教育部关于印发〈高等学历继续教育专业设置管理办法〉的通知》，见中华人民共和国中央人民政府（http://www.gov.cn/xinwen/2016–12/03/content_5142506.htm），访问日期：2022 年 12 月 3 日。

教学点或其他机构。这就需要明确招生相关单位，特别是校外教学点在学历继续教育招生的角色与职责。另外，还需要解决如何杜绝中介招生，以及中介生源买卖等现实问题。

第二，招生对象和条件问题。高等学历继续教育隶属于高等教育，学习者需要具备一定的学习基础和条件。一般来说，报读高中起点专科（简称"高起专"）、高中起点本科（简称"高起本"）的学生应是中等职业学校毕业、普通高级中学毕业或具备同等学力。报读专科升本科（简称"专升本"）的学生应已取得经教育部审定核准的国民教育系列高等学校、高等教育自学考试机构颁发的专科毕业证书、本科结业证书等。

第三，招生方式的问题。是通过互联网招生，还是用传统方法招生？是到当地流动式招生？还是到市场、企业点对点招生？每种招生方式和行为应当如何规范，如何避免虚假宣传、虚假承诺等不良行为？这些都应引起关注。

2021年，教育部办公厅、市场监管总局办公厅、中央网信办秘书局、工业和信息化部办公厅、公安部办公厅等五部门联合印发《关于加强高等学历继续教育广告发布管理的通知》，对高等学历继续教育广告发布内容、程序等提出了规范性要求，并部署开展违法违规广告专项整治行动，初步推动建立了较为有效、长效的监管机制。该通知重点从四个方面对广告发布行为进行规范。

第一，高等学历继续教育广告发布须遵守国家广告监管和教育管理有关法律法规和制度。未经高校法人书面授权或省级自学考试管理机构审查备案，企事业单位、社会组织或个人不得发布或以教育咨询、学历提升服务等名义变相发布涉及具体高校的高等学历继续教育和自学考试助学活动广告。有关书面授权或审查备案信息应主动向社会公开。未经用户同意，不得通过电话、短信等形式开展高等学历继续教育宣传和咨询服务。

第二，高校应严格履行办学主体责任，完善广告宣传统一归口管理制度，做好内容审核。校内二级学院和高校设置的函授站、校外学习中心（含公共服务体系学习中心）不得自行开展或授权其他企事业单位、社会组织或个人开展广告宣传。对于发现涉及本校的高等学历继续教育违法违规广告，高校应主动交涉、澄清、处理并消除影响。

第三，高等学历继续教育广告内容特别是有关入学条件、最低学习年限、学费标准及收取方式、报名途径、高校招生网站地址、毕业证书和学位证书获取条件等信息必须真实、准确、合法，不得出现"无需学习""无需上课"等虚假违规内容，不得出现"快速取证""免考包过""考不过退款"等对教育效果作出明示或者暗示的保证性承诺；不得模糊自学考试助学活动与主考学校学历教育的关系与区别；不得混淆技师学院、专修学院、研修学院等非学历高等教育机构与开展学历教育高校的性质与区别。

第四，各地相关主管部门应督促各大门户网站、搜索引擎、电子商务平台、新媒体平台、自媒体平台、App（应用程序）等互联网媒介加强对高等学历继续教育广告发布主体、内容的审核，对涉及虚假夸大违规信息进行有效过滤，不得发布无高校法人书面授权或省级自学考试管理机构审查备案的相应广告及其他违法违规信息。

### 三、人才培养

人才培养是整个教育事业的核心，也是教育治理的核心。我国高等学历继续教育长期被诟病的问题主要是培养过程的不完善和教育质量水平不高。以宏观的供给侧视角[①]切入，高校学历继续教育普遍存在如下问题：重外延轻内涵，供给质量低；办学定位模糊，供需不匹配；教学效果不好，供给资源浪费；管理混乱，师资水平低。从微观的培养体系方面考虑，人才培养的过程中存在体系移植普教课程体系、重知识轻素质、教学过程不完善、教学模式之间不兼容等问题。[②] 从发展动态的角度来看，高校学历继续教育培养目标不清，由此衍生出的深层问题是以普通本科教育、高等职业教育对标学历继续教育的培养目标，高等学历继续教育至今仍没有从外延式发展转变为内涵式发展。[③]

为了提高人才培养的质量，高校学历继续教育人才培养过程中应注意以下内容。

第一，教育供给方式的选择问题。教育供给方式包括政府提供、政府

---

① 赵艺凡：《供给侧视角下我国普通高校学历继续教育存在的问题及改革路径》，载《中国职业技术教育》2017年第33期，第32-37页。

② 邓铭：《浅谈新时代背景下普通高校学历继续教育的转型与人才培养方案变革》，载《湖北第二师范学院学报》2016年第5期，第86-89页。

③ 吴斌、高庆元、范太华：《高等学历继续教育人才培养目标定位研究》，载《高等继续教育学报》2017年第2期，第8-13、18页。

购买第三方服务、高校购买第三方服务、高校和社会合作、"政府＋高校＋企业"三者合作等不同形式。对于高等学历继续教育，高校是绝对的办学主体，但不排除在合理合规的前提下与其他机构合作，因此必须明确自身供给方式。

第二，人才培养目标的定位问题。高校继续教育要培养的是应用型人才，还是创新型人才，抑或是区域特色型人才？高校对自身人才培养的目标是高水平高校，专业型高校，一流高校，特色地方高校，还是品牌高校？根据教育部2022年发布的《关于推进新时代普通高等学校学历继续教育改革的实施意见》，明确要推进主办高校人才培养目标和规格分类发展。其中，支持中央部委所属高校结合高水平学科专业举办"少而优、小而精"的学历继续教育，办出示范、引领发展。支持地方高校重点举办"服务地方、办学规范、规模适度、特色鲜明"的学历继续教育。支持高等职业学校围绕制造业重点领域、现代服务业和乡村振兴需求，重点面向一线从业人员，举办服务"知识更新、技术提升"的学历继续教育。同时，各类办学主体都要主动对接国家、行业和地方"十四五"规划确定的重点领域，聚焦培养创新型、应用型、技术技能型人才。

第三，课程和教学的治理现代化问题，包括课程开发、课程实施、课程评价、课程改革、教学方法、教学内容、教学模式、教学评价等方面的教育治理能力和体系的现代化。这一方面能保证高等学历继续教育自身治理能力的提高，在推进高等教育普及化、多样化方面担当重要角色，承担重要责任。

**四、考核评价**

我国高等教育现已正式步入普及化阶段，社会对高等教育需求发生了重大变化，实现了从机会需求向质量需求的转变。"追求质量"给粗放式发展的高等学历继续教育带来巨大挑战，而考核评价作为对学历继续教育质量的评估，影响着未来高等学历继续教育发展的水平和方向，在这方面的治理上，应注意以下内容。

第一，高等学历继续教育学业考核。科学严谨的学业考核是高等学历继续教育质量保证的重要环节。课程考核的方式，可以根据不同专业门类分成多种类型。对于文化类课程（特别是公共基础课和专业核心课），应坚持以闭卷统一考试为主，与开放式个性化考核相结合，注重过程检测和程序评估。闭卷考试包括线上和线下两种方式，线上考试应充分利用人脸识别、不定时抓拍、远程监控等技术保障考试安全，确保考试纪律。对于实操类课程，必须有真实操作、模拟操作等考核方式，并对考核过程实行严格、具体的要求。此外，教育部也鼓励高校创新课程考核与评价方式，探索通过实践作业、情境测试、技能认证等方式科学评价学生能力水平。

第二，高等学历继续教育的毕业要求。高等学历继续教育的学生要获得毕业证书，必须达到《高等教育法》规定的基本学业标准，比较系统地掌握所学专业的基础理论、基本知识、基本技能、方法，具备从事专业实际工作的初步能力。高校应参照本校全日制学生毕业要求，结合成人在职学习特点等，合理确定本校高等学历继续教育毕业所须达到的课程修习、学业成绩、实践经历、职业素养、综合素质等方面的学习要求和考核要求。高校还须严把毕业出口关，确保学生毕业时完成规定的学时学分和各教学环节，保证毕业要求的达成度。此外，对于本科层次学生，高校还须按照有关规定严格学位授予。高校授予高等学历继续教育本科毕业生学士学位的程序应与全日制本科毕业生相同。

第三，高等学历继续教育的质量评估。主要是教育行政部门或独立第三方机构实施的对高校举办高等学历继续教育质量的评估。这方面需要建立完善的高等学历继续教育质量保障指标体系和评估程序。基于管办评分离的原则，委托第三方组织开展高等学历继续教育质量评估，建立民主评价和监督制度，是高等学历继续教育的质量评估未来的发展方向。

**五、校外教学点**

校外教学点是高校为满足高等学历继续教育教学需要，以平等协商方式与校外其他法人单位（简称"设点单位"）合作，依托设点单位的场地、人员、设施等资源，开展招生宣传、线下面授、学习辅导、集中考试、实验实训、毕业指导、学生服务与管理等教育教学活动的场所，是高校举办高等学历继续教育的依托和服务延伸，其教学和管理状况直接体现高校的办学质量，直接关系到高校的品牌声誉。

长期以来，教育行政部门和高校高度重视函授教育函授站、网络教育校外学习中心的建立、监管和评估，建立了相应的准入条件和评价指标体系。根据教育部办公厅 2022 年发布的《关于严格规范高等学历继续教育校外教学点设置与管理工作的通知》，校外教学点应具备以下基本条件。

1. 具有与高等学历继续教育办学规模和专业设置相适应的辅导教师、教辅人员和管理人员；

2. 具有满足专业教学需要的设施设备、实验实训和学习资源等软硬件条件；

3. 具有固定的、与办学规模相适应的教学场所，同时符合建筑安全、消防安全、食品安全、卫生防疫、网络安全等有关标准和要求；

4. 具备高校和有关教育行政部门规定的其他条件。

对校外教学点的治理责任主要落在省级教育行政部门和高校。省级教育行政部门需要对省域内校外教学点布局进行统筹规划、备案管理，并加强日常监管和质量监测。此外，省级教育行政部门还要联合相关部门，严厉打击虚假宣传、买卖生源、代学替考等违法违规行为。高校作为校外教学点设置主体，应根据自身办学定位、优势特色、发展规划、监管能力，以及地方人才需求和教育行政部门要求，合理规划校外教学点布局，严格控制校外教学点数量，慎重选择设点单位。

### 六、毕业论文（设计）

毕业论文（设计）是实现专业人才培养目标的重要教学环节，是本科教学计划的重要组成部分，是学生学习质量和高校教学质量的重要体现。2020 年，教育部印发《本科毕业论文（设计）抽检办法（试行）》。2021 年，正式启动了包含高等学历继续教育在内的学士学位论文抽检工作。该项工作由教育部负责统筹组织和监督，由省级教育行政部门负责本地区本科毕业论文抽检的具体实施。其中，中国人民解放军有关部门负责军队系统本科毕业论文抽检的具体实施。抽检工作每年进行一次，抽检对象为上一学年度授予学士学位的论文，抽检比例原则上应不低于 2%。

本科毕业论文抽检重点围绕"选题意义""写作安排""逻辑构建""专业能力""学术规范"等进行合格性考察。区别于硕、博士学位论文抽检重点考察的是论文的创新性、科研能力，本科毕业论文抽检重点考察的是本科生的基本学术规范和基本学术素养。

这项工作自正式实施以来，高校对学历继续教育本科毕业论文的关注和重视空前高涨。高校普遍开始对规范论文选题、开题、写作、答辩的过程加大投入，努力提高毕业论文（特别是授予学士学位的毕业论文）质量。按照《教育部办公厅关于严格规范高等学历继续教育校外教学点设置与管理工作的通知》要求："高校要加强毕业论文（设计）指导与服务，确保全程指导、全员查重，原则上本科学生应全员答辩；要严肃处理论文抄袭、代写等学术不端行为，严把学位授予关，健全人才培养质量过程监管制度。"

## 第四节 高校学历继续教育治理的体系建设

分析当前国际成人教育治理的情况可知，政府治理模式、混合治理模式和非政府治理模式是三种基本的成人教育治理模式。结合治理的多元行动主体和我国国情，我国成人教育治理事实上采用的是政府主导、多元参与的混合治理体系（如图 3-1 所示）。在该体系中，教育部作为国家最高教育主管部门，主要发挥宏观指导作用；省级教育行政部门负责属地统筹、协调；普通高校是高等学历继续教育办学主体，承担主体责任；校外教学点是主办高校的服务受托方，负责在高校之外为学习者提供延伸的高等学历继续教育支持服务。

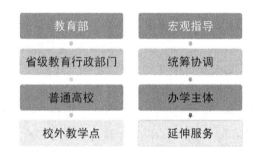

**图 3-1 高等学历继续教育治理体系中的角色分工**

我国高学历等继续教育治理具有显著的"共治"特征，是多元教育主体参与的共同治理。高等学历继续教育治理不仅需要教育部、省级教育行政部门自上而下的行政治理，也需要主办高校、校外教学点之间横向以合作关系为基础的合作治理。多元共治成为当前高等学历继续教育治理的新选项，只有平等协商对话的"共治"，才能达成及时高效的"善治"，从而实现治理结构从"量的增加"到"质的飞跃"。为实现高等学历继续教育公共利益最大化，并协调和平衡多元教育主体的利益需求，多元教育主体应建立民主沟通对话的合作平台，明确各教育主体在高等学历继续教育事务中的所拥有的权力和承担的责任与义务，形成"既各司其职、相互独立，又相互制约、相互监督"的治理格局。

## 一、教育部

教育部作为主管教育事业的国务院组成部门，在我国终身教育体系、终身学习体系和学习型社会建设中承担着重要责任和使命，是引导和规范高校学历继续教育高质量运行的龙头。教育部肩负着为高校学历继续教育在新时代指明办学方向、发展重点、质量标准、管理机制和文凭价值的责任。只有在国家和政府的强制力下，高校学历继续教育的发展才能明确定位、原则标准等问题，才能使高校学历继续教育走上科学化、高质量和规范化的发展道路。教育部实施的国家层面治理内涵包括以下四点。

第一，法治是教育治理的根本保障和重要前提，因此制定相关法律，以国家法律的强制力来明确和保障教育治理的思路、目标、权限和义务等，依法治教，依法治理，规范教育秩序，才能整体推进教育治理现代化。高校学历继续教育也必须遵守《教育法》《高等教育法》等法律法规，坚持依法依规治理。

第二，要切实落实"放管服"，扩大省级政府教育统筹权和高校办学自主权，深化管办评的分离改革，加快简政放权，鼓励民主参与，从直接管理转向间接管理，从管理转向服务，积极推进高等继续教育管理改革。

第三，建立社会参与教育治理的机制，建立科学民主决策的程序和制度，建立公平公开的教育经费分配制度，建立以省级政府为主的基础教育管理制度，建立各级教育审议制度，协调政府、高校和社会之间的关系。① 高校学历继续教育治理的制度框架应包含治理指导思想、治理基本原则、治理主体体系构建、治理能力建设、治理范围范畴、治理手段方式、问责追责机制等内容。

第四，要构建符合国情的学历继续教育体制，将不同类型高校开展的学历继续教育都平等纳入教育治理的范畴，构建政府宏观调控、学校自主管理、社会广泛参与的新教育治理机制，建立健全终身学习推进机制，构

---

① 参见国家教育行政学院：《国家教育体制改革试点阶段性研究报告》（高等教育卷），教育科学出版社 2014 年版。

建灵活、丰富、便捷的全民终身学习体系。

## 二、省级教育行政部门

政府及其教育行政部门是高校学历继续教育重要的治理主体，在协同治理体系中应发挥重要的主导作用。各级教育行政部门，特别是省级教育行政部门应坚守分内的治理责任，按照国家高等学历继续教育政策和教育管理规律履行治理权力和责任。第一，省级政府要切实履行统筹规划职责，加强对区域内各级各类教育的统筹管理，完善教育问责机制，守土有责、守土尽责。第二，省级政府必须承担更多公共服务财政责任，促进当地教育民主和教育公平，通过财政向各类社会机构委托管理或购买服务，提高教育供给的资源能力和增强教育公共服务均等化程度。第三，省级政府要转变治理机制，联合公共和私人的力量，在增加教育供给的同时，提供更加公平的教育服务。[①] 另外还要转变各级政府的办学观念，反思自身的思想观念，包括教育观和政绩观，改变原有办学模式，实行均衡发展，办好每一所学校。

此外，高校学历继续教育依附市场而存在，以就业为导向，其办学网络客观存在依托社会培训机构的情况，因此在省级统筹层面呈现了多部门协同的情况。例如，市场监督管理部门、人力资源社会保障部门作为社会培训机构的登记主管部门，负责监督管理相关机构的市场经营行为；金融监管部门负责相关机构的资金监管；宣传部门、网信部门、市场监管部门等协同监督管理高等学历继续教育招生广告宣传；工会、团委等群团组织与教育部门协同发动并推进针对特定群体的学历继续教育工作。

在省级教育行政主管部门内部，也客观存在多个部门协同参与高等学历继续治理的普遍情况。高等学历继续教育的日常教学管理，包括专业备案、教学管理、教材管理、学籍管理等，由相应的教学业务处室负责。因高等学历继续教育包括了专科、本科两个层次，此部分一般由高等教育、职业教育业务处室协同负责。高等学历继续教育校外教学点管理，包括校外教学点设置、备案、管理等，一般由规划部门或继续教育业务处室负责。高等学历继续教育的招生工作，一般由省级教育考试院负责。

---

① 参见余雅风、蔡海龙等《中国教育改革开放 40 年》（政策与法律卷），北京师范大学出版社 2019 年版。

### 三、高校

高校是高等学历继续教育招生、教学和管理的组织者，毕业证书的发放者，承担着教学质量和人才培养质量的主体责任，因此应在高等继续教育治理体系中占据中心位置。高校对高等学历继续教育的治理内涵，主要包括以下五点。

第一，举办高等学历继续教育的高校要抓住发展契机，积极推进大学治理能力和内部治理结构现代化建设。依法落实高校办学自主权，依法保障高校自主开展各类教育教学活动。① 在自主自治管理高校的过程中，逐步实现治理中心的下移，解决好内部资源分配、奖励机制等问题。

第二，长期以来，高校学历继续教育的"大规模招生、低质量培养"，造成了其自身的"办学困境"：学业证书贬值、社会认可度降低。为了防止此类现象再次发生，主办高校应自主治理其招生、教学和管理中的种种失范行为，恪守"严进严出"的管理责任，促进高等继续教育内涵发展和人才培养质量提升。

第三，高校应积极促进多元主体共同管理教育公共事务，将高等学历继续教育自身特色与大学治理相结合，发掘潜力，积极探索出具有校企共建共管共赢、产学研一体化等特色的深度合作机制。

第四，学术治理是大学内部治理的一个重要组成部分，要积极推动继续教育研究，提升继续教育科研学术水平，提高大学内部治理能力，其措施包括高等继续教育学术研究规范建立、教师科研能力培养机制、学生学业规范的确立和评估等。

第五，主动承担学习型社会建设的重担，在继续教育治理方面兼重行政治理和学术治理。行政治理保障管理高效，学术治理保障继续教育独立性，形成良好社会学习环境和机制，以提高教育的社会治理水平。

当前，国内多数高校一般由继续教育学院承担高等学历继续教育的管理和办学。近年，在教育部的指导下，高校普遍积极推进"管办分离"，在高校内将高等学历继续教育管理和办学两个职能进行分离，以起到相互管理和制约的作用，从而进一步规范高等学历继续教育办学。

---

① 参见国家教育行政学院《国家教育体制改革试点阶段性研究报告》（高等教育卷），教育科学出版社2014年版。

### 四、校外教学点

校外教学站点作为高等继续教育教学和管理的"最后一公里",具有与学员接触最多、对学员影响最直接的特点,也是高等学历继续教育质量保障最为薄弱的环节。因此,其在高等学历继续教育治理活动中占据基层治理的重要位置,其治理效果如何,直接关系到高等学历继续教育的整体治理效果。在校外教学点层面,特别需要关注以下四点。

第一,未经高校法人书面授权或审查备案,企事业单位、社会组织或个人不得发布或以教育咨询、学历提升服务等名义变相发布涉及具体高校的高等学历继续教育广告。

第二,校外教学站点要诚信经营,特别是有关入学条件、最低学习年限、学费标准及收取方式、报名途径、高校招生网站地址、毕业证书和学位证书获取条件等信息必须真实、准确、合法,不得出现"无需学习""无需上课"等虚假违规内容,不得出现"快速取证""免考包过""考不过退款"等对教育效果作出明示或者暗示的保证性承诺。

第三,校外教学点应在服务模式创新、机制体制改革和开拓社会化服务方面进行努力,提高自身治理能力,所提供的服务应从原来的承接合作高校远程教育的教学性服务发展到现代信息技术应用服务、产学研专业共建、课程资源共建共享、学分互认、终身学习平台建设、评价指标建设等更深层次的服务。

第四,校外教学点的依托建设单位应统筹考虑教学点业务与自身其他业务的衔接、互补,推动对属地经济社会发展的服务。

设点单位是校外教学点配合高校开展相关工作的实施主体。教育部办公厅《关于严格规范高等学历继续教育校外教学点设置与管理工作的通知》明确:"设点单位原则上应为普通高校、职业院校、成人高校、开放大学以及设有内部培训机构的行政机关和事业单位。确有需要,高校也可在设有内部培训机构的国有大中型企业设置校外教学点,但仅限招收该企业内部职工,不得面向社会招生。"

# 第四章　宏观治理：政府引导统筹规范发展

在宏观层面，我国高校学历继续教育治理主要通过系列政策的制定和贯彻落实来完成。其中，教育部和省级教育行政部门是高校学历继续教育政策的主要制定者，是宏观治理的行为主体。

## 第一节　高等学历继续教育政策分析

### 一、政策及政策工具

国家介入教育的重要手段和方式就是通过制定相关政策来引导和规范其发展方向、发展规模和发展速度。高等学历继续教育作为我国高等教育的重要组成部分，经过长期发展和调整，形成了多主体、多类型、多形式、多层次的办学体系，为数以亿计的社会成员提供了学历补偿、职业技能培训和文化素质教育，缓解了社会成员快速增长的教育需求与传统教育供给相对不足间的矛盾。当前我国已经进入高质量发展阶段，正在实现从人力资源大国向人力资源强国的转变。在此过程中，高等学历继续教育要实现党的十九大、二十大提出的"办好人民满意的教育"的目标，也正在经历从提升高等教育承载力向提升教育质量、从注重外延式发展向推动内涵式建设的转变，这使得国家政策层面的宏观引导更加重要。从政策工具视角对高等学历继续教育政策进行系统梳理，能够为新时代高校学历继续教育政策制定提供科学依据。

政策工具（Policy Instruments）是由政府以政策目标为导向、以达成政策效果为标准而采用的系列措施，具体体现为法律、行政、财政等强制性、激励性相结合的多种举措。[1] 荷兰经济学家 Kirschen 最早对政策工具

---

[1]　薛二勇、周秀平：《中国教育脱贫的政策设计与制度创新》，载《教育研究》2017 年第 12 期，第 29–37 页。

进行分类，共整理出 64 种一般化的工具。[1] Howlett 等根据政府介入公共物品与服务提供的程度，把政策工具分为自愿性工具、混合型工具和强制型工具。[2] Rothwell 等根据政策工具产生着力面和市场运行规律，将其分为供给型工具、需求型工具和环境型工具。[3] McDonnell 等依据政策工具对目标人群的影响，将其分为强制型工具、激励型工具、能力建设型工具、组织建设型工具四种。[4] 在国内，顾建光等依据使用方式将政策工具划分为管制类、激励类和信息传递类三种。[5] 陈振明将政策工具分为市场化工具、工商管理技术和社会化手段。[6] 薛二勇等基于中国教育政策制定、执行、评估及完善的全过程理论并参照已有的政策工具分类理论，将政策工具分为强制性工具、引导性工具、能力建设性工具和组织建设性工具，并阐述了每类政策工具包含的要素。[7] 政策工具具有多样性，其分类的本质是从不同维度、水平上区分作为规则的制度约束力，而制度约束力的强弱、高低、显隐就体现为不同类型的政策工具。[8] 对政策工具进行分类，有助于使政策制定者更明确政策工具的可选择范围，并理解不同政策工具之间的差异及其可能导致的结果，不同政策工具的使用频率也体现出政府的价值取向和行为取向。[9]

政策工具在公共政策研究领域得到了广泛应用，针对教育政策的研究主要集中在高等教育、民族教育、学前教育、高校师德等领域，而对高等

---

① 陈振明：《政府工具研究与政府管理方式改进：论作为公共管理学新分支的政府工具研究的兴起、主题和意义》，载《中国行政管理》2004 年第 6 期，第 43 – 48 页。

② ［加］迈克尔·豪利特、M. 拉米什：《公共政策研究：政策循环与政策子系统》，庞诗等译，生活·读书·新知三联书店 2006 年版，第 141 – 165 页。

③ R. Rothwell and W. Zegveld, *Reindusdalization and Technology*, (London: Longman Group Limited, 1985), pp. 49 – 100.

④ L. McDonnell and R. Elmore, "Getting the Job Done: Alternative Policy Instruments," *Educational Evaluation and Policy Analysis* 9, no. 2 (1987): 133 – 152.

⑤ 顾建光、吴明华：《公共政策工具论视角述论》，载《科学学研究》2007 年第 1 期，第 47 – 51 页。

⑥ 陈振明：《政策科学：公共政策分析导论（第 2 版）》，中国人民大学出版社 2003 年版，第 172 页。

⑦ 薛二勇、周秀平：《中国教育脱贫的政策设计与制度创新》，载《教育研究》2017 年第 12 期，第 29 – 37 页。

⑧ 薛二勇、周秀平：《中国教育脱贫的政策设计与制度创新》，载《教育研究》2017 年第 12 期，第 29 – 37 页。

⑨ 侯华伟、林小英：《教育政策工具类型与政府的选择》，载《教育学术月刊》2010 年第 4 期，第 3 – 6、14 页。

学历继续教育政策的研究较为缺乏。本研究基于政策工具视角，运用内容分析法对1979—2020年国家层面的高等学历继续教育政策文本进行量化分析，结合政策功能和高等学历继续教育办学关键环节建构二维分析框架，系统立体地呈现高等学历继续教育政策的切入点、聚焦点和变迁过程，深入剖析高等学历继续教育政策的演进特征和发展脉络，为我国新时代高等学历继续教育制度体系完善提供科学支撑。

**二、基于政策工具的高等学历继续教育政策二维分析框架**

本研究以政策工具作为分析的基本视角，综合考虑高等学历继续教育政策的内容特征和办学的关键环节，构建了高等学历继续教育政策二维分析框架，如图4-1所示。

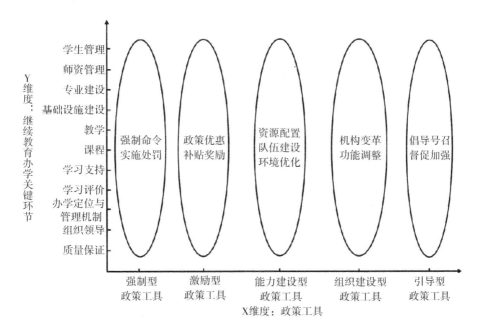

**图4-1 高等继续教育政策二维分析框架**

（一）X维度：政策工具

本书主要借鉴了McDonnell等对政策工具的分类，即强制型、激励型、能力建设型和组织建设型四类。[①] 其中，强制型政策工具是规范个体和机构的行动以便让他们服从或对违反命令的个体和机构予以处罚的措施，包括强制命令、实施处罚。激励型政策工具是给个体和机构以资金或荣誉作为某些行为的奖赏的措施，包括政策优惠、补贴奖励。能力建设型政策工具是通过提供资源、培训以提升政策执行个体、群体或机构能力的措施，涉及资源配置、队伍建设、环境优化。组织建设型政策工具是在个体和机构当中转换权力关系（授予、收回或调整对权力的认定）的措施，以提升组织效率或促进对新问题的解决，包括机构变革、功能调整。以上四类政策工具一般是针对明确问题所制定的对应解决措施。然而，随着时代的发展，高等学历继续教育的形式、内涵和功能在不断发生变化，单靠明确的政府指令已无法适应高等学历继续教育快速发展的需要，现实中还需要通过倡导、号召等政策措施来鼓励办学主体发挥能动性以推动高等学历继续教育的发展。因此，本研究在以上政策工具类型基础上增加了引导型政策工具。引导型政策工具是发挥价值引导功能，鼓励政策执行主体发挥能动性或遵从、使用和支持原有政策的措施，包括倡导号召、督促加强，其并不涉及成本的投入，实施门槛低，使用范围广。

（二）Y维度：高等学历继续教育办学关键环节

政策工具维度的类型划分有助于从政府的角度理解高等学历继续教育政策，但要更好体现和描述政策的所有特征，需要进一步分析相关政策工具在高校学历继续教育办学各环节中的具体运用情况。郭玉娟等根据对学历继续教育质量保证要素相关研究的分析以及全面教学质量管理理论的全过程管理原则，提取出对继续教育机构进行系统性评价的10个要素，包括愿景与使命、招生、专业建设、课程设计与开发、学习支持与学生管理、学习评价、内部质量保证、研究与创新、基础设施、师资队伍。[②] 这10个要素也是国际公认的教学质量保证的核心要素，体现了高等学历继续教育办学的关键环节。因此，本书以上述评价要素为基础，将高等学历继续教育办学的关键环节作为Y维度。同时，结合政策文本的特点对要素进行了修订，将"愿景与使命"替换为政策文本中的"办学定位与管理

---

① L. McDonnell and R. Elmore, "Getting the Job Done: Alternative Policy Instruments," *Educational Evaluation and Policy Analysis 9*, no. 2 (1987): 133 – 152.

② 郭玉娟、胡韧奋：《基于文本挖掘的继续教育机构评价方法新探》，载《开放学习研究》2019年第6期，第8 – 14页。

机制"，增加了"组织领导"和"教学"要素，这也是很多政策文件中强调的内容。此外，由于政策文本更多指向规范办学，而关于"研究与创新"的内容较少涉及，故未将其列入办学关键环节维度。由此，Y 维度包括学生管理、师资管理、专业建设、基础设施建设、教学、课程、学习支持、学习评价、办学定位与管理机制、组织领导、质量保证，共 11 个要素。

### 三、数据来源及分析方法

（一）数据来源

本书选取的高等学历继续教育政策文本均为公开数据，主要来源于中央各部委官网以及"北大法宝"和"中国法律法规数据库"两个权威政策数据库。为了增强所选取政策文本的代表性和准确性，本书按照以下原则对政策文本进行筛选：一是以改革开放作为政策文件选取的时间起点，故将时间范围限定为 1979 年到 2020 年；二是发文单位为中央机关，主要包括国务院和教育部（1985—1998 年为国家教育委员会）；三是政策文件指向高等学历继续教育，包括直接指向高等继续教育的总体文件或是针对函授、夜大、高等教育自学考试、广播电视大学/开放大学、现代远程教育等多种高等学历继续教育办学形式的专项文件；四是政策文件类型为法律法规、规划、意见、办法、通知、条例等，可以直接体现国家对高等学历继续教育发展的态度和措施。基于以上原则，共搜集到高等学历继续教育相关政策文件 108 份，其中，针对不同高等学历继续教育办学形式的专项政策文件有 99 份，总体政策文件有 9 份。搜集到的部分高等学历继续教育政策文件如表 4-1 所示。

表 4-1 改革开放以来（1979—2020 年）的高等继续教育政策文件（部分）

| 序号 | 日期 | 标题 | 发文单位 | 政策类型 | 高等继续教育形式 |
|---|---|---|---|---|---|
| 1 | 1979 年 1 月 11 日 | 国务院批转教育部、中央广播事业局关于全国广播电视大学工作会议的报告的通知 | 国务院 | 通知 | 广播电视大学、开放大学 |

（续表）

| 序号 | 日期 | 标题 | 发文单位 | 政策类型 | 高等继续教育形式 |
|---|---|---|---|---|---|
| 2 | 1979 年 3 月 7 日 | 关于广播电视大学教学班经费开支规定 | 教育部、财政部 | 规定 | 广播电视大学、开放大学 |
| …… | …… | …… | …… | …… | …… |
| 107 | 2019 年 12 月 6 日 | 教育部办公厅关于服务全民终身学习促进现代远程教育试点高校网络教育高质量发展有关工作的通知 | 教育部 | 通知 | 现代远程教育 |
| 108 | 2020 年 8 月 31 日 | 教育部关于印发《国家开放大学综合改革方案》的通知 | 教育部 | 方案 | 广播电视大学、开放大学 |

（二）分析方法

本研究采用内容分析法，以定量的方式对搜集到的 108 份高等学历继续教育政策文本进行客观系统的描述。首先，以前文提及的二维分析框架作为内容分析维度，对高等学历继续教育政策文本的条款、段落或句子进行划分，将其作为分析单元。而后，基于对 108 份高等学历继续教育政策文本的初步划分，形成内容分析单元表，借助 NVivo 12 软件对划分好的分析单元进行编码和统计分析。

**四、结果与分析**

（一）总体状况分析

1. 发文单位和文件类型分布

我国高等学历继续教育政策文件的发文单位主要为教育部和国务院。其中以教育部（国家教委）为主，共发布 93 个，占比为 86.1%；国务院发布 8 个，占比为 7.4%；此外还有发改委、财政部联合发布（4 个）以及教育部、财政部联合发布（3 个）的文件共 7 个，占比 6.5%。

在这 108 份高等学历继续教育政策文件中，按照文件标题中提及的文件类型进行统计，数量由多至少依次为通知（57 个）、意见（26 个）、规定（8 个）、办法（6 个）、条例（3 个）、批复（2 个）、方案（1 个）、纲要（1 个）、规程（1 个）、计划（1 个）、决定（1 个）和要点（1 个），其中，通知和意见类的政策文件共占总数的 76.9%。

2. 发文时间分布

按照高等学历继续教育的发展，大致可以将相关政策文件发布的时间分为三个阶段。第一个阶段是 1979—1986 年。这个阶段正值改革开放初期，经济复苏，人们对高等教育的需求快速增长。1980 年 9 月 5 日，《国务院批转教育部关于大力发展高等学校函授教育和夜大学的意见》指出，"发展高等教育应贯彻两条腿走路的方针，采取多种形式办学。高等学校除办好全日制大学外，还应根据本校情况积极举办函授教育和夜大学"[①]。在函授教育和夜大快速发展的同时，广播电视大学也进入快速发展期，办学规模持续扩大。第二个阶段是 1987—2000 年。这个阶段是我国高等继续教育加速发展的阶段，随着我国经济体制改革的深入推进，社会对人才的需求更加旺盛，国家针对这一状况发布了一系列政策文件，明确了高等继续教育在社会经济发展中的重要地位。第三个阶段是 2001 年至今。这个阶段是高等学历继续教育转型发展阶段，从现代远程教育试点工程到广播电视大学的转型发展，政府发布的政策文件主要以规范办学和提升人才培养质量为核心。

3. 办学形式分布

高等学历继续教育政策文件具体涉及现代远程教育（38 个）、函授和夜大（23 个）、高等教育自学考试（20 个）、广播电视大学/开放大学（18 个）等多种办学形式，另有 9 个文件为针对多类办学形式的总体性文件。

针对不同办学形式的高等学历继续教育政策文件在发布时间分布上呈现出显著差异（如图 4 - 2 所示），这也体现出我国高等学历继续教育形式的发展与变化。面向函授和夜大的政策文件发布时间分布在 1979—1999年，主要集中于 20 世纪 70 年代末和 80 年代。面向高等教育自学考试的

---

① 《国务院批转教育部关于大力发展高等学校函授教育和夜大学的意见》，载《中华人民共和国国务院公报》1980 年第 14 期，第 437 - 441 页。

政策文件发布时间分布在 1981—2014 年，其中 20 世纪 80 年代末到 90 年代末最为集中。面向广播电视大学/开放大学的政策文件分布在 1979—2020 年，其数量不多，但时间分布较均匀。面向现代远程教育的政策文件分布在 1999—2019 年，且在该类高等继续教育启动部署期的分布非常密集。

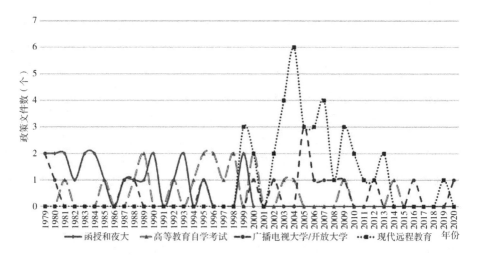

**图 4-2 各类办学形式相关政策文件的发布时间分布**

（二）X 维度：政策工具分析

1. 政策工具总体响应情况

利用 NVivo 12 对高等学历继续教育政策文本的编码结果在政策工具维度进行归类和统计。可以看出，我国的高等学历继续教育政策兼顾了强制型、引导型、组织建设型、能力建设型和激励型 5 类工具的运用，全面涵盖了 11 个二级维度。从政策工具的一级维度来看，强制型工具的响应次数最多（36.7%），其次是引导型（27.2%）、组织建设型（19.3%）和能力建设型工具（12.6%），而激励型工具的使用最少（4.3%）。从政策工具的二级维度来看，强制型工具、引导型工具和组织建设型工具的内部维度分布明显不均衡：强制型工具中强制命令的响应次数最多，引导型工具中则以督促加强为主，组织建设型工具则更注重功能调整。

2. 政策工具逐年响应情况

从政策文件发布的时间来看（见表 4-2），强制型、组织建设型和引导型三类政策工具的响应情况走势趋同，上下浮动较大。从所采用政策工具的数量来看，第一个峰值是 1987 年和 1988 年，引导型、组织建设型和强制型政策工具的响应次数均较多，其中以强制型政策工具为最多，其次是组织建设型政策工具。1993 年是第二个峰值期，以引导型工具和强制型政策工具为主，而引导型政策工具的响应次数在这一年达到峰值。2000年是第三个峰值期，仍以引导型和强制型政策工具为主，且强制型政策工具的响应次数在这一年达到峰值。之后各类政策工具的响应次数均呈现下降趋势，且强制型政策工具基本占主体，直到 2015 年之后，响应次数才出现回升，尤其是强制型和组织建设型政策工具呈现出一个小爆发式上升。

表 4-2　各类政策工具的逐年（1979—2020 年）响应情况及总计百分比

| 年　份 | 工具类型 | | | | |
|---|---|---|---|---|---|
| | 强制型 | 激励型 | 能力建设型 | 组织建设型 | 引导型 |
| 1979 | 5 | 1 | 2 | 8 | 3 |
| 1980 | 8 | 1 | 6 | 9 | 1 |
| 1981 | 18 | 3 | 2 | 7 | 6 |
| 1982 | 0 | 0 | 0 | 0 | 4 |
| 1983 | 3 | 0 | 5 | 0 | 1 |
| 1984 | 4 | 0 | 0 | 0 | 4 |
| 1985 | 2 | 1 | 0 | 2 | 0 |
| 1986 | 0 | 0 | 0 | 0 | 0 |
| 1987 | 30 | 8 | 8 | 10 | 17 |
| 1988 | 22 | 2 | 5 | 24 | 11 |
| 1989 | 19 | 1 | 0 | 1 | 0 |
| 1990 | 12 | 0 | 2 | 4 | 6 |
| 1991 | 0 | 0 | 0 | 0 | 0 |
| 1992 | 4 | 0 | 7 | 3 | 7 |
| 1993 | 24 | 4 | 10 | 9 | 51 |
| 1994 | 0 | 0 | 0 | 2 | 0 |
| 1995 | 15 | 2 | 6 | 11 | 11 |

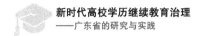

（续表）

| 年　份 | 工具类型 | | | | |
|---|---|---|---|---|---|
| | 强制型 | 激励型 | 能力建设型 | 组织建设型 | 引导型 |
| 1996 | 9 | 1 | 4 | 7 | 5 |
| 1997 | 0 | 0 | 1 | 0 | 2 |
| 1998 | 9 | 0 | 0 | 2 | 3 |
| 1999 | 11 | 6 | 9 | 13 | 5 |
| 2000 | 40 | 0 | 13 | 11 | 33 |
| 2001 | 0 | 0 | 0 | 0 | 0 |
| 2002 | 9 | 2 | 4 | 2 | 10 |
| 2003 | 27 | 6 | 9 | 10 | 5 |
| 2004 | 20 | 2 | 3 | 11 | 16 |
| 2005 | 11 | 0 | 11 | 4 | 16 |
| 2006 | 11 | 0 | 2 | 3 | 10 |
| 2007 | 16 | 0 | 1 | 8 | 11 |
| 2008 | 4 | 0 | 3 | 2 | 5 |
| 2009 | 7 | 2 | 6 | 1 | 7 |
| 2010 | 5 | 0 | 0 | 3 | 2 |
| 2011 | 3 | 0 | 0 | 0 | 3 |
| 2012 | 4 | 0 | 0 | 2 | 4 |
| 2013 | 7 | 0 | 1 | 1 | 7 |
| 2014 | 18 | 1 | 4 | 6 | 8 |
| 2015 | 0 | 0 | 0 | 0 | 0 |
| 2016 | 6 | 1 | 6 | 16 | 8 |
| 2017 | 0 | 0 | 0 | 0 | 0 |
| 2018 | 1 | 0 | 0 | 2 | 2 |
| 2019 | 12 | 1 | 2 | 3 | 5 |
| 2020 | 1 | 1 | 4 | 12 | 5 |
| 总计百分比（%） | 36.7 | 4.3 | 12.6 | 19.3 | 27.2 |

3．政策工具在各类办学形式上的响应情况

通过 NVivo 12 对不同类型的政策工具在各类高等学历继续教育办学形式上的响应情况进行统计，可得到如图 4 - 3 所示的结果。可以看出，就政策工具的一级维度而言，除广播电视大学/开放大学外，其他三种办学形式都是以强制型工具响应次数为最多，其次是引导型工具。对于广播电视大学/开放大学，组织建设型工具是响应次数最多的政策工具（42 次），其次为引导型工具（40 次），而强制型工具的响应次数相对较少（22次）。就政策工具的二级维度而言，函授和夜大、高等教育自觉教育和现代远程教育三种办学形式都是以强制命令和督促加强为主；广播电视大学/开放大学则以督促加强（27 次）和功能调整（25 次）为主。

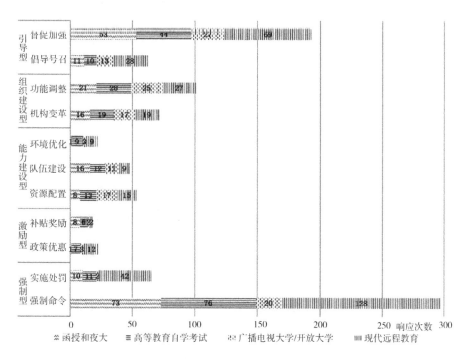

图 4 - 3　各类政策工具在不同办学形式上的响应情况

（三）Y 维度：办学关键环节分析

1．办学关键环节总体分布情况

对政策文本中涉及高等学历继续教育各办学关键环节的政策工具使用频次进行统计，结果如图 4 - 4 所示。可以看出，在政策文件所涉及的办学环节中，排前四位的依次是学习评价、办学定位与管理机制、学生管理、质量保证，而课程和学习支持涉及最少。

2. 办学关键环节逐年分布情况

从政策文件的发布时间来看（见表4-3），学习评价、办学定位与管理机制、学生管理以及质量保证四个排名靠前的关键环节在政策文件中的分布情况基本趋同。从政策数量来看，第一个峰值期（1987年和1988年）主要涉及办学定位与管理机制、教学、专业建设、组织领导、师资管理、学生管理和学习评价7个办学关键环节；第二个峰值期（1993年）的政策文件关注学习支持、学习评价和教学等环节；第三个峰值期（2000年）则注重以教学和基础设施建设等环节。在21世纪的前10年，高等继续教育的各个办学环节受到较为平均的关注，而2010年之后发布的政策文件主要关注学生管理、学习评价、办学定位与管理机制、专业建设和质量保证等办学环节。

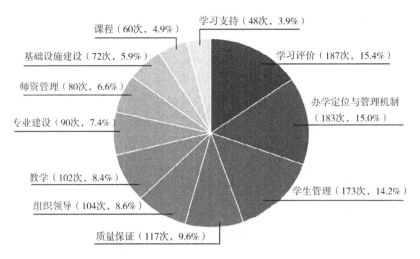

**图4-4 政策工具使用频次在各办学关键环节的总体分布**

表 4-3 政策工具使用频次在各办学关键环节的逐年（1979—2020 年）分布

| 年份 | 办学关键环节 | | | | | | | | | | |
| --- | --- | --- | --- | --- | --- | --- | --- | --- | --- | --- | --- |
| | 学生管理 | 师资管理 | 专业建设 | 基础设施建设 | 教学 | 课程 | 学习支持 | 学习评价 | 办学定位与管理机制 | 组织领导 | 质量保证 |
| 1979 | 3 | 1 | 1 | 3 | 3 | 1 | 0 | 4 | 2 | 1 | 0 |
| 1980 | 7 | 2 | 1 | 2 | 2 | 1 | 1 | 4 | 10 | 2 | 0 |
| 1981 | 4 | 2 | 3 | 2 | 3 | 0 | 0 | 10 | 5 | 8 | 1 |
| 1982 | 1 | 0 | 0 | 0 | 0 | 0 | 0 | 2 | 0 | 1 | 0 |
| 1983 | 0 | 5 | 0 | 0 | 0 | 0 | 0 | 4 | 0 | 0 | 0 |
| 1984 | 2 | 0 | 2 | 0 | 0 | 0 | 0 | 4 | 0 | 0 | 0 |
| 1985 | 0 | 1 | 0 | 0 | 0 | 0 | 0 | 0 | 3 | 1 | 0 |
| 1986 | 0 | 0 | 0 | 0 | 0 | 0 | 0 | 0 | 0 | 0 | 0 |
| 1987 | 10 | 10 | 10 | 5 | 16 | 2 | 2 | 6 | 14 | 5 | 1 |
| 1988 | 9 | 7 | 11 | 3 | 11 | 6 | 0 | 11 | 18 | 13 | 3 |
| 1989 | 2 | 0 | 0 | 0 | 0 | 0 | 0 | 17 | 2 | 2 | 0 |
| 1990 | 5 | 0 | 0 | 0 | 0 | 0 | 0 | 1 | 8 | 3 | 4 |
| 1991 | 0 | 0 | 0 | 0 | 0 | 0 | 0 | 0 | 0 | 0 | 0 |
| 1992 | 0 | 4 | 0 | 0 | 0 | 0 | 0 | 9 | 4 | 3 | 1 |
| 1993 | 11 | 12 | 3 | 10 | 14 | 3 | 18 | 15 | 8 | 12 | 7 |
| 1994 | 0 | 0 | 0 | 0 | 0 | 0 | 0 | 0 | 2 | 0 | 0 |
| 1995 | 1 | 2 | 1 | 3 | 8 | 3 | 3 | 7 | 2 | 8 | 6 |
| 1996 | 0 | 2 | 1 | 0 | 0 | 1 | 0 | 13 | 8 | 2 | 0 |
| 1997 | 0 | 1 | 1 | 0 | 0 | 0 | 0 | 0 | 0 | 1 | 0 |
| 1998 | 1 | 0 | 5 | 0 | 1 | 0 | 0 | 1 | 6 | 1 | 0 |
| 1999 | 4 | 1 | 5 | 7 | 2 | 4 | 0 | 0 | 13 | 4 | 6 |
| 2000 | 13 | 6 | 4 | 15 | 19 | 14 | 5 | 3 | 12 | 4 | 12 |
| 2001 | 0 | 0 | 0 | 0 | 0 | 0 | 0 | 0 | 0 | 0 | 0 |
| 2002 | 3 | 2 | 0 | 0 | 2 | 0 | 5 | 1 | 9 | 1 | 5 |

（续表）

| 年份 | 办学关键环节 | | | | | | | | | | |
|------|------|------|------|------|------|------|------|------|------|------|------|
| | 学生管理 | 师资管理 | 专业建设 | 基础设施建设 | 教学 | 课程 | 学习支持 | 学习评价 | 办学定位与管理机制 | 组织领导 | 质量保证 |
| 2003 | 9 | 3 | 3 | 7 | 1 | 0 | 1 | 11 | 11 | 5 | 11 |
| 2004 | 7 | 0 | 7 | 0 | 0 | 3 | 0 | 24 | 1 | 2 | 9 |
| 2005 | 9 | 3 | 2 | 2 | 4 | 8 | 2 | 3 | 6 | 1 | 7 |
| 2006 | 10 | 0 | 2 | 2 | 2 | 2 | 0 | 4 | 3 | 6 | 1 |
| 2007 | 14 | 1 | 2 | 0 | 2 | 0 | 1 | 0 | 5 | 2 | 11 |
| 2008 | 6 | 1 | 1 | 1 | 1 | 2 | 2 | 0 | 2 | 0 | 2 |
| 2009 | 7 | 6 | 2 | 2 | 1 | 0 | 0 | 0 | 0 | 1 | 5 |
| 2010 | 6 | 0 | 1 | 0 | 0 | 0 | 1 | 3 | 0 | 0 | 0 |
| 2011 | 5 | 0 | 1 | 0 | 0 | 0 | 1 | 0 | 0 | 0 | 0 |
| 2012 | 6 | 0 | 2 | 0 | 0 | 0 | 1 | 1 | 1 | 0 | 0 |
| 2013 | 6 | 0 | 1 | 1 | 0 | 0 | 1 | 0 | 0 | 1 | 7 |
| 2014 | 2 | 0 | 6 | 0 | 1 | 1 | 0 | 19 | 1 | 8 | 0 |
| 2015 | 0 | 0 | 0 | 0 | 0 | 0 | 0 | 0 | 0 | 0 | 0 |
| 2016 | 4 | 4 | 11 | 4 | 3 | 5 | 2 | 4 | 7 | 2 | 8 |
| 2017 | 0 | 0 | 0 | 0 | 0 | 0 | 0 | 0 | 0 | 0 | 0 |
| 2018 | 0 | 0 | 0 | 0 | 0 | 0 | 0 | 0 | 0 | 0 | 2 |
| 2019 | 3 | 1 | 0 | 1 | 3 | 2 | 2 | 3 | 1 | 1 | 5 |
| 2020 | 0 | 0 | 0 | 2 | 0 | 2 | 0 | 0 | 12 | 3 | 2 |

（四）X - Y 维度：交叉响应分析

1. 总体交叉响应分析

以政策工具为基础，与高等学历继续教育办学关键环节进行交叉分析，结果如表4-4所示。可以看出，各类政策工具在高等继续教育各个办学关键环节中的占比差异较大，这表明政策工具的使用在各个办学环节上具有一定的针对性。其中，强制命令工具在除课程外的其他办学环节均使用频次较多，尤其是在学习评价（99 次）、学生管理（82 次）以及办学定位和管理机制（43 次）三个环节的使用频次最多；督促加强工具在除基础设施建设环节外的分布较为均衡，在学生管理环节（43 次）的使用频次最多，在教学（35 次）和质量保证（35 次）环节的使用也较多；功能调整工具也涵盖全部办学环节，在办学定位和管理机制环节（46 次）的使用最多；其他政策工具在各办学环节中的使用相对较少，只在某个环节的使用频次较多，例如机构变革工具在办学定位和管理机制环节的使用频次最多（超过 20 次），队伍建设工具主要是针对师资管理环节（40次），资源配置工具则主要针对基础设施建设环节（26 次）。

表 4 - 4　X - Y 总体交叉响应分布

| Y 维度 | X 维度 | | | | | | | | | | | 百分比（％） |
| --- | --- | --- | --- | --- | --- | --- | --- | --- | --- | --- | --- | --- |
| | 强制命令 | 实施处罚 | 政策优惠 | 补贴奖励 | 资源配置 | 队伍建设 | 环境优化 | 机构变革 | 功能调整 | 倡导号召 | 督促加强 | |
| 质量保证 | 26 | 31 | 2 | 2 | 3 | 2 | 4 | 3 | 14 | 8 | 35 | 10.2 |
| 组织领导 | 18 | 5 | 1 | 2 | 4 | 6 | 2 | 20 | 23 | 7 | 17 | 8.2 |
| 办学定位与管理机制 | 43 | 4 | 6 | 0 | 5 | 1 | 3 | 38 | 46 | 24 | 23 | 15.1 |
| 学习评价 | 99 | 13 | 7 | 6 | 11 | 2 | 3 | 7 | 15 | 4 | 31 | 15.5 |
| 学习支持 | 12 | 5 | 2 | 0 | 4 | 1 | 3 | 5 | 5 | 6 | 12 | 4.3 |
| 课程 | 6 | 0 | 0 | 0 | 9 | 2 | 1 | 8 | 9 | 4 | 21 | 4.7 |
| 教学 | 25 | 1 | 0 | 1 | 7 | 4 | 0 | 4 | 18 | 6 | 35 | 7.9 |
| 基础设施建设 | 19 | 3 | 2 | 1 | 26 | 0 | 8 | 3 | 1 | 6 | 6 | 5.9 |
| 专业建设 | 22 | 2 | 1 | 1 | 2 | 2 | 3 | 4 | 23 | 8 | 33 | 7.9 |
| 师资管理 | 12 | 3 | 2 | 6 | 1 | 40 | 0 | 2 | 7 | 2 | 11 | 6.7 |
| 学生管理 | 82 | 18 | 3 | 1 | 3 | 1 | 0 | 2 | 15 | 6 | 43 | 13.6 |

2. 不同办学形式的交叉分析

针对高等学历继续教育的不同办学形式，基于政策工具和办学关键环节两个维度进行交叉分析，结果如表 4 - 5 所示。可以看出，各种高等继续教育办学形式在具体办学关键环节上的政策工具使用情况分布差异较大。

表4-5 不同办学形式的交叉分布结果

| Y维度 | 办学形式 | 强制型工具 | | 激励型工具 | | 能力建设型工具 | | 组织建设型工具 | | 引导型工具 | | |
| --- | --- | --- | --- | --- | --- | --- | --- | --- | --- | --- | --- | --- |
| | | 强制命令 | 实施处罚 | 政策优惠 | 补贴奖励 | 资源配置 | 队伍建设 | 环境优化 | 机构变革 | 功能调整 | 倡导号召 | 督促加强 |
| 学生管理 | 函授和夜大 | 15 | 1 | 0 | 0 | 0 | 1 | 0 | 1 | 3 | 3 | 7 |
| | 自学考试 | 5 | 0 | 0 | 0 | 0 | 0 | 0 | 0 | 0 | 0 | 3 |
| | 电大/开大 | 5 | 1 | 0 | 1 | 2 | 0 | 0 | 0 | 3 | 2 | 2 |
| | 现代远程教育 | 50 | 14 | 3 | 0 | 1 | 0 | 0 | 0 | 5 | 1 | 28 |
| 师资管理 | 函授和夜大 | 7 | 2 | 0 | 3 | 1 | 13 | 0 | 1 | 1 | 0 | 7 |
| | 自学考试 | 0 | 0 | 0 | 1 | 0 | 8 | 0 | 1 | 0 | 0 | 1 |
| | 电大/开大 | 1 | 0 | 1 | 0 | 0 | 6 | 0 | 0 | 4 | 0 | 2 |
| | 现代远程教育 | 2 | 0 | 1 | 1 | 0 | 9 | 0 | 0 | 0 | 1 | 1 |
| 专业建设 | 函授和夜大 | 8 | 1 | 0 | 1 | 1 | 0 | 0 | 1 | 4 | 3 | 3 |
| | 自学考试 | 7 | 0 | 1 | 0 | 0 | 0 | 1 | 0 | 6 | 3 | 13 |
| | 电大/开大 | 4 | 0 | 0 | 0 | 1 | 2 | 0 | 1 | 7 | 2 | 4 |
| | 现代远程教育 | 0 | 0 | 0 | 0 | 0 | 0 | 1 | 0 | 1 | 0 | 8 |
| 基础设施建设 | 函授和夜大 | 5 | 2 | 0 | 1 | 4 | 0 | 1 | 1 | 0 | 1 | 4 |
| | 自学考试 | 0 | 0 | 0 | 0 | 2 | 0 | 2 | 0 | 0 | 0 | 1 |
| | 电大/开大 | 0 | 0 | 0 | 0 | 10 | 0 | 1 | 1 | 1 | 1 | 0 |
| | 现代远程教育 | 12 | 1 | 2 | 0 | 8 | 0 | 4 | 1 | 0 | 4 | 0 |
| 教学 | 函授和夜大 | 12 | 0 | 0 | 0 | 1 | 0 | 0 | 0 | 3 | 0 | 9 |
| | 自学考试 | 3 | 1 | 0 | 0 | 0 | 0 | 0 | 0 | 0 | 2 | 4 |
| | 电大/开大 | 1 | 0 | 0 | 1 | 4 | 0 | 0 | 1 | 7 | 1 | 9 |
| | 现代远程教育 | 6 | 0 | 0 | 0 | 2 | 0 | 0 | 1 | 4 | 3 | 9 |

（续表）

| Y 维度 | 办学形式 | X 维度 | | | | | | | | | | |
|---|---|---|---|---|---|---|---|---|---|---|---|---|
| | | 强制型工具 | | 激励型工具 | | 能力建设型工具 | | 组织建设型工具 | | 引导型工具 | | |
| | | 强制命令 | 实施处罚 | 政策优惠 | 补贴奖励 | 资源配置 | 队伍建设 | 环境优化 | 机构变革 | 功能调整 | 倡导号召 | 督促加强 |
| 课程 | 函授和夜大 | 1 | 0 | 0 | 0 | 0 | 0 | 0 | 1 | 1 | 0 | 2 |
| | 自学考试 | 1 | 0 | 0 | 0 | 1 | 0 | 1 | 1 | 1 | 2 | 4 |
| | 电大/开大 | 1 | 0 | 0 | 0 | 5 | 2 | 0 | 2 | 5 | 0 | 10 |
| | 现代远程教育 | 3 | 0 | 0 | 0 | 3 | 0 | 0 | 4 | 2 | 2 | 2 |
| 学习支持 | 函授和夜大 | 5 | 2 | 0 | 0 | 1 | 0 | 1 | 1 | 1 | 2 | 7 |
| | 自学考试 | 0 | 0 | 0 | 0 | 0 | 0 | 2 | 1 | 1 | 0 | 0 |
| | 电大/开大 | 0 | 0 | 0 | 0 | 1 | 0 | 0 | 1 | 0 | 0 | 4 |
| | 现代远程教育 | 6 | 3 | 2 | 0 | 2 | 0 | 0 | 2 | 2 | 4 | 1 |
| 学习评价 | 函授和夜大 | 21 | 1 | 0 | 1 | 0 | 0 | 0 | 1 | 1 | 1 | 11 |
| | 自学考试 | 54 | 8 | 4 | 4 | 9 | 0 | 3 | 0 | 3 | 1 | 11 |
| | 电大/开大 | 3 | 0 | 0 | 0 | 1 | 1 | 0 | 1 | 5 | 1 | 0 |
| | 现代远程教育 | 17 | 4 | 1 | 1 | 1 | 0 | 0 | 5 | 5 | 1 | 5 |
| 办学定位与管理机制 | 函授和夜大 | 15 | 0 | 1 | 0 | 0 | 0 | 0 | 13 | 11 | 0 | 3 |
| | 自学考试 | 5 | 1 | 0 | 0 | 1 | 0 | 0 | 3 | 13 | 2 | 4 |
| | 电大/开大 | 3 | 0 | 1 | 0 | 1 | 1 | 1 | 10 | 11 | 4 | 6 |
| | 现代远程教育 | 5 | 0 | 0 | 0 | 3 | 0 | 0 | 1 | 4 | 1 | 5 |
| 组织领导 | 函授和夜大 | 6 | 1 | 0 | 2 | 0 | 3 | 0 | 0 | 8 | 1 | 3 |
| | 自学考试 | 4 | 2 | 0 | 0 | 1 | 0 | 2 | 15 | 2 | 1 | 7 |
| | 电大/开大 | 2 | 1 | 1 | 0 | 0 | 0 | 0 | 2 | 5 | 1 | 0 |
| | 现代远程教育 | 13 | 1 | 3 | 0 | 0 | 0 | 1 | 4 | 4 | 10 | 5 |
| 质量保证 | 函授和夜大 | 2 | 3 | 0 | 1 | 0 | 0 | 0 | 0 | 1 | 0 | 5 |
| | 自学考试 | 2 | 1 | 1 | 1 | 0 | 2 | 1 | 2 | 2 | 0 | 2 |
| | 电大/开大 | 1 | 0 | 0 | 0 | 3 | 1 | 0 | 0 | 2 | 1 | 5 |
| | 现代远程教育 | 16 | 23 | 1 | 0 | 0 | 0 | 3 | 1 | 3 | 6 | 18 |

针对函授和夜大以及现代远程教育两种办学形式的政策工具使用较多，主要为强制型政策工具（函授和夜大占 40.1%，现代远程教育占44.8%）和引导型政策工具（函授和夜大占 26.3%，现代远程教育占29.3%）。这两种办学形式一直是高等继续教育办学的主要形式，学生规模很大，针对其使用的政策工具以强制命令为主，政策内容集中指向规范办学和提高质量，主要涉及学生管理、学习评价、教学等办学关键环节。随着时代发展，高等继续教育的功能也从学历补偿向终身学习体系构建转变，为优化函授和夜大的办学形式，国家层面也要求其向网络教育发展，这涉及教学模式与管理方法的变化和调整，因此在政策工具也较多表现为针对办学定位和管理机制环节。

针对现代远程教育这一作为试点工程的办学形式，国家在通过强制命令来规范办学的同时，更多的是希望充分发挥试点高校的主动性和积极性。因此，除强制型政策工具外，引导型工具也是主要使用的政策工具，其中加强组织领导、规范管理和提升质量是主要政策导向。相对高等教育自学考试这一办学形式，政策工具的使用较少，主要使用强制型政策工具中的强制命令（占 31.6%），其所涉及的主要办学环节为学习评价（54 次）。

针对广播电视大学/开放大学办学形式，主要使用的是组织建设型政策工具（占 35.6%），其中又以功能调整为主，涉及大多数办学关键环节，尤其是办学定位和管理机制（11 次）、教学（7 次）以及专业建设（7 次）；而机构变革所涉及的主要办学环节为办学定位和管理机制（10次）。由此可见，随着社会经济发展，广播电视大学/开放大学作为一种独特的高等继续教育办学形式，其职能和定位也在一直不断变化。1988 年，国家教委颁布的《广播电视大学暂行规定》指出广播电视大学是我国高等教育事业的组成部分，其主要任务是开展学历教育和提供培训等教学服务。[①] 2016 年，教育部印发的《教育部关于办好开放大学的意见》明确了新时代开放大学的功能定位，指出开放大学是以终身教育思想为引领，努力办成服务全民终身学习的新型高等学校。[②] 2020 年，教育部印发的《国家开放大学综合改革方案》进一步明确了开放大学服务全民终身学习的定

---

① 《广播电视大学暂行规定》（2021 年 1 月 1 日起废止），载《中国电大教育》1988 年第 7期，第 5 - 9 页。

② 《教育部关于办好开放大学的意见》，载《中华人民共和国国务院公报》2016 年第 12 期，第 74 - 79 页。

位和职能。①

**五、结论与建议**

（一）高等学历继续教育政策体系基本形成

高等学历继续教育作为我国高等教育事业的重要组成部分，其概念与内涵随着时代变迁，从工农教育，到成人教育，再到继续教育，逐步向终身教育发展，形成了多形式、多层次、多渠道的办学体系。② 通过对相关政策文本的分析可知，改革开放以来，随着高等继续教育办学形式和职能的变化，相应政策体系也在不断完善，形成了涵盖各种办学形式和各个办学环节的密集政策网络结构，横向涉及函授和夜大、广播电视大学／开放大学、远程教育、自学考试等多种办学形式，纵向涉及专业建设、课程、学习支持、学生管理、教师队伍等办学关键环节，为我国高等继续教育的办学和发展提供了有利的宏观指导和支撑。

（二）规范管理是高等学历继续教育政策的首要目标

高等学历继续教育在推进我国高等教育大众化和构建终身教育体系过程中发挥了不可替代的作用。同时，由于招生管理粗放、教学过程松散、质量控制不到位、出口把控不严等问题，高等继续教育的社会声誉受到影响，其文凭和学位的含金量也饱受质疑。针对这一现状，教育行政部门强化针对高等继续教育的宏观质量管理，制定、发布和实施了一系列政策，从招生、教学、校外学习中心管理、考试等各个环节对教学质量进行把控。从教育部 1979 年颁布的《关于举办职工、农民高等院校审批程序的暂行规定》到 2019 年下发的《关于服务全民终身学习促进现代远程教育试点高校网络教育高质量发展有关工作的通知》均是以规范高等继续教育发展为主要内容。政策文本的分析结果表明，办学定位与管理机制以及学习评价这两个环节使用政策工具的频次很高，占比分别为 15.0% 和 15.4%（见图 4 - 4），其中以强制命令、督促加强和功能调整为主。由此可见，无论从宏观管理还是微观调控方面来看，都充分体现出政府对高等学历继续教育"紧抓质量关，走高质量发展道路"的高度重视。

---

① 《教育部关于印发〈国家开放大学综合改革方案〉的通知》，载《中华人民共和国教育部公报》2020 年第 9 期，第 44 - 49 页。

② 李红燕、薛圣凡：《中国继续教育政策变迁历程、逻辑与方向：基于历史制度主义视角》，载《中国成人教育》2020 年第 19 期，第 24 - 29 页。

### （三）重强制型工具而轻激励型工具

通过比较各类政策工具的占比可以看出，强制型政策工具在高等学历继续教育政策中的比例为 36.7%（见表 4-2），是其他类型政策工具的 1.4—8.8 倍。虽然强制型政策工具有成本低、效率高的显著优势，显示出政府作为公共权力行使者在高等学历继续教育治理中的主导作用，并且也确实为我国高等学历继续教育的发展提供了体制机制层面的保障；然而，单一使用强制型政策工具也容易受到效用递减规律的影响，导致出现政策执行不到位和偏差的现象。尤其是随着社会经济和信息技术的快速发展，"个性化、高质量"和"公平、均衡"逐渐成为我国教育领域的主要发展需求，教育除了具有公共服务属性，还开始具有市场属性。① 而单一依靠行政手段难以满足新时代教育发展的新需求。激励型和能力建设型政策工具是鼓励个体、机构推动改革、创新实践的有力手段，但其在高等学历继续教育政策中只占 4.3% 和 12.6%（见表 4-2），作用发挥严重不足。此外，从办学关键环节来看，这两类政策工具也仅针对办学定位与管理机制、学习评价、师资管理等个别环节，对于专业建设、教学、学习支持等关系人才培养质量的关键环节响应不够。这在一定程度上反映了当前我国高等学历继续教育实践过于依赖行政力量，激励性的保障条件不够，导致社会资源参与不足的现实状况。②

### （四）对不同办学形式和办学环节的关注不均衡

政策文本分析结果表明，我国高等学历继续教育政策对各类办学形式的关注力度存在明显差异。无论是从发布的政策文件数量还是从政策工具响应频次上看，函授和夜大以及现代远程教育都明显多于其他两种办学形式，这主要与我国高等学历继续教育的发展过程有关。函授和夜大是高等学历继续教育的最初形式，也是改革开放初期开展学历补偿教育的主要形式，其极大缓解了当时经济全面复苏背景下，人民群众对高等教育激增的需求和高等教育资源供给不足之间的矛盾。而现代远程教育自 1998 年起开展试点工程，也顺应了我国经济飞速发展时期社会对各类专业人才的快速增长的需求，成为高等学历继续教育领域起步最晚，但发展速度最快的

---

① 冯晓英、王瑞雪、曹洁婷、黄洛颖：《"互联网+"时代三位一体的教育供给侧改革》，载《电化教育研究》2020 年第 4 期，第 42-48 页。

② 国卉男、史枫：《改革开放以来我国终身教育政策：价值选择与成效分析》，载《中国职业技术教育》2020 年第 30 期，第 55-62 页。

办学形式。可见，这两种办学形式由于其特殊的历史原因而备受关注，同时，因其办学形式的特殊性，如何保证其办学和人才培养的质量也一直是相关政策文件的着力点。此外，从政策工具在不同办学关键环节上的分布差异可以看出，各项政策在实际运行时存在整体性不足、均衡性欠佳的情况。例如，交叉分析结果显示，各项政策工具均较为关注学生管理和学习评价环节，而对课程、学习支持等环节的响应不够。这种对各个办学关键环节关注不均衡的现象，容易导致政策衔接不到位，出现"头疼医头、脚疼医脚"的政策执行困境，从而削弱政策的整体作用。"十四五"时期，我国将进入高质量发展阶段，尤其是随着信息技术的快速发展，各类教育新业态也正在形成和成熟。教育的范畴不再局限于学校教育，特别是随着终身学习体系的不断完善，市场力量得到充分释放，教育的外延越来越广，参与教育的主体也日益多元。对高等学历继续教育的政策制定而言，一是要加强政策体系的顶层设计和整体规划。面对新时代高等学历继续教育的新挑战和新需求，应在国家层面作出宏观指导和规划，明确发展定位，逐渐完善制度体系。二是要综合运用多种政策工具，提升政策的执行效力。在保持强制型工具实现宏观调控的前提下，充分运用引导型政策工具进行教育资源的合理配置，适当增加能力建设型和激励型政策工具，充分发挥办学主体的积极性和主动性。三是要在实施行政干预的同时，引入市场机制。在政策上明确高校、教育行政部门、行业企业等多元主体的职责和定位，建立继续教育多部门、多主体统筹协调的联动机制，同时提高各类办学形式和各个办学环节间政策工具的内部兼容性及外部一致性，实现政策内外的优化统一。

## 第二节 宏观治理的过程与策略研究

### 一、高等学历继续教育的宏观治理体系构成与要素分析

党的十八大以来，以习近平同志为核心的党中央提出社会治理新思想，大力推进社会治理新实践，多方面开拓社会治理新境界。2019 年，中共中央、国务院印发的《中国教育现代化 2035》明确提出推进教育治理体系和治理能力现代化。其中包括提升政府管理服务水平，提高政府综合运用法律、标准、信息服务等现代治理手段的能力和水平。健全教育督

导体制机制，提高教育督导的权威性和实效性。推动社会参与教育治理常态化，建立健全社会参与学校管理和教育评价监管机制。《中华人民共和国国民经济和社会发展第十四个五年规划和 2035 年远景目标纲要》第十三篇第四十三章提出要建设高质量教育体系，"发挥在线教育优势，完善终身学习体系，建设学习型社会。推进高水平大学开放教育资源，完善注册学习和弹性学习制度，畅通不同类型学习成果的互认和转换渠道"。高等学历继续教育面向社会大众提供技能和学历双提升的任务，必将要承担起完善终身教育学习体系和落实立德树人的重要任务。

国家的决策聚焦了我国当前教育发展的突出问题和薄弱环节，特别是为我国高等学历继续教育走出困境、实现转型发展提供了前所未有的历史机遇，为新时期高等学历继续教育宏观治理体系的现代化改革和创新提出了新要求和挑战。2022 年，教育部正式发布《关于推进新时代普通高等学校学历继续教育改革的实施意见》，高校学历继续教育的宏观政策治理进入了新的历史阶段。

高等学历继续教育宏观治理体系的核心要素在于理清四个问题，即谁治理、治理什么、为何治理、如何治理。这些问题的理论概括构成了高等学历继续教育宏观治理体系的基本要素：治理主体、治理对象、治理目标和治理方式（或机制）。而其核心问题又在于厘清治理主体、治理对象和治理方式。在上述四个问题中，第一个问题"谁治理"是关于治理主体，即谁是从事治理的活动者。高等学历继续教育宏观治理体系既包括政府系统中的教育行政部门、普通高校、高职院校、成人高校、开放大学等，也包括非政府系统中的企业、校外教学站点、社会媒体、学生等。这几个对象毫无疑问是实施治理的主体，教育行政部门代表的是国家高等继续教育的政权权力。普通高等学校、成人高校等一方面是实施国家的教育政策的具体单位，另一方面也是学术权力管理单位，是实施教学科研的主体。学生在传统的高等学历继续教育模式中，被认为是被管理的对象，但是随着在教育领域中治理理念的发展，学生也被看作是高等学历继续教育的重要治理主体。校外教学点、社会媒体被视为参与高等学历继续教育的重要社会力量。其中校外教学点是高等学历继续教育系统中的一个中间服务环节，直接向学生提供报考、学习、考试、毕业等学习支持服务，社会媒体因其特殊性，也被认为是不可或缺的治理主体。第二个问题"治理什么"问的是治理客体即治理对象是谁。在高等学历继续教育宏观治理体系中，高等继续教育各项事务本身无疑就是治理对象，包括高等学历继续教育的顶层设计、教学实施过程、质量评价等，第三章我们分析的治理要素都属于治理对象。第三个问题"治理目标"就是治理要达到或者要实现的目的。高等学历继续教育治理目标以立德树人为根本任务，促进全民学习、终身学习的学习型社会建设。当前，党和国家提出了加快建设教育强国的要求，高等学历继续教育治理的目标愈加明确。第四个问题"如何治理"即治理方式是什么。它是指在治理活动中采取的各种方法、手段和举措，指向的是具体的实践。

在高等继续教育的实施过程中，其核心是理清治理主体、治理对象和治理方式。高等继续教育宏观治理体系是包含这三者的一系列治理措施和对策。

### 二、高等学历继续教育宏观治理的策略分析

教育治理与以往的教育管理不同，教育治理的重要特征就是多元主体参与教育的决策、管理、实施和监督。因此，高等学历继续教育宏观治理体系要从宏观上明确政府职责，厘清各个办学相关组织的职能、人员构成、运行方式以及权力组织之间的关系，在制度和程序上为多元主体的参与提供制度的保障；构建及健全高等学历继续教育的法律体系和标准体系，规范高等学历继续教育的发展、协调各方利益主体需求、激发各方利益主体的积极性；推动高等学历继续教育各办学形式融合发展、协同创新，以适应高等学历继续教育面临的新形势，形成高等学历教育新模式，其策略体系如图4-5所示。

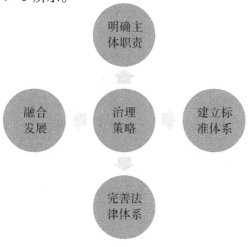

**图4-5 高等学历继续策略结构图**

（一）明确教育行政主管部门的职责

高等学历继续教育治理体系是一个系统整体。在职责上，一方面，要明确中央与地方教育行政主管部门尤其是省级部门的职责，调动与释放省级部门的积极性与活力。中央层面的职责应该是整体谋划、统一部署，省级部门的职责是积极参与、强力推动。两级政府部门实现有效的分工合作与有机协同。另一方面，地方教育行政部门作为治理体系的另一个主体，法律法规的制定由中央及省级教育部门领导组织，具有高度的集中性。而质量保障方面则是由地方办学主体负责管理、协调、落实。

此外，高等学历继续教育还具有多部门协同治理的特点。由于高等学历继续教育的办学链条从校园内延伸到了校园外。教育部办公厅印发的《关于严格规范高等学历继续教育校外教学点设置与管理工作的通知》对高等学历继续教育校外教学点的设置与管理提出了一系列要求，提高了社会培训机构参与高等学历继续教育办学的成本和门槛。但高等学历继续教育客观需要依托校外教学点开展办学，其招生、宣传等仍具有一定的市场行为。此外，高校举办高等学历继续教育，也突破了办学区域的限制，往往从高校办学所在地扩大到所在省份，甚至面向全国招生。因此，在教育行政主管部门统筹治理的基础上，还需要建立健全市场监督管理部门、人力资源社会保障部门、财务部门、金融监督管理部门等多部门协同治理体系，共同保障高等学历继续教育高质量发展。

（二）推进法律体系的建设

教育行政主管部门在高等学历继续教育治理中处于中心地位，掌握着最终决策权，主要通过法律和政策规范各方主体的行为。教育主管部门对办学主体的治理，干预过多会弱化办学主体自治的决定权，干预过少则不利于高等学历继续教育的规范发展。高等学历教育治理法律体系存在诸多不完善之处，具体体现在如下方面：相关法律规范的建设速度过于缓慢，尤其是在高等教育内外部环境发生剧烈变化的情况下，《高等教育法》自1998年颁布以来，没有任何专门性单行法规予以支撑，显然无法满足治理体系的建设需要；受到内外部环境变化的影响，法律关系的界定随之变得不明确；强制性的法律责任缺失，法律法规无法得到有效落实。① 应加

---

① 包万平、李金波：《〈高等教育法〉的制定、完善及未来面向》，载《中国高教研究》2016年第8期，第35-41页。

快完善法律法规的建设，一是明确高等学历继续教育治理内外部法律关系。将多元共治基本原则写入高等教育法律总则，并根据教育行政主管部门、办学主体、参与的第三方机构、学员等主体的特点、能力、资源和任务确立不同主体的参与治理等地位。[①] 必要时甚至可以考虑立法规定成立由上述主体参与组织的管理委员会，加强招生、教学、考试和毕业等各个环节的宏观管理。二是设立相应法律法规。明确上述各主体的法律资格和主要权责，并对违反相关法律行为所导致的行政责任、民事责任等进行明确规定并进行问责，以权威性和规范性破解随意性和无序性，实现政治、行政、学术三者权力的相互分离、制约与促进。三是制定社会各界力量参与高等学历继续教育治理的专项法规，多元与共识并存，形成对有关人员的约束和监督机制的形成，确保教育立法公正、高效、权威。[②]

（三）构建及健全标准体系的建设

当前，我国高校学历继续教育人才培养的标准体系建设不完善，高校办学的自由度大，且基本处于"黑箱"之中，这为高等学历继续教育质量埋下了隐患。因此，在标准体系建设方面，高校学历继续教育任重而道远。

第一，推进教育资源标准统一化建设。统一标准是为了解决高等学历继续教育资源多头分割的问题。目前，我国的高等学历继续教育资源标准尚未统一，各类教育网站数量众多，且参差不齐，各高校之间没有形成互认学分制度，网络资源的建设都是独自进行，缺乏共享机制和平台。由于教育行政主管部门没有对资源建设进行强制统一，客观造成了大量的重复建设。比如，英语、计算机应用基础、公共政治课、高等数学等公共基础课，各学校都自己制作课件，这方面投入的人力、物力总量非常庞大。所以，如果这些公共基础课由教育主管部门或委托相应组织成立课程开发小组制定相应的教学标准及统筹开发，可以节省很多资源。

第二，加快评价体系建设。长期以来，我国的教育评价都是由教育行政部门主导。国内的部分网络教育机构已经开展了内部质量保证体系的建设，教育部也建立了统考制度、年报年检制度等外部质量保证措施。但是，这些措施在评价内容上偏重各种指标的数量，有些办学主体为了迎合

---

① 舒永久、李林玲：《高等教育治理体系现代化：逻辑、困境及路径》，载《现代教育管理》2020 年第 6 期，第 1 - 6 页。

② 舒永久、李林玲：《高等教育治理体系现代化：逻辑、困境及路径》，载《现代教育管理》2020 年第 6 期，第 1 - 6 页。

评估，盲目追求在教学硬件和人数上的扩张，在管理上、服务上仍存在不规范行为。在加强高等学历继续教育评价体系建设方面，目的是规范办学行为，提升教学质量。教育主管部门应组织研究建立规范化的质量监管和评价体系，在学习中心环境建设、招生服务、入学服务、学习过程支持服务、考试管理和毕业管理等方面建立完整、规范、科学的质量评价标准体系，利用人工智能、大数据、云计算等现代信息技术建立起覆盖全流程的质量监控平台，对各个教学环节做好分析和沟通反馈机制。

高等学历继续教育的质量一直为社会所诟病，其质量的提升是教育主管部门、办学主体、社会都十分关注的问题。教育主管部门应主动建立起第三方监督评价机制，评价机构不同于现行的教育部门评估，它既是服务于高等学历继续教育的机构，同时又是相对独立的第三方评价机构，具有专业评估和身份独立双重优势。教育主管部门应发挥顶层设计作用和充当统筹角色，在政策制定上确保该评价机制的合法性、公正性，制定第三方评价机构的进入和退出机制，发挥第三方的专业优势和监督力量。

（四）创新教育治理手段，促进融合发展

融合发展包括两方面，一是办学形式的融合发展。高等学历继续教育内部的各种类型的学历教育命名方式是不同的，成人高考是根据高等学历继续教育的准入条件来进行命名的，自学考试是根据高等学历继续教育文凭获取的条件来进行命名的，网络教育是根据学习的手段来进行命名的，开放教育是根据教育的广度和开放性进行命名的。这种命名方式旨在提高自身的区分度，但各种类型之间其实是存在交叉的。[①] 多种类型的高等学历继续教育的存在，对学习者的选择产生困扰，不同类型间的生源竞争，甚至是恶性竞争，不利于高等学历继续教育整体的发展。2022 年，教育部发布的《关于推进新时代普通高等学校学历继续教育改革的实施意见》明确了融合发展的思路和时间表，文件要求"自 2025 年秋季起，高等学历继续教育不再使用'函授''业余'的名称，统一为'非脱产'，主办高校可根据专业特点和学生需求等，灵活采取线上线下相结合形式教学。普通高等学校举办的学历继续教育统一通过成人高考入学，统一专业教学基本要求，统一最低修业年限，统一毕业证书。已注册入学的函授、业

---

① 吴建文、陈海英、张建飞：《浙江省高等学历继续教育发展现状与对策研究》，载《高等继续教育学报》2020 年第 1 期，第 22－26 页。

余、网络教育学生按原政策执行"。另外，伴随着虚拟现实（VR）技术、人工智能、云计算、大数据、区块链等智能技术的发展，线上线下相结合的学习形式逐渐成为主流，尤其是在新冠肺炎疫情期间，线上教学显示出其独特优势，进一步对传统教学方式造成冲击，进一步淡化各类办学形式的区分度。[①] 这一阶段面临的紧迫问题是如何整合各类高等学历继续教育办学形式的融合发展。教育行政主管部门应加强顶层设计，探索办学形式融合发展的可能性，在课程设置、招生条件、教考分离、学分互认等方面制定融合办学形式的政策，并投入专项经费进行建设。二是高等学历继续教育与职业教育、高等教育的融合。随着高等教育普及化的实现，高等学历继续教育已经完成了学历补偿的历史使命。[②] 高等学历继续教育的新目标和新需求是培养职业能力与职业技能兼具的适应智能技术时代发展的新型人才。例如坚持传统的办学定位，无疑会导致高校学历继续教育无法满足现代社会发展需求，致使招生数量不断缩减，严重地阻碍发展。另外，这种坚持传统教学思维与教学理念还严重制约高校学历继续教育的教学质量与教学效果。教育行政主管部门和高校都需要从转变教育理念、深化产教融合、整合教育资源三个方面出发，探讨高等学历继续教育与职业教育、高等教育融合发展的新路径。

## 第三节 公共服务体系相关治理研究

### 一、公共服务体系发展概况

公共服务体系是我国高等学历继续教育发展过程中，特别是现代远程教育试点中的重要探索和治理创新。尽管公共服务体系伴随现代远程教育试点的结束而宣告结束，但它为高校学历继续教育校外教学点的标准化建设和标准化服务提供了十分有价值的实践经验。

（一）建设缘起

1999 年，我国开始实施"现代远程教育工程"，到 2005 年，试点高

---

① 谢浩、许玲、李炜：《新时期高校网络教育治理体系的结构与关键制度》，载《中国远程教育》2021 年第 11 期，第 22 – 28、57、76 – 77 页。

② 谢浩、许玲、李炜：《新时期高校网络教育治理体系的结构与关键制度》，载《中国远程教育》2021 年第 11 期，第 22 – 28、57、76 – 77 页。

校达 68 所，在校生约 82 万，规模的快速扩张给高校带来了支持服务和教育质量的挑战和压力。特别是湖南大学网络教育失控事件，集中暴露了网络教育办学中存在的一系列问题。随后教育部加大规范管理力度，出台《关于加强高校网络教育学院管理提高教学质量的若干意见》等一系列监管政策，并完善网络教育管理制度（如年报年检制度、学习中心检查评估制度、网络教育公共课统考制度等），同时推进网络教育机制创新，酝酿并支持中央广播电视大学开展现代远程教育公共服务体系研究。

2001 年 12 月，教育部同意开展"中央广播电视大学现代远程教育校外教学支持服务体系建设试点项目"进行研究。2003 年 3 月，教育部批准成立北京奥鹏远程教育中心（简称"奥鹏教育"），开展远程教育支持服务、培训及其他相关业务，探索我国现代远程教育校外教学支持服务体系的管理模式及运行机制。2005 年 3 月，教育部正式批准依托全国广播电视大学系统建设"中央广播电视大学现代远程教育公共服务体系"。这三个文件的出台，标志着面向全国的现代远程教育公共服务体系正式建立并运营。2007 年，教育部又先后批准弘成教育、知金教育与部分高校一起在部分省市开展试点工作。

（二）发展概况

根据教育部文件，结合我国现代远程教育实践，公共服务体系的主要任务有：一是提供基于计算机网络的远程学习环境及支持服务系统，逐步完善服务规范，为学习者的个性化学习提供高质量的支持服务；二是接受试点高校及其他教育机构的委托，提供相应的招生、学生学习支持服务、教学与教务管理支持服务、网络校园文化建设等服务；三是按照相关资源建设标准及有关规范，保障教学资源的高效传输，促进教学资源共享和优化整合；四是承担教育行政部门和办学机构委托的其他专项服务，如奥鹏教育承接部分公共课的统一考试业务，包括建设标准化考场，提供考试组织、管理与服务等。

奥鹏教育主要依托中央广播电视大学系统建成了遍布全国的服务网络，建设了由总部、管理中心、学习中心组成的三层架构服务体系。搭建了一站式的远程教育教学管理服务系统，将客户服务理念引入远程教育中，建设了多渠道、多媒体、自动化的远程接待系统，提供 7×24 小时客户服务热线。随着服务学生数量的增加，充分发挥信息技术优势，建设了大数据实验室，积极探索远程教育领域的学习分析与教育大数据应用。承接合作院校的课程考试服务及统一考试业务，在标准化考点建设、考试信息化系统、考试组织与实施、考试公平与数据安全等方面，积累了一定的实践基础。奥鹏教育的业务从最初单一的网络学历教育服务，扩展到职业教育、教师教育等领域，业务内容从原有的承接合作高校网络学院委托的网络教育非学术性支持服务到专业共建、资源共建共享、学分互认等更深层次的支持服务。

弘成教育主要采用的是与高校全面合作模式，即为合作高校提供网络教育整体服务方案，包括体制创新服务、运营咨询规划、市场品牌建设、人才团队搭建等在内的系统性服务，构建了一套标准化的运营管理模式，为合作高校提供一个覆盖全国重点区域的公共服务平台和体系。弘成教育重视整合并建设各类优质教育资源，联合众多高校组建课程资源联盟，还聘请名师助力高校打造思政、"双创"等专业课程体系。同时也为政府、高校、机构等提供成人教育信息化综合解决方案。

知金教育坚持技术创新与理念创新并举、学历教育与职业教育互融、线上学习与线下学习互补、国内教育与国际教育并行，为政府、高校、行业、企业及个人提供一系列教育培训、项目研发、定制化课程等教育服务方案。同时，以国家经济转型升级中所需的多元专业人才为导向，重点开拓"人岗匹配的定制培养"模式，努力打造以学历教育、职业教育、就业推荐为一体的人才培养路径。先后与国家海事局、日本航空公司、美国万豪国际集团、国际邮轮管理公司、轨道交通联盟等企业机构合作开展了一系列职业教育项目。

据统计，截止现代远程教育试点结束，奥鹏教育服务试点高校 30 所，在全国 31 个省、自治区、直辖市建设 1800 多个学习中心，累计服务学生 200 余万。弘成教育累计服务学生 30 余万，合作高校 20 所，涉及 16 个省的 201 家学习中心。知金教育累计服务学生 10 余万，合作高校 17 所，涉及 7 个省的 45 家学习中心。

**二、公共服务体系的质量管理现状与问题[①]**

"试点高校＋公共服务体系＋校外学习中心"模式是我国远程教育特

---

① 王海荣：《"互联网＋"战略下远程教育学习中心发展研究》，载《中国远程教育》2018年第 4 期，第 32－41 页。

有的一种发展格局，是政策使然，也是市场必然。公共服务体系除了运营总部，还有遍布全国的学习中心，与单一的高校校外学习中心相比，公共服务体系的优势在于：第一，市场化运作与管理，运行机制灵活，更能激发学习中心服务人员的积极性和能动性。第二，能够整合多个学校的优质资源，便于学生就近选择到适合自身发展的学校和专业。第三，公共服务体系的信息技术优势，是众多学校持续合作的核心竞争力。第四，公共服务体系的基层中心存活度高，就所服务的一所学校来看，学生数量不多，但同时服务几所学校的情况下学生总量较多，可以支撑对学生服务的运行成本，如对公共基础课和某些专业课程的实践环节采取面授辅导的方式等。西安交通大学副校长郑庆华教授曾在 2015 年总结过公共服务体系的三方面价值：一是做政府想做的事，二是做单一高校不能做的事，三是做学生需要的事。

（一）质量管理现状

公共服务体系作为衔接高校资源与学生需求的桥梁，其服务质量受到多个利益相关方的监督与检查，主要有三个层面：一是教育部牵头组织的全国范围内校外学习中心的检查评估，如年报年检制度，建立了由学校提交自评报告，到教育部审查年报材料，到专家组实地抽查，到公布年检结论的一整套流程；二是各省教育厅对属地学习中心的检查评估，如 2016 年北京市教委围绕 15 项负面清单开展的专项检查工作，与教育部评估相比，各省评估具有全面性、经常性以及地域性的特点，公共服务体系总部作为网络学历教育的一部分，单独接受评估检查；三是各远程教育机构自身开展的各部门及学习中心自查自评工作，这是各机构加强内部质量监管、建立质量品牌、赢得社会信誉的主要措施。

（二）存在的主要问题

1. 监管主体不同

与国际远程教育机构校外教学点的一体化管理机制不同，我国高校实施的现代远程教育的校外学习中心的监管主体在教学上接受高校指导，在服务上受当地教育行政管理部门的属地监管。

2. 多重身份问题

我国高校学历继续教育由来已久，成人高考有函授站、教学点，开放教育有开放教学点，网络教育有校外学习中心，在各省教育厅的监管过程中，一般将这些机构统称为"高等继续教育校外教学站点"，具体包括省内外高校在某地设立的高等教育函授辅导站，省内外高校在某地设立的现代远程教育校外学习中心，省市开放大学（原广播电视大学）开放教育教学点。很多具有办学或培训资质的机构可能同时开展网络教育、成人函授、自学考试等业务，多重身份、多重建设与管理标准、接受不同责任主体的监管等都是现实面临的管理问题。

3. 监管难度较大

以上两点问题直接提高了校外教学点（含公共服务体系的校外学习中心）规范建设与质量管理的难度。一方面，办学主体与校外教学点是委托建设关系，通过签订合作协议来约束双方权责利，由于没有针对人财物的管理，对于办学主体来讲，很多校外教学点只能是功能较单一的"教学点"或"考试点"。同时，这些校外教学点也不是只为一个远程教育办学主体服务，这就在很大程度上降低了办学主体对校外教学点建设与管理的积极性和可控性。另一方面，目前的监管主要是外部监管，以教育部和各省教育厅为主，包括审批制度、年报年检制度、网络统考制度以及招生管理制度等，主要面向试点高校和校外学习中心，监管的重点在于"主办高校切实履行第一责任主体责任"，对远程教育公共服务体系这一服务主体很少有单独的检查评估，一般是分布在全国各地的学习中心分别接受检查与监管。

### 三、依托公共服务体系进行治理的建议

回应公众更高的服务需求，改进和提升服务质量，是当代全球公共服务实践发展的一个基本趋势。[①] 公共服务质量管理已经成为公共管理的一个重大理论与实践领域。

（一）公共服务质量管理的理论与方法

不同领域的质量管理在质量标准、质量监控、质量评价等方面各有不同，但整体来看，质量管理是一个系统工程，有着特定的程序，公共服务质量管理也是一个"推动—反馈"式的运行过程，如下图 4-6 所示。

1. 公共服务质量标准

制定公共服务标准是进行质量管理的基础。我国现代远程教育公共服务体系没有建立统一的质量标准，在行业标准层面，《远程教育服务规范》

---

① 参见陈振明《公共服务质量管理：理论、方法与应用》，科学出版社 2017 年版。

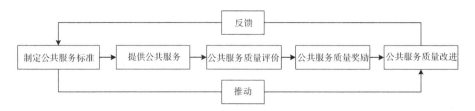

**图4-6 公共服务质量管理的实践过程**

结合远程教育服务标准化国内外前沿成果，对远程教育服务的服务提供者、服务人员、服务资源、服务过程和服务评价提出规范性要求。在实践层面，根据不同的视角或逻辑，现有的质量标准主要有三类。

一是要素视角的质量标准，即根据质量保证体系的关键要素来制定质量标准。如围绕公共服务体系的组织要素（学习中心建设与运行）、队伍要素（服务队伍建设）、环境要素（网络教学、管理与服务环境）、过程要素（学生学习支持服务）、增值要素（资源整合与应用等）制定相应的质量标准。其中组织要素质量标准是对公共服务体系的总体架构和学习中心的资质准入、部门设置、硬件环境、日常运维、评估管理等制定的标准；队伍要素质量标准是围绕支持服务人员的配置、准入资质和相应岗位的专业化的能力要求等制定的相应标准；环境要素质量标准是重点对公共体系的总部、学习中心的网络教学、管理与服务环境制定相应的建设标准；过程要素质量标准是围绕各类服务，制定公共服务体系人员的过程服务行为标准；增值要素质量标准是针对资源需求分析与反馈、资源整合与传输、资源应用服务的质量与效率等制定的相应标准，同时对非学历教育资源开发建设制定内容质量和技术方面的标准。

二是服务视角的质量标准，即根据现代远程教育公共服务体系自身的服务属性制定的质量标准。如奥鹏教育将服务划分为服务提供者、服务开发、资源、服务人员、服务机构、服务过程、服务质量监控与保证，共7个部分。服务提供者质量标准类似于学习中心的资质准入、基础设施和人员条件、管理制度、监控与保障等标准；服务开发质量标准主要是服务的需求分析、服务方案确定、服务协议签订等有关标准；资源质量标准主要是平台和资源；服务人员质量标准主要根据专业背景、信息素养、人员培训三个方案制定的有关标准；服务机构质量标准则主要根据机构的建设（学习中心的设置）、支持与指导（总部对学习中心的指导、监管、评估等）制定相应标准；服务过程质量标准主要围绕信息咨询服务、学习支持服务（辅导教师配备及其督学、导学、促学）、学习评估（考核考试）、财务支持（学费收缴和收费规范）等方面制定标准；服务质量监控与保证质量标准，主要是做好内部、外部监管评估的有关标准规范。

三是 ISO（国际标准化组织）视角的质量标准。ISO9000 族标准并不是产品的技术标准，而是针对组织的管理机构、人员、技术能力、程序文件、监督改进等一系列体现组织保证产品及服务的管理技术的标准，是组织运营管理的规范标准。相比于前两者，ISO 在理念上更具市场化的特点。强调对质量的持续改善，形成质量闭环，强调改革传统计划经济条件下的管理模式，按照公共服务体系市场化的特点，建立符合经济发展和市场竞争规律的新的管理机制，使管理达到自身的规范化、制度化、科学化、标准化。ISO 基础标准强调质量管理体系的构建，以质量管理体系文件为主要外在表现，实行标准化运营管理，要求对过程做出标准化的解释，并对其成果给出具体的实证指标。这在较低的层面上可以有效地提升公共服务的质量水平，但教育活动是面向人的服务，在较高的层面上，它又可能束缚公共服务体系的服务创新和特色，影响学生发展的个性。

2. 公共服务质量评价

公共服务质量评价是质量持续改进的依据。很多国家的实践表明，开展公共服务质量评价，对服务质量提升、公共服务绩效和满意度提升都有积极的作用。公共服务体系的质量评价有外部评价和内部评价两种。外部评价通常由教育管理部门和评估机构、第三方认证机构承担，最常见的是由各级教育行政主管部门开展的检查评估工作。内部质量保证的实施，通常有两种，一是由远程教育系统内部专门监管机构来承担，如单独设立的评估办公室、质量监管办公室等。奥鹏教育有专门的质量监控办公室，负责完成公司质量目标顶层规划，建立健全企业质量管理体系；负责过程质量监控、质量评价与考核；协助完成教育部、各省市的评估检查工作等。以上监管机构通常以公共服务绩效评价为基础，测量和改进公共服务质量，如顾客满意度、平衡计分卡、关键触点管理等。二是通过外部的 ISO 国际标准实现远程教育内部质量管理。以华南师范大学网络教育学院的 ISO 贯标为例，其过程可划分为 4 个阶段：①建立质量管理体系：策划质量管理体系文件、制定质量管理体系文件和审批质量管理体系文件；②运行质量管理体系：动员大会，发布和实施质量管理体系文件；③质量管理体系的符合性、有效性评审和改进：内审员培训、评审并提交报告、质量管理体系文件修改，最高管理者的管理者评审并形成管理评审报告；④第三方认证：外审准备及外审、问题改进和证书颁发。

（二）建立多元主体、协同治理机制①②

关于我国现代远程教育公共服务体系的质量管理，学界也有一些研究成果。魏垂高等在《共同体视域下校外支持服务机构的治理策略》③ 一文，引入共同体理论，即任务共同体和目标共同体，通过分析校外支持服务机构存在的"规划不足、服务水平不高、区域发展不均、特色发展不足"等问题，在划清各相关主体的权责边界的前提下，提出了"标准建立—多元参与—工具支撑"的多元主体参与的高校学历继续教育校外支持服务机构的治理策略。

我国远程教育的发展过程注定是一个多元主体、协同治理的过程。协同治理意味着合作、共生，是为了促成服务和合作，其重要任务是让国家权力"越位"的部分回归市场和社会，引导市场力量的规范，壮大社会力量，其更多关注的是如何建立"合作的制度结构"问题，研究如何平衡个人的不同需求和期待，如何使用社会资源、部门的能力和相关方的责任以实现公共服务质量改进的目标，一个重要的前提是正确获取和看待相关方的需求。在我国远程教育公共服务体系中，主要两大相关方是作为办学主体的学校和作为求学者的学生。

远程教育公共服务体系的质量在于为用户提供有效、实用、有价值的支持服务。在多元主体、协同治理机制下，公共服务体系要在各级教育行政部门指导下，通过"自上而下"和"自下而上"的双向互动，以资源整合与共享为基础，以实现学生服务价值最大化为目标，各主体之间尽可能实现行政权力与市场活力的均衡。作为第三方服务机构，公共服务体系应主动适应国家继续教育发展战略，跟进高校继续教育转型进程，按照学历继续教育质量规范要求提供各项服务，促进学习者的有效学习，提升学习价值，助力高校实现人才培养目标。

---

① 参见赵敏主编《现代远程教育公共服务体系的质量保证》，国家开放大学出版社 2019 年版。

② 参见郭文革《中国网络教育政策变迁：从现代远程教育试点到 MOOC》，北京大学出版社 2014 年版。

③ 魏垂高、于斐斐、张清学：《共同体视域下校外支持服务机构的治理策略》，载《中国成人教育》2021 年第 8 期，第 21 - 25 页。

# 第五章 中观治理：高校发挥办学主体责任

在中观层面，我国高校学历继续教育治理主要由高校（普通本科高校、高等职业院校、独立设置成人高校、开放大学）完成。高校是高等学历继续教育的办学主体、责任主体，是人才培养落实、落地、落细的关键，也是高等学历继续教育改革创新的中坚力量。高校学历继续教育的中观治理主要体现在高校举办学历继续教育的体制机制。

## 第一节 高校学历继续教育办学体制机制调查

近年来我国高校学历继续教育事业发展很快，但相关体制机制的构建却明显滞后，特别是高校内部继续教育管理和办学职能相互杂糅、自主办学的责任和义务尚未明确、监管评价体制有待完善等问题，严重制约了高校学历继续教育的发展。当前我国高校继续教育体制与机制改革的总体指导思想是"依法治校，管办评分离"。就体制与机制改革而言，依法治校就是要以建设现代学校制度为目标，落实和规范学校办学自主权，形成学校依法办学、自主管理的格局。①

### 一、继续教育体制与机制的内涵②

"体制"是制度外在的具体表现和实施形式，通常以权力配置为中心，以结构、功能、运行为主体，由各种硬件和相应的规范所构成。"机制"通常是指有机体的构造、功能和相互关系，泛指工作系统内各部分之间相互作用的过程和方式。体制和机制既相互区别，又密切联系，共同作用于某一事物。《国家中长期教育改革和发展规划纲要（2010—2020年）》明确提出："建立健全继续教育体制机制。成立跨部门继续教育协调机构，

---

① 杨学祥、张魁元、侯建军：《高等学校继续教育体制与机制创新：以北京大学继续教育体制与机制改革为例》，载《继续教育》2016年第1期，第3-6页。
② 杨学祥、张魁元、侯建军：《高等学校继续教育体制与机制创新：以北京大学继续教育体制与机制改革为例》，载《继续教育》2016年第1期，第3-6页。

统筹指导继续教育发展。加快继续教育法制建设。健全继续教育激励机制。加强继续教育监管和评估。"

继续教育是面向学校教育之后所有社会成员的教育活动，是终身学习体系的重要组成部分。继续教育体制可被理解为国家和地方为促进继续教育事业发展所制定的用以确定机构设置和管理权限的制度，主要包括领导体制、管理体制、办学体制等。继续教育机制是指继续教育体系的构造、功能和相互关系，是继续教育系统内外各实体之间相互作用的过程和方式，如发展机制、评价机制、监督机制等。

笔者在本章主要探讨高校内部举办学历继续教育的体制机制，也就是在高等学历继续教育的办学中，高校是如何进行内部机构设置和权力配备的。

## 二、高校学历继续教育体制与运行机制分析

良好的管理体制与运行机制，能够促进高等学历继续教育更健康地发展。为了掌握广东省高校学历继续教育管理体制与运行机制状况，笔者选取了广东省 20 所高校（10 所普通本科高校，10 所高职院校）提交的2022 年度高等学校继续教育发展年度报告作为样本，对广东省高校学历继续教育机构的管理体制与运行机制进行了研究分析。在获得实证调查数据的基础上，对此进行了梳理与总结（见表 5 - 1）。

表 5 - 1　广东省 20 所普通高等学校继续教育机构归口管理情况

| 学校名称 | 学习形式 | 办学部门 |
|---|---|---|
| ××师范大学 | 网络教育，函授教育，业余教育，非学历继续教育 | 继续教育学院 |
| ××大学 | 函授教育，业余教育，非学历继续教育 | 教育学院 |
| ××医科大学 | 业余教育，非学历继续教育 | 全科医学与继续教育学院 |
| ××大学 | 函授教育，业余教育，非学历继续教育 | 教师培训学院（继续教育学院） |
| ××大学 | 函授教育，业余教育，非学历继续教育 | 继续教育学院 |

（续表）

| 学校名称 | 学习形式 | 办学部门 |
|---|---|---|
| ××师范学院 | 函授教育，业余教育，非学历继续教育 | 继续教育学院 |
| ××理工学院 | 函授教育，业余教育 | 继续教育学院 |
| ××大学 | 函授教育，业余教育，非学历继续教育 | 继续教育学院 |
| ××师范学院 | 函授教育，业余教育，非学历继续教育 | 培训与社会服务处 |
| ××职业技术学院 | 函授教育，业余教育，非学历继续教育 | 继续教育学院 |
| ××职业技术学院 | 函授教育，非学历继续教育 | 继续教育学院 |
| ××职业技术学院 | 函授教育，业余教育，非学历继续教育 | 继续教育学院 |
| ××职业技术学院 | 函授教育，非学历继续教育 | 继续教育学院 |
| ××职业技术学院 | 函授教育，业余教育，非学历继续教育 | 继续教育学院 |
| 广东××职业学院 | 业余教育，非学历继续教育 | 继续教育部 |
| ××职业技术学院 | 函授教育，业余教育，非学历继续教育 | 继续教育与培训学院 |
| ××职业技术学院 | 函授教育，业余教育 | 招生就业部 |
| ××城市职业学院 | 业余教育，成人教育，非学历继续教育 | 继续教育学院 |
| 广东省××职业学院 | 函授教育，业余教育，非学历继续教育 | 继续教育学院（培训中心） |

## （一）管理体制状况

高校学历继续教育管理体制包括学校层面对继续教育办学单位的管理和继续教育办学单位对自身内部的管理两个方面。从实际调查来看，20所高校学历继续教育办学单位的名称与办学范围不尽相同，但基本都为二级学院，由学校归口管理，并承担着继续教育办学以及统筹管理成人学历教育业务发展的双重职能。

1. 继续教育办学单位

20 所高校中有 19 所建有独立的继续教育办学单位，基本均为学校的二级学院，其中某职业技术学院的继续教育由学校的招生就业部负责并承担相应业务。在教育部政策的引导下，近年来高校多设置了专门的管理机构，如某师范学院设立了培训与社会服务处，作为学校社会服务工作的统筹管理部门，负责统筹和管理学校非学历教育和成人教育学院的学历教育等，从而实现管办分离、归口管理。

同时，20 所高校中有 18 所高校继续教育办学单位同时开展学历继续教育和非学历教育培训业务，其中仅 2 个学校（某理工学院和某职业学院）没有开展非学历培训业务。某师范学院继续教育学院负责学历教育方面的管理，并负责社会（行业）培训的管理，教师教育学院（省级中小学教师发展中心）负责国培、省培等非学历教育的培训与管理。

从调研来看，当前高校继续教育办学单位在专业开设、人才培养、毕业管理等办学业务方面具有较大的自主权，在人员配置、办学规模方面享有部分自主权，但在财务方面则都由学校财务部门进行直接管理，统一核算。

2. 继续教育办学单位内部管理体制

广东省内各高校学历继续教育办学单位基本都建立了较为成熟的管理制度，包括人事、财务和业务管理制度。人事制度方面，学历继续教育办学单位工作人员的人事关系主要分为两种：事业编制以及合同编制（或人事代理）。由于多数学历继续教育办学单位没有专职的教学师资，所以一般采取自主聘请师资或者与教学院系所合作，以安排师资的方式来解决师资问题。[①] 广东省内某医科大学学历继续教育与全日制本科教育共用教学资源，包括教学场地、教学设施、教学师资，学历继续教育的教学师资全部来自本校全日制普通高等教育；学校校本部成人高等教育学生管理由全科医学与继续教育学院负责全程管理；在全校范围内公开招聘兼职班主任负责班级日常管理。深圳某大学 2022 年共有 784 名授课教师为高等学历

---

① 亓俊国、白华、王彦平、关海燕：《师范类高校继续教育管理体制与运行机制发展探究》，载《继续教育》2015 年第 4 期，第 11 - 14 页。

继续教育学生授课，其中校内专职、兼职教师有 295 人（含在编教师 165 人，本校在职研究生 130 人），外聘教师有 489 人，教学管理人员共 232 人，其中各专业学院的继续教育管理人员有 50 人，校外教学点管理人员有 182 人。

（二）继续教育办学单位的运行机制状况

各高校学历继续教育办学单位围绕各自内部管理制度建立运行机制，并采取互惠共赢的合作模式与其他院校、行业、企业之间进行合作，促进办学业务有效开展。同时，各高校学历继续教育办学机构普遍重视质量管理和质量保证，根据自身特色和实际情况，建设创新性的质量保障体系。

1. 决策机制

高校学历继续教育办学单位在办学过程中享有较大的自主权，为保证决策科学、有效，一般都通过设立专家委员会的形式提供咨询、建议，并通过召开院务会、党政联席会等方式进行决策。从实际调查来看，广东某职业技术学院在继续教育学院设置党总支并配专职党总支书记，继续教育发展方向、合作办学、管理与教学质量等方面重大事宜由党政联席会议研究决定。广州某职业技术学院由分管校领导负责领导继续教育学院协同各二级教学院系共同实施继续教育各项工作。继续教育日常工作事项由继续教育学院党政联席会议、行政工作例会商定，报请学校分管校领导批准后实施；重大事项由继续教育学院行政工作例会、党政联席会议商议方案，报请学校校长办公会、学校党委会审定批准后实施。

从调研来看，继续教育办学单位虽然在办学业务方面有较大自主权，但需解决的问题若属于重大问题（如教学点设置、专业设置、比例分成等）要由学校决策的，都会通过分管校长提交学校党委会或校长办公会进行讨论决策。

2. 人员聘用机制

高校学历继续教育办学单位一般都建立了灵活的人员聘用机制，可以根据自身发展决定聘用人员的数量和质量，并能参考劳动力市场工资标准为员工定制工资待遇。但与社会其他企业相比，高校继续教育实际支付给非事业编制人员的工资总体还是处于偏低水平。

从具体的调查情况来看，各继续教育办学单位人员由事业编制工作人员以及合同制聘用员工两部分组成，且多以合同制聘用员工（又可以分为校聘、院聘两种）为主。如某大学负责继续教育业务的教育学院合同制员工数量约占员工总数的45%，某师范大学继续教育学院的合同制员工数量占员工总数的70%以上。

### 3. 质量保障机制

为保障人才培养的质量，高校学历继续教育办学单位需要建立质量保障体系。从调查来看，被调查的高校普遍建立了相应的质量保障机制，对招生、教学、支持服务等多环节进行管理，并形成了自己的特色。某师范大学原网络教育学院依托 ISO9001：2000 质量管理体系认证，建立了整套质量管理体系；深圳某职业技术学院建立了完善的继续教育办学规章制度，涵盖从招生、录取、学习以及毕业的全过程，适应学历继续教育、非学历继续教育特点和规律，形成了由章程、办法、规定、细则等构成的制度体系，发挥了规范、引导、约束和激励作用，有力保证了继续教育教学质量。

### 三、高校学历继续教育体制机制的问题

客观而言，当前高校学历继续教育在校内体制机制方面还是存在一些问题，主要有三点。

（一）学历继续教育管理和办学职能杂糅[①]

高校学历继续教育管理和办学职能杂糅，学历继续教育的管理主体和办学主体有待分离，以保证管理和办学主体各司其职，分工协作。学校层面，管办的主体分别是学历继续教育管理部门和教学院系，评价主体是学生。其中，学历继续教育归口管理部门代表学校对校内所有开展学历继续教育的实体单位依法依规管理；各实体单位在国家和学校的法律法规框架内自主办学，平等地接受学校的管理和监督；学生对学历继续教育的质量进行客观评价，通过校内、校外评价机制反馈意见，促进学历继续教育的改革与提升。

目前，广东省内众多高校学历继续教育的管理和办学职能有待进一步厘清界定，由同一校内主体同时承担学历继续教育的管理和办学职能的情况依然事实存在，这造成了体制机制僵化、资源配置效率低下、人才培养脱离社会需求等问题。

---

① 杨学祥、张魁元、侯建军：《高等学校继续教育体制与机制创新：以北京大学继续教育体制与机制改革为例》，载《继续教育》2016 年第 1 期，第 3–6 页。

（二）继续教育监管评价体系有待完善[①]

当前，高校对学历继续教育的过程和成效还缺乏有效监管，学历继续教育办学的监督机制、质量评价机制、准入与退出机制远未形成。从管办评分离改革的客观需要看，在理顺教育监管、自主办学和社会评价三大主体责权利关系的前提下，必须把教育监管水平和自主办学的水平评价职能分离开来；必须改变自己办学、自己监管、自己评价的陈旧方式，主动构建专业评价体系和机构，真实吸纳来自受教育者的意见，客观有效开展学历继续教育的评价与监管。当前高校学历继续教育经过几十年的发展也形成了一定的规模，但就整体而言，高校学历继续教育监管制度远没有发挥应有作用，教学标准参差不齐，教学质量高低不一，使得继续教育与普通教育相比在质量和社会认同度上存在明显的差距。

（三）继续教育特色性与开放性有待进一步强化

高校学历继续教育的发展主要依靠高校的平台优势，不同类型高校具有不同特征，对学历继续教育的发展具有显著影响。教育部发布的《关于推进新时代普通高等学校学历继续教育改革的实施意见》明确"支持中央部委所属高校结合高水平学科专业举办'少而优、小而精'的学历继续教育，办出示范、引领发展。支持地方高校重点举办'服务地方、办学规范、规模适度、特色鲜明'的学历继续教育。支持高等职业学校围绕制造业重点领域、现代服务业和乡村振兴需求，重点面向一线从业人员，举办服务'知识更新、技术提升'的学历继续教育"。

因此，部属高校、地方高校、职业院校在开展学历继续教育办学时要根据自身定位、学科优势、办学能力与特色，努力打造适应、支撑、引领地方经济社会发展的学科专业体系，形成自己的特色与优势。同时在强化特色的同时，也要强化与其他行业、企业的合作，拓展开放性办学渠道。

## 第二节　高校学历继续教育校外教学点治理调查

高校学历继续教育校外教学点，是学校对学生进行教学管理的组织机构，是高校学历继续教育事业的重要组成部分，对高校学历继续教育事业

---

① 杨学祥、张魁元、侯建军：《高等学校继续教育体制与机制创新：以北京大学继续教育体制与机制改革为例》，载《继续教育》2016年第1期，第3-6页。

的发展起着极其重要的作用。高校学历继续教育校外教学点是一种以校带点，校点统筹合作办学的共同体，它的任务是按照协议履行部分辅助教育工作。校外教学点可以促使高校学历继续教育的办学功能得到更加充分利用和发挥，而高校则是通过设置校外教学点，扩大招生规模，增强高校服务地方社会经济的能力，同时也方便学生就近入学，缓冲工学矛盾，形成了社会、院校、学生的多方共赢。[①]

**一、高校继续教育校外教学点现状分析**

截至 2022 年 12 月，广东省高校成人教育共设立省内校外教学点 1200 个（不含校本部），其中开放教育（广东开放大学、广州开放大学、深圳开放大学）设立教学点共 89 个，基本情况如下。

（一）数量比较大

2022 年，广东省普通高校中设立校外函授教学点达 20 个及以上的高校共 20 所，设立 25 个及以上校外教学点的高校共 11 所。2023 年，伴随《教育部办公厅关于严格规范高等学历继续教育校外教学点设置与管理工作的通知》的贯彻落实，以及高等学历继续教育校外教学点设置与备案工作的推进，高校校外教学点的数量大幅缩减。

（二）分布不均衡

有的地区校外教学点设点较多，生源有限，为抢夺生源容易产生恶性竞争。以广东省普通高校校外函授教学点设立为例，2022 年，广州、深圳、东莞、惠州等地校外函授教学点数量超过了 100 个，其中广州地区校外函授教学点数量为全省之最，共 416 个，详见图 5 - 1。

（三）办学资质多数是社会力量办学性质，多为民办机构

2022 年，广东省普通高校备案的 1355 个校外函授教学点中，公办机构 376 个，占比 27.75%；民办机构 979 个，占比 72.25%（见图 5 - 2）。同年教育部出台的《关于严格规范高等学历继续教育校外教学点设置与管理工作的通知》要求"设点单位原则上应为普通高校、职业院校、成人高校、开放大学以及设有内部培训机构的行政机关和事业单位"。因此这一状况在 2023 年得到了改善。

---

① 陈琳、罗飞、张雪芹、许学敏、张振明：《加强高校校外教学点规范管理的问题剖析与对策研究》，载《继续教育》2018 年第 10 期，第 24 - 26 页。

（个）

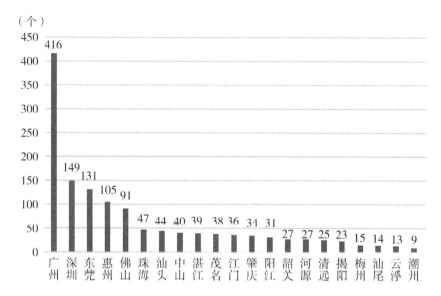

图5-1 2022年广东省普通高等学校校外函授教学点地区分布情况

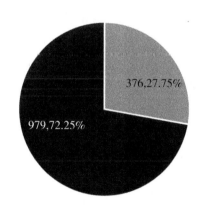

■公办机构 ■民办机构

图5-2 2022年广东省普通高等学校校外函授教学点办学资质

（四）办学收入分配不合理

在2022年及以前，多数高校拨付给设点单位的工作经费达到学费总额的50%甚至达到70%或80%，导致逐利倾向明显，存在个别校外教学点或其他机构（个人）代收费、超标准收费、搭车收费等乱象。伴随《关于严格规范高等学历继续教育校外教学点设置与管理工作的通知》落地，各高校都积极调整与校外教学点的分配比例。但根据调研，还是有部分高校给校外教学点的分成比例达到或接近50%。

（五）办学条件较差

在2022年及以前，一些高校校外教学点不具备完善的办学条件（有的是办学条件与学生规模不匹配），有的甚至是挂出一个牌子，办公地点、教室和其他办学资源全靠租借，无法满足学生基本的学习、活动设施需要。2023年，各校加强了校外教学点的遴选和设置管理，积极贯彻落实《关于严格规范高等学历继续教育校外教学点设置与管理工作的通知》要求，夯实办学条件，生均教学面积、师资和计算机台数等方面得到改善，让办学条件获得了一定改善。

## 二、当前高校学历继续教育校外教学点存在的主要问题[①]

（一）获利是一些教学点办学的主要动机，违规招生问题严重

近年来，一些校外教学点只注重经济效益，把开展高等学历继续教育视为创收手段之一，为了争夺生源，导致招生方面出现诸多问题，具体表现为：

1. 违规招生宣传。利用学员对成人教育政策、信息不了解或了解不充分的情况，擅自利用主办高校名义进行虚假宣传，许诺只收钱不上课，"包过""包毕业"，甚至伪造主办学校公章，提前发放录取通知书。

2. 设立"点外点""点外班"。个别教学点无视省教育厅和主办院校的招生政策，只讲招生，不讲管理，只讲收费，不讲服务，只讲经济效益，不讲社会影响，为了进一步扩大招生规模，与"黑点"签订合作协议，设置"点外点""点外班"。严重扰乱招生秩序，造成不良影响。

3. 中介组织生源。有的校外教学点为了扩大招生数量，雇佣大批中介进行招生，通过价格战、预收学费以及各种承诺控制生源，垄断当地招生市场，严重扰乱招生秩序。

（二）资格资质审核不严，教学点遍地开花

有的高校为了扩大生源，无视办学教学规律和高校继续教育的长远发展大局，对校外教学点的资格资质审核不严，甚至无原则地选择教学设施

---

① 陈琳、罗飞、张雪芹、许学敏、张振明：《加强高校校外教学点规范管理的问题剖析与对策研究》，载《继续教育》2018年第10期，第24–26页。

陈旧、教学手段落后、办学条件较差的民办教育机构作为合作伙伴，且校外教学点地区分布不平衡不合理，遍地开花。

（三）管理人员素质偏低，服务意识不强

有的校外教学点为了降低办学成本，尽可能地减少管理人员或随意聘请社会低学历人员参与管理，这些管理人员学历总体偏低，工作水平不高，服务意识不强，且流动性大，变动频繁，不利于校外教学点的管理。

（四）教学管理无序，效率低下

有的校外教学点为减少办学成本，随意调整教学计划，减少实践教学环节和面授课时，多班合并上课，将不同专业、不同级别、不同层次班级，甚至几个不同院校的学生合在一起上课。

（五）教学点的办学条件差，教学资源匮乏

部分高校为保证生源，扩大规模效益，在一些不具备规范办学基本要求的单位设立校外教学点，个别校外教学点甚至连基本的教学、生活设施都无法满足。

以上问题伴随《关于严格规范高等学历继续教育校外教学点设置与管理工作的通知》的发布和贯彻落实，从 2023 年开始获得了较大改善，校外教学点的整体面貌得到了改善。

**三、高校对校外教学点的规范治理**

2022 年，教育部印发了《关于严格规范高等学历继续教育校外教学点设置与管理工作的通知》（简称"《通知》"），对高等学历继续教育校外教学点的设置与管理进行了严格规范。长期以来，校外教学点作为高校在校外（特别是异地）举办学历继续教育的重要支撑和服务延伸，在发挥积极作用服务高等教育大众化、普及化的同时，其招生宣传、助学辅导、收费开支等方面也客观存在一些突出问题和隐患风险，直接影响了学生学习质量与高校品牌声誉。要扭转这一现状，必须厘清各相关方在校外教学点建设上的职责权限，这对深刻理解和贯彻落实教育部政策精神，具有十分重要的意义。

（一）责任分工

1. 高校是学历继续教育的办学主体

毫无疑问，高校作为高等学历继续教育的办学主体，必然是校外教学点建设和各项业务开展的责任主体。校外教学点出了问题，高校要负责并且必须负责到底，不能切割、推诿，甩给校外教学点了事。正确认识高校办学主体责任，需要注意以下几点。

一是加强党的领导，强化学校责任。要将校外教学点的设置与管理纳入学校党委重要议事日程，并从学校教育事业发展全局来谋划校外教学点具体布局。二是做好对校外教学点的业务指导和约束、管理，通过明确要求、过程管理、加强奖惩等手段，确保校外教学点严格按照高校要求认真负责地配合开展招生宣传、助学辅导、学生管理等工作，使人才培养方案不打折扣地落到实处，教学环节不减量、教学质量不降低。三是确保师资队伍高校说了算。主讲教师必须全部由高校专任教师或正式聘用的兼职教师担任；辅导教师由高校选派，也可经校外教学点推荐后由高校认定选用。此外，高校还有义务、有责任对校外教学点的教学与管理团队进行思想政治教育和业务培训，而且要常抓不懈。四是要加强检查评估，一旦发现"点外设点""乱收费""管理无序""支持服务不到位"等违规行为或不符合办学要求的校外教学点，必须果断采取整改、停招、撤销等措施，决不能姑息纵容。

基于此，高校必须严格控制校外教学点设点数量和范围，在自己治理能力范围内进行有限设置，切不可盲目扩张。"管得住"是前提，"管得好"是目标。如果"管不了"就不要设置校外教学点，高校要从源头上把校外教学点可能存在的问题和风险"掐断"。

2. 设点单位是校外教学点配合高校开展相关工作的实施主体

从本质上说，设点单位是校外教学点建设的受委托方，在法律上是受主办高校（委托方）委托，按照主办高校要求，提供场所、人员、设施等资源，配合主办高校开展招生宣传、线下面授、学习辅导、集中考试、实验实训、毕业指导、学生服务与管理等教育教学活动的"乙方"。因此，作为校外教学点配合主办高校开展相关工作的实施主体、法人单位，设点单位必须严格遵守与高校签署的法律合同，认真履责，提供高质量的资源和服务。校外教学点出现了问题，主办高校要担责，设点单位的责任亦不可推卸。而这一点，在实践中容易被忽略，也往往被忽略。设点单位法人更是要在签署合同和履行合同过程中，始终打起精神，直面必须承担的法律责任。

俗话说"跑得了和尚，跑不了庙"，设点单位就是校外教学点的"庙"。因此，设点单位的选择非常重要和关键。《通知》明确"设点单位原则上应为普通高校、职业院校、成人高校、开放大学以及设有内部培训机构的行政机关和事业单位。确有需要，高校也可在设有内部培训机构的国有大中型企业设置校外教学点，但仅限招收该企业内部职工，不得面向社会招生"。

3. 强化教育行政部门对校外教学点的监管责任

《通知》明确了校外教学点的分级管理体制。其中，教育部负责制定全国校外教学点的宏观管理政策，统筹指导全国校外教学点的设置与管理工作。省级教育行政部门必须守土有责，守土尽责，做好属地校外教学点的监管工作，具体包括四点。

一是严格落实教育部系列相关政策，因地制宜地制定更加细致、更加严格的属地校外教学点设置与管理制度，对高校设置校外教学点数、每个设点单位承接高校及专业数上限做进一步明确规定，健全校外教学点准入、评价、奖惩、退出和责任追究等配套制度。二是立足地方需求，加强顶层设计和统筹规划，做好省域内校外教学点及开设专业的整体布局，并形成动态调整与优化机制。要站在服务国家战略，促进区域经济社会发展的高度做好省内高校和省外高校设点统筹工作，不能搞地方保护，也不能不加甄别任由发展。三是加强备案管理，明确备案要求和操作流程，并严格对备案材料进行专家集体评议，把好校外教学点建设"入口关"，并将备案结果面向社会公示。四是落实监督检查，将校外教学点设置与管理纳入省级教育行政部门对高等学历继续教育的日常管理，依托信息技术，加强过程监管和质量监测，提升数字化治理能力；组织开展常规检查、"双随机"抽检和专项评估等活动，同时联合其他相关部门，严厉打击虚假宣传、买卖生源、代学替考等违法违规行为。省级教育行政部门之间还要建立协同联动工作机制，既要做好沟通、共享经验，更要开展联合惩戒，堵住监管漏洞。

（二）治理要求

发展中出现的问题，唯有靠发展来解决。我们需要也必须坚持科学、健康、稳固的发展，并不失时机地将工作重点转移到对高校学历继续教育的规律探索和改革创新上来。基于此，我们认为校外教学点的治理必须关注以下六个方面。

1. 在校外教学点的设置上，应进一步统筹规划，充分考虑经济不发达地区的教育需求，实现高等学历继续教育由经济发达地区向经济欠发达地区的辐射。通过在农村及老、少、边、穷地区设立校外教学点，实现优质教育资源向这些地区的输送，为当地提供教育机会，培养人才，促进其经济与社会发展，促进教育公平。

2. 在校外教学点的宏观管理上，应加强试点高校和当地教育主管部门的联系，理顺高等学历继续教育管理中教育部、当地教育主管部门、高校和校外教学点四者的关系，逐步构建教育部、当地教育主管部门实施以评估为主的目标管理和试点高校、校外教学点实施教学服务为主的过程管理相结合的管理体系，全面提升质量，实现现代远程教育管理的"无盲区"，并将管理的重点逐步由规范约束转移到质量提升上来。

3. 校外教学点应注重研究、勇于探索，不断提升理论水平，实现继续教育优势的发挥。高校学历继续教育的持续健康发展，离不开科学的理论指导。校外教学点作为高校学历继续教育的前沿阵地，更需要广大教师积极参与理论与实践研究，总结经验、探索规律，在提高理性认识的同时，推动实践工作的开展。唯有如此，才能确保校外教学点及整个学历继续教育的长远发展。

4. 在校外教学点的师资队伍建设上，应加大培养、培训力度，实现管理队伍和学习支持服务队伍向专业化方向迈进。通过对校外教学点教师的培养和培训，转变教师观念，建立一支熟悉高校学历继续教育规律、责任心强、业务精良、稳定性高的专兼职教师队伍，进一步提升校外教学点的办学理念和学习支持服务质量，从而实现对学生需求满足基础上的超越。

5. 校外教学点应进一步探索资源的开放与共享机制，实现其教育服务向社区及更大范围扩展。校外教学点数量大、覆盖广，将其教育设施与资源通过无偿或有偿的方式向社会开放，可以实现更大范围的教育资源共享，有利于满足市民的教育文化需求，为地区和全国的终身学习体系构建做出积极贡献。

6. 校外教学点在做好学历继续教育助学的同时，应重视和积极发展非学历教育，实现从高等学历教育向为构建终身教育体系服务方向转化。通过高校和校外教学点的共同努力，在积极办好学历教育的同时，积极开展职业资格证书教育、岗位培训和其他继续教育，为在职人员更新知识、增强技能、不断学习与提高提供良好服务，满足终身学习者的各种学习需求，从而发挥校外教学点在构建终身教育体系和学习型社会中的积极作用。

## 第三节　高校学历继续教育中观治理的体系与要素

大学治理基本是根据自治的理念，实施以教授为核心的学院式的管理，又称同行式、同僚式管理。学院式治理基本特征是大学教授，即学术同行们共同掌握学术权力，而不必顾及外部领导权力。现在大学治理，则是在原来治理模式的基础上的转变和提升，管理不仅需要教授参与，还需要校外相关人士介入。① 在高校，特别是普通高校，高等学历继续教育治理与传统全日制教育治理存在较大差别。高等继续教育肩负着终身教育的特殊使命，通过教学与社会服务培养和造就专业人才。它不是脱离社会的象牙塔，它要进行知识传播、教育普及，还要处理基础学科和应用学科的关系，涉及不同行业和组织之间的知识经济关系。这样，高校学历继续教育治理就不再单纯是教授自治行为，而是涉及教授与未来人才、教授与社会需要、教授与行政人员之间关系的协调，高校是这些复杂多元关系中的核心，它影响着人才培养全过程，所有利益相关方因它而产生交集。

### 一、高校学历继续教育治理体系

教育部发布的《关于推进新时代普通高等学校学历继续教育改革的实施意见》强调"高等学历继续教育是高等教育的重要组成部分，是构建服务全民终身学习教育体系的重要内容，是人民群众创造美好生活、实现共同富裕的重要途径"，因此，高等学历继续教育是高校的重要使命之一。高校在办好人民满意的继续教育过程中，就治理体系而言，存在三大主体。

（一）学历继续教育归口管理部门

大学内部治理的一种理想模式是官僚模式，以韦伯官僚主义为理论基础，组织架构为正式科层体制。假设分层官僚组织专注于有限目标及组织的最大效率，善于处理集体事务，其决策过程为理性决策，有正当程序落实公正及公平。② 在高等学历继续教育治理中，秉承着民主自治、职责明

---

① 参见王晓辉、刘敏、谷小燕《大学治理：理念、模式与制度》，北京师范大学出版社2018 年版。

② 参见王晓辉、刘敏、谷小燕《大学治理：理念、模式与制度》，北京师范大学出版社2018 年版。

确的原则，高校应当设置归口管理部门，来对学历继续教育业务进行指导和管理，其职责可以包括：

1. 对全校的学历继续教育工作进行整体规划。对学校拟开设的高等学历继续教育专业进行规划、论证，确定是否新增、撤销等。对学校校外教学点设置进行统筹规划。

2. 统筹协调全校资源（如师资、校区、课室、生活场所、实验实训条件等），支持学历继续教育工作。

3. 制定本校高等学历继续教育办学的相应标准，并对高校学历继续教育办学部门的人才培养过程进行检查、评估。

4. 协调学校党政部门、科研部门、质量评价部门、人事部门、宣统部门、财务部门、纪检部门、学工部门、招生就业部门等，对高等学历继续教育办学进行综合管理。

（二）继续教育办学部门

在高校，专门从事高等学历继续教育办学的二级单位通常是"继续教育学院"，或者被命名为"开放教育学院""远程与继续教育""终身教育学院""网络教育学院"等。作为专门从事高等学历继续教育的学校办学部门，在校内承担着统筹办学的职能。

我国高校学历继续教育办学是不断发展变化的，从扫盲教育到职工"双补"，到为高考落榜生提供学历补偿教育，再到今天的终身教育目标，高校学历继续教育被赋予了更多的办学内涵，与国家整体教育制度的建立紧密联系。但目前，很多高校对于高等学历继续教育的办学认识仍存在不足，造成定位不清、性质不明、质量不高。为此，继续教育专门办学部门首先要明确高等继续教育的办学定位，不再将其简单地视为学历补偿教育工具，而是终身教育制度中的重要板块，坚持以"全纳、公平、优质、终身学习"为特征的可持续发展理念。二是要明确高等学历继续教育的办学规模，据教育部统计，高等学历继续教育 2010 年的招生规模为 208.42 万人，到 2020 年度我国高等学历继续教育招生总规模为 802.2 万人。由于我国人口基数大的国情和人们追求学习的意愿不会根本改变，未来高等继续教育仍能保持一定办学规模，但不同地区不同专业招生规模差异大，追求合理的办学规模有利于高校进行教学改革，加强教育治理，提升人才培养质量。

（三）学科专业学院

二级学院在高等学历继续教育办学中，往往肩负着教学的重要职责，是师资的主要来源。但从如今我国高等学历继续教育的实践来看，还存在着一些问题：一是学科专业学院的教师往往承担着繁重的全日制教学、科研等任务，能够花在学历继续教育上的精力严重不足。二是在学科专业学院内，继续教育工作属于边缘业务，通常不被重视，甚至只是作为创收的一个途径。三是不少教师对继续教育存在偏见，授课积极性不高，态度不认真，处于得过且过的状态。四是学科专业学院的老师通常缺乏对学历继续教育政策、人才培养规律的了解，在处理学历继续教育事物上，经常是照搬全日制做法，或者在全日制做法基础上简单"降格以求"。总体而言，在学科专业学院，高等学历继续教育还远未作为人才培养的核心工作之一进行部署和实施，且改革创新的意愿不强。

## 二、高校内部学历继续教育治理模式

高等学历继续教育是高校办学治校的重要组成部分，是"内在"组成，不是"附加"产物，高等学历继续教育应依托高校办学特色、专业建设、办学资源而存在，因此，高等学历继续教育治理体系建设，不能脱离高校自身办学体系建设，应该融入高校自身治理体系建设同规划、同建设、同落实。经过长期实践，我国高校的学历继续教育治理形成了两种模式，这两种模式各有优劣。

（一）一级办学模式

一级办学模式通常由高校继续教育学院作为学历继续教育办学的独立实体，自主完成所有招生、教学、学生管理、毕业管理等工作。人才培养过程中所需要的师资均有办学单位直接进行聘任（可以是正式聘用，或兼职聘用）并给付报酬。这种模式下的办学单位有极大的办学自主权，能够有力地推动教学模式改革、资源建设等，但由于历史原因，一级办学经常会集办学、管理权于一体。实践中，一些采用一级办学的高校还会在继续教育学院成立专门的"继续教育教学指导委员会"或"继续教育学位授予委员会"，成员通常包含了继续教育办学学院和开设专业相关学科的领导或学术带头人。

也需看到，在一级办学模式中，作为办学单位的继续教育学院在职能上相当于一所举办成人高等教育的"大学"，可以自主开设校内全日制教育的所有专业，可以自主确定人才培养模式和规格标准。因此，有利于推进整体技术路线、人才培养模式的改革发展，但在具体学科建设、专业建设方面往往难以获得长足发展，或者说缺乏相应动力或支撑。有时候在用人方面，也会面临学科专业学院的"不理解""不支持""不配合"，甚至产生"抵制"。

（二）二级办学模式

在该模式中，高校继续教育办学部门（如继续教育学院）通常作为继续教育的归口管理或业务指导部门，各学科专业学院作为相应专业高等学历继续教育的具体办学部门。各学科专业学院设置"继续教育办"来对接完成相关业务，并指定分管继续教育的学院领导。该模式有利于发挥专业学院的学科专业优势、师资优势以及已有办学条件（如实验实训条件）等，甚至可以快速地统筹全日制教育和非全日制教育（继续教育）协调发展。

但是在该模式中，由于继续教育办学部门（如继续教育学院）仅是一个管理、服务机构，具体人才培养放在学科专业学院，因此学院具有较强的决策话语权，继续教育办学部门（如继续教育学院）容易成为管理机构，而丧失办学的主动性。在办学过程中，学科专业学院事务处理的效率较低，甚至可能因为单位之间利益分配问题而引发矛盾。另外，由于在学科专业学院，继续教育不是单位和老师们的主责主业，因此普遍存在重视程度不够的情况。

无论是哪种模式，高校层面都需要重视和发展学历继续教育，才能保障这块业务的健康、可持续发展。具体来说，一是加强高校党委对高等学历继续教育的领导，摈弃高校全日制教育与高等学历继续教育的区别定位，坚持高等学历继续教育立德树人根本任务的初心使命。高校党委要将高等学历继续教育纳入党管治党、办学治校中统筹谋划，加强对高等学历继续教育的领导。二是推行高等学历继续教育"管办分离"模式。高等学历继续教育实行"管办分离"，是规避办学风险的有效途径，也是提高办学质量的有效举措。三是将高等学历继续教育办学纳入高校基本办学条件中统筹规划。高等学历继续教育利用高校资源面向社会提供办学服务，将高等学历继续教育办学规模以合适的方法纳入高校基本办学条件中统筹规划，有利于高校科学规划高等学历继续教育的办学规模和专业布局。

## 第四节　技术赋能高校学历继续教育治理

"加快数字社会建设步伐"是我国"十四五"规划和 2035 年远景目标纲要的重要部署。习近平总书记强调"要乘势而上，加快数字经济、数字社会、数字政府建设，推动各领域数字化优化升级"。作为教育数字化战略行动计划的有机组成部分，普通高校学历继续教育的数字化是继续教育在步入新时代之后，把握新发展阶段、贯彻新发展理念、构建新发展格局、实现系统转型升级的必然之举；是高等学历继续教育坚持立德树人、育人为本，抓住技术发展重大历史变革机遇，实现技术赋能继续教育高质量发展，解决当前普遍存在的优质教育不平衡、不充分问题，推动实现深层次教育公平的必然选择。

随着 5G、大数据、区块链、虚拟现实和人工智能等新一代技术的迅猛发展，高校继续教育治理水平进一步提高。进一步发挥新技术在高校继续教育决策支持、教育育人、教育评价等方面的作用，提升高校继续教育管理数字化、网络化、智能化水平，推动高校继续教育决策由经验驱动向数据驱动转变、高校继续教育管理由单向管理向协同治理转变、高校继续教育服务由被动响应向主动服务转变，是新形势下高校学历继续教育治理的重要变革。

### 一、技术赋能，推进高校学历继续教育决策科学化

没有调研就没有发言权。调查研究是决策科学化的基础，充分、及时、准确的信息是教育科学决策的前提。利用信息技术，特别是大数据技术，能够改变传统决策难以克服的信息不全、依据不准的顽疾，减少"拍脑袋""拍胸脯"现象的发生。

传统模式下，高校数据的信息来源对外部信息网络依赖程度较高，不仅数据分析应用流程繁琐，且不利于高校信息化教育管理长效化开展，影响高校进行科学决策。当前，各大高校的智慧校园、数字校园建设发展到一定水平，广东各高校也看到了大数据时代的便捷性，纷纷建立完善校内独立大数据应用平台，将教务管理、图书系统管理、财务管理、学生工作管理、人事管理、党团组织管理等引入大数据管理系统。与互联网数据信息相比，高校局域网络信息数据内容真实准确性更高，为教育教学资源的

管理和评价提供了依据；易于调整，使高校信息化教育管理布局充分满足本校教育管理需求；解决了高校信息化教育管理数据资源应用不足的问题，提升了高校信息化教育管理综合效率和管理效能，高校教育信息化管理工作质量进一步提高。同时，高校利用大数据模型，提前"预演""推演"，对比不同方案优劣，使决策方案"场景化、模拟化"等。

当前高校学历继续教育，特别是网络高等学历教育已经具有很强的数据基础，网络平台累计了大量的招生数据、教学行为数据等，教育主客体在教学过程中的行为、情态已经可以实现数据刻画。利用大数据模型，在输入决策变量后，可以提前推演，对比不同方案的优劣，从而得出最佳方案。这些手段都有助于真实、完整的教育数据的获取，推进教育治理，推进高校学历继续教育决策科学化。

### 二、技术赋能，推进高校学历继续教育管理精细化

"立德树人、培养合格的社会主义建设者和接班人"是高等教育的首要目标，也是高校学历继续教育的首要目标，是高校学历继续教育治理现代化的终极目标。随着学历继续教育的信息化服务载体的不断更新，技术手段成了学历继续教育服务信息化建设过程中重要的内生驱动力。利用新技术有助于加强教学互动和个性化精准推送，更好满足学习者个性化、多样化的学习需求。如增强现实（AR）、虚拟现实（VR）等技术可以很好解决远程教学中实验实习、情境障碍等问题，改善学习者学习体验，激发学习者学习兴趣和学习动力；大数据、人工智能、学习分析等技术可以及时、准确、连续地反映在线教与学的真实状态和效果，精准判断学习者的学习情况，从而为向教师和学习者提供个性化的精准服务。

在日益复杂的社会环境下，针对成人继续教育人群起始水平不一样等特点，如果采用传统方法，高校学历继续教育管理者和教师很难做到精准"识才"、动态"知才"，自然难以做到"因材、因时"施教。而现代高校学历继续教育治理可以利用技术手段，在保护隐私前提下，依法依规挖掘学生的学习行为、学业大数据，可以赋能高校学历继续教育管理者和教师，精准掌握不同专业、不同行业、不同类型学生，甚至每个学生的学习习惯、状态、思想动态，精准发现每个学生的特点、特长、可提升空间、问题点和问题根源，既有助于宏观上制定统一的有针对性的教育方案，又能助力微观上的"一人一策"，精细管理，精准教学，精确引导，化解困

境，助力出彩，切实实现"育人成才，一个都不能少"的立项目标。

利用大数据助力精准育人的成功案例已有很多，例如北京语言大学基于"在线教育大数据分析平台"，构建宏观学习行为分析和质量监控体系，基本实现了数据分析与数据利用，实现支持服务从粗放式向精准性、个性化模式发展。北京外国语大学的"教师智能素养平台"，采用大数据与数据挖掘技术，设计学习监测、诊断与预警信息系统，实时掌握学情状态，定期开展精准辅学、助学与督学。这些案例证明，利用大数据的确可以实现对学生成长过程的精确掌握，有助于教育者精细管理、精准教学、精心育人。

### 三、技术赋能，推进高校继续教育评价精准化

树立科学的教育评价导向，克服"五唯"（唯分数、唯升学、唯文凭、唯论文、唯帽子），解决教育评价"指挥棒"问题，是高等教育质量现代化的关键点和难点。

利用新技术，借助信息化教学、智慧平台，采集教学全过程数据，挖掘教学效果影响因子，结合不同课程的教学特点，研究并开发以学生"获得感"为导向的教学效果评价测评体系，将较好地解决教学效果评价难的问题；针对高校学历继续教育成人学生的特点，新技术可以建立多维度立体化的评价标准和评价体系；利用文本挖掘技术、知识图谱分析技术等新技术手段，分析成果创新程度；通过第二代互联网技术和社交软件，借助学历继续教育网络平台形成的"社区"帮助学生之间进行大规模意见交互，建立相关评分系统和打分系统，通过自评、互评、教师评等方式和手段，使评价更多元化。在此基础上，可以利用高等教育大数据信息系统，分析不同学科、专业的教学、科研数据特征，整合开发适合于不同学科不同教师类型的教学科研综合评价系统，从而实现对高等继续教育的精确评价。

# 第六章　微观治理：专业建设确保育人质量

在微观层面，高等学历继续教育的治理主要体现在专业建设上，其目标是为国家和区域社会提供与经济发展相适配的人才和科技服务。高校学历继续教育应不断调整与产业密切联系的专业设置，培养适应经济发展需要的专门人才。

专业建设和专业治理的核心是人才培养，集中体现在具体专业的人才培养方案。2022 年，教育部发布的《普通高等学校学历继续教育人才培养方案编制工作指南》为高校学历继续教育专业治理提供了重要依据。

## 第一节　高校学历继续教育人才培养方案分析

人才培养方案是学校组织实施人才培养的主要依据，是保证人才培养质量的基本文件。我国开办高等学历继续教育的高校均制定了各自的人才培养方案，但对人才培养方案的评价不能仅从"有无"来判断。为了解我国高校学历继续教育人才培养方案的详细情况，本研究选取某工科专业106 份人才培养方案进行研究分析，通过高校网站查找、实地调查等多种方式获得人才培养方案样本，尽可能地保证样本在不同区域和学校层次的均衡分布。

### 一、样本总体情况

按照地理区域、学校类型分类，本研究的人才培养方案样本情况如表6–1 所示。样本来源的学校类型与我国学校类型总体分布比例大致一致，以地方院校数量居多。地方院校样本数量约占样本总数的55%，其次是部属高校样本数量约占样本总数的35%，还有专门开展成人高等学历教育的独立设置成人高校和开放大学，共约占样本总数的10%。

表6-1　人才培养方案来源情况

单位：份

| | 华北地区 | 华东地区 | 华中地区 | 华南地区 | 西南地区 | 西北地区 | 东北地区 | 总计 |
|---|---|---|---|---|---|---|---|---|
| 部属高校 | 8 | 8 | 6 | 1 | 4 | 5 | 5 | 37 |
| 地方院校 | 8 | 8 | 8 | 10 | 8 | 8 | 8 | 58 |
| 独立设置成人高校 | 0 | 4 | 0 | 0 | 1 | 1 | 2 | 8 |
| 开放大学 | 1 | 0 | 0 | 1 | 1 | 0 | 0 | 3 |
| 总计 | 17 | 20 | 14 | 12 | 14 | 14 | 15 | 106 |

本章从人才培养方案的培养目标、课程设置、质量保障三个方面展开分析，结合方案制定依据和理论基础，分析人才培养方案现状，发现其共性和个性、异同和关联，为发现并解决人才培养过程中遇到的问题提供现实依据。

**二、人才培养方案的构成要素**

一份人才培养方案应该包括哪些要素？研究者提出了不同的看法，经比较发现，教育目标、教育内容和质量评价都是不可或缺的部分。在人才培养方案中，教育目标即培养目标，培养目标可具体化为培养规格；教育内容即课程设置；质量评价则表现为有可靠的质量保障和评价机制。此外，对于专业基本信息的描述也是必不可少的。笔者认为，一份完整的人才培养方案，应该至少包括以下六个要素：培养目标、培养规格、学制学位、课程设置说明、教学计划表和质量保障。

以上六要素在106份人才培养方案中的包含情况如图6-1所示。各高校方案中的构成要素可能会有不同的名称，本研究统计时主要按照具体内容进行归类，如：有些培养方案将人才培养规格称为"具体要求"或"培养要求"，则此方案算作包含"培养规格"这一要素；而有些培养方案将"培养规格"的内容写为学制年限要求或说明毕业所获得的学历等，则此方案算作不包含"培养规格"要素。"课程设置说明"是指方案中有无对课程类型和比例的单独介绍，不包括教学计划表中具体的学分学时以及主要课程的罗列。

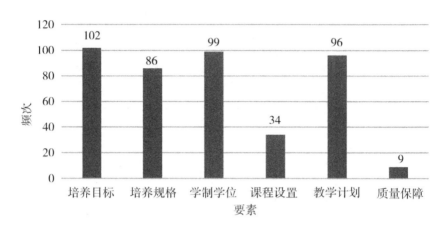

**图6-1 六项基本要素在106份人才培养方案中的组成情况**

由图6-1可以看出，各要素的完备情况存在差异，其中培养目标、培养规格、学制学位、教学计划表这四个要素包含率较高，均在80%以上。提到这四个要素的培养方案也达到73%，总体完整性较好。但六个要素均完整提及的方案仅有1份。普遍缺失的要素是"质量保障"，提及率不足10%，排除这一要素，方案中包括其他五个要素的有28份，占样本总量的26%。有些人才培养方案因已有教学计划表而省去对课程设置的说明，笔者认为二者侧重点不同故不能相互替代。样本中有26份方案要素欠缺严重，重要内容少于3项。其他方案还存在缺少具体的教学进程计划表、将培养方案与教学计划表画等号、方案全文仅罗列几门必修课程等情况，甚至有学校的培养方案全文只有简短的一段话。

根据学校办学定位，在培养过程中体现院校特色是相关文件和教学标准中所提倡的，研究培养方案文本发现，部分学校的培养方案能够做到有其自身特色，最直接的方式是有一部分专门阐述方案的特色，或是在课程设置中增加具有本校特色的课程等。有特色的培养方案有13份，占样本总数的12%。另外，学分要求、毕业条件、学习形式、就业面向等信息也是样本中出现较多的内容。

### 三、人才培养方案中的培养目标

人才培养目标是学校根据对自身发展情况的认知以及外界环境变化的

了解，确定内在能力水平与外在社会需求，在理性分析的基础上，结合自身使命与愿景而设计的一种有关学生成长的合理性且理想化的未来图景。[①] 人才培养目标既是人才培养的起点，也是人才培养的终点，解决"要培养什么样的人才"这一问题。根据"泰勒原理"的思想，教育活动最关键的一步即确定教育目标，因此，培养目标在人才培养方案中起着举足轻重的作用。

从宏观上看，人才培养目标是一个完整的、有层次的系统。首先是国家宏观的培养目标；其次在国家教育目标的基础上，学校根据自身情况有所侧重地设计本校的培养目标；最后是结合学科专业、社会人才需求和专业特点确定培养人才的具体目标。《普通高等学校本科专业类教学质量国家标准》提出了制定专业培养目标的要求：根据其发布的专业培养目标和自身办学定位，结合专业基础和学科特色，在对区域、行业特点和学生发展需求充分调研分析的基础上，培养国家和社会发展需要的多样化人才。[②]

106 份人才培养方案中，有 102 份包含培养目标，本研究将 102 个培养目标拆分，重点关注培养目标的构成和人才定位。总体来看，102 个培养目标的构成较一致，大致可分成三个部分：满足高等教育的总体需要；具备土木工程专业知识和能力；培养什么样的人才，即其人才定位。在这三部分中，前两者相对稳定一致，后者则会因学校的层次、特色优势不同而不同，本节对 102 个培养目标中所列出的人才定位进行分析，分析培养目标的共性和差异。

（一）高级工程技术专门人才的培养定位

关于高等教育应该培养何种人才的问题，《中华人民共和国高等教育法》第四条："高等教育必须贯彻国家的教育方针，为社会主义现代化建设服务、为人民服务，与生产劳动和社会实践相结合，使受教育者成为德、智、体、美等方面全面发展的社会主义建设者和接班人。"[③] 这与《中华人民共和国教育法》第五条基本契合，是我国高等教育培养人才的总体目标。《中华人民共和国高等教育法》第五条："高等教育的任务是

---

① 王严淞：《论我国一流大学本科人才培养目标》，载《中国高教研究》2016 年第 8 期，第 13 – 19、41 页。

② 参见教育部高等学校教学指导委员会《普通高等学校本科专业类教学质量国家标准》，北京高等教育出版社 2018 年版。

③ 《中华人民共和国高等教育法》，《人民日报》2016 年 3 月 30 日，第 16 版。

培养具有社会责任感、创新精神和实践能力的高级专门人才，发展科学技术文化，促进社会主义现代化建设。"[①] 这对高等教育人才培养定位提出了要求，重点培养"高级专门人才"。样本专业指导委员会提出的培养目标是："培养适应社会主义现代化建设的需要，德智体全面发展，掌握土木工程学科的基本理论和基本知识，获得工程师基本训练并具有创新精神的高级专门人才。"[②] "卓越工程师教育培养计划"中工程人才的主要培养目标为："面向工业界、面向世界、面向未来，培养造就一大批创新能力强、适应经济社会发展需要的高质量各类型工程技术人才，为建设创新型国家、实现工业化和现代化奠定坚实的人力资源优势，增强我国的核心竞争力和综合国力。"[③]

将 102 份培养目标中的关键词进行筛选归类，出现频次较多的词语可分为四类：①"高级"类，包括"高级""高等""高素质""高层次"等；②"技术"类，包括"工程技术""技术技能""职业技术"等；③"应用"类，包括"应用""实用"等；④"专门"类，包括"专门""专业"等。"高级"类词语被使用最多，约占 72%，各类关键词频次如图 6-2。其他如"创新""管理""复合"等词在 102 份培养目标中也有少量出现，但都不足 5%。

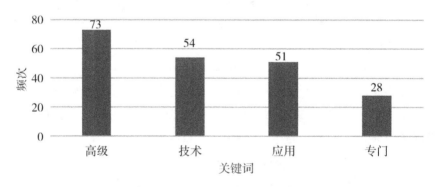

图 6-2　人才培养定位关键词

① 《中华人民共和国高等教育法》，《人民日报》2016 年 3 月 30 日，第 16 版。

② 参见高等学校土木工程专业指导委员会《高等学校土木工程专业本科教育培养目标和培养方案及课程教学大纲》，中国建筑工业出版社 2002 年版。

③ 中华人民共和国教育部：《卓越工程师教育培养计划》，见百度百科（http://www.gov.cn/xinwen/2016-12/03/content_5142506.htm），访问日期：2023 年 9 月 3 日。

为深入了解人才培养定位与学校类型是否相关，本文将有培养目标的91所普通高校进行分类，归纳各类别学校培养目标的特征。学校类型一般分为综合类、理工类、财经类、师范类、语言类、政法类、民族类、农林类、医药类、艺术类、体育类和军事类。样本包括的学校的类型涉及：综合类、理工类、农林类、师范类，样本所在的学校类型如表6-2所示，理工类高校样本量占普通高校样本总量的53%，其次是综合类高校，占普通高校样本总量的32%，农林类、师范类高校相对较少。开放大学和独立设置的成人高校也分别作为一类进行分析。本节分析102所高校及其培养方案，包括91所普通高校、8所独立设置成人高校和3所开放大学。

表6-2 具备培养目标的91所普通高校的类型分布

单位：所

|  | 综合类 | 理工类 | 农林类 | 师范类 | 总计 |
|---|---|---|---|---|---|
| 部属高校 | 11 | 19 | 5 | 0 | 35 |
| 地方院校 | 18 | 29 | 4 | 5 | 56 |
| 总计 | 29 | 48 | 9 | 5 | 91 |

48所理工类高校的培养目标中，对人才定位的表述各异，共出现28种表述方式。将含义相近的说法进行归类后，73%的人才定位集中在五种组合。其中，人才定位强调"高"和"技术"的最多，有11个；其次是强调"高"和"应用"，有10个；有6个人才定位同时强调"高""技术"和"应用"；强调"高"和"应用"的同时又加入"专门"的有4个；省略"高级"，强调"技术"和"应用"的有4个；其余27%多是在前文述及的四个关键词的基础上加上"复合""创新"等概念，丰富了人才定位的内涵。48所理工类高校的培养目标中，对本专业可胜任工作的描述涉及7种：政府和规划设计部门的设计规划人员；工矿、道路、桥梁、地下建筑等工程施工单位的技术管理人员；房地产投资、开发的设计和管理人员；房地产经营销售人员；土木工程领域教育科研人员；工程监理人员；工程咨询人员。其中，多数会罗列两种以上，前三种出现的频次最多。本文梳理了可胜任工作的关键词出现的频次，如图6-3所示。其中最主要的三个关键词是管理、施工和设计，这也体现出理工科学校人才培养目标更加注重实际应用，有2所高校的培养目标还特别强调本专业人

才要面向土木工程生产的第一线。

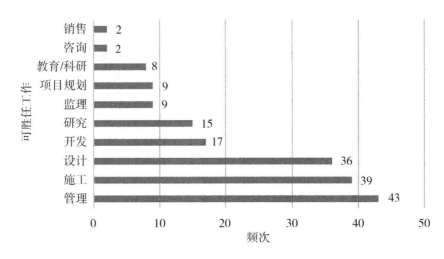

图6-3　48所理工类高校培养目标中可胜任工作的关键词

　　29所综合类高校培养目标的人才定位主要有三种组合方式。其中，9个强调"高"和"技术"；其次是"高""技术"和"应用"三者组合，这与理工类院校的人才定位的情况类似。有一所高校的人才定位较特别——"高素质精英人才"，对"精英"的理解不同，则会对这一人才定位的评价不同。精英教育在高等教育大众化阶段的背景下有其独特的内涵：精英并不是专指研究型大学培养的学术型人才，而是指各高校为社会培育出的政治、经济、管理、学术等各方面的英才。[①] 因此，可以认为高等学历继续教育培养"精英人才"这一定位虽新奇，但是在教育大众化的背景下也是可取的。29所综合类高校的培养目标中，对本专业可胜任工作的描述涉及6种工作类型，与理工类高校提到的7种工作相比缺少了房地产经营销售人员和工程咨询人员，多了造价编制人员。综合类高校的培养目标特点是叙述全面，对工作可能涉及的相关领域——罗列，如"从事土木工程的项目规划、设计、研究发展、施工及管理的能力，能在房屋建筑、岩土工程的设计、研究、施工、教育、管理、投资、开发部门从事技术或管理工作"；或是"在建筑工程、城市建设、市政工程、地铁工程、

　　① 吴向明、陈煜：《大众化背景下大学精英人才培养规格研究》，载《中国高教研究》2008年第2期，第20-21页。

地基工程、交通工程、环境工程等各类土木工程工作中从事规划、设计、施工、监理及管理工作"。这种叙述特点使得相关关键词出现的频次差距较小，如图6-4所示。

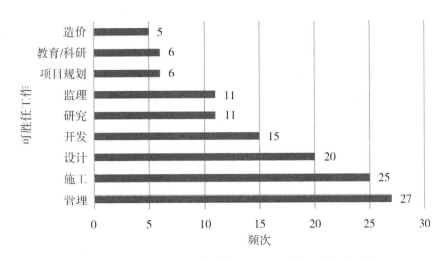

图6-4　29所综合类高校培养目标中可胜任工作的关键词

样本里农林类高校仅9所数量较少，人才定位体现出的差异相对较小。与理工类和综合类学校相同，多数人才定位仍强调"高""技术"和"应用"，占9所学校的三分之二，还有2所学校都提出要培养"复合型"的人才。9所农林类高校的培养目标中，对本专业可胜任工作的描述涉及工矿、道路、桥梁、地下建筑等工程施工单位的技术管理人员，房地产投资、开发的设计和管理人员，工程咨询人员。有2所高校加入了农林就业方向的特点，提出可从事"生态建筑结构、防灾减灾及防护工程设计"的工作。

5所师范类高校的人才定位十分一致，都强调培养"应用型"人才。涉及可胜任的工作只有工矿、道路、桥梁、地下建筑等工程施工单位的技术管理人员。有1所学校提出要培养在土木工程领域从事全过程工程管理的"双创型"人才；还有1所学校的培养目标中强调人才要扎根基层。但是在5个培养目标的叙述中，没有发现具备师范类高校特色的培养目标。

独立设置成人高校和开放大学的性质职责与普通高校有所不同。独立设置成人高校以成人高等教育为本职，专业的应用性很强；开放大学则是以现代信息技术为支撑，学历教育与非学历教育并举，实施远程开放教育的新型高等学校。在 8 所独立设置成人高校和 3 所开放大学的人才定位中，有 6 所都强调了培养"应用型"人才，强调"专门"的人才定位也有 5 所。由此可见，实际应用能力和专业对口程度是独立设置成人高校和开放大学最重视的。关于可胜任工作的描述，11 所学校共涉及 4 类工作：工矿、道路、桥梁、地下建筑等工程施工单位的技术管理人员；教育科研人员；工程监理人员；造价编制人员。有 3 所学校提出要面向建设行业生产、建设、管理第一线；2 所开放大学的培养目标中还提到了要有"国际视野，能面向未来"，这与开放大学培养人才的特点相契合。

（二）培养目标的异同

通过分析普通高校、独立设置成人高校和开放大学共六类学校的培养目标，发现其共同点有：

1. 培养目标的构成十分类似，都用简要语言提出了适应社会、思想政治素养、专业知识和能力、工作领域和内容的要求以及本专业具体的人才定位。

2. 根据我国高等教育的要求和专业特点，102 所高校都将"高"和"技术"作为培养人才最重要的定位目标。"应用型"和"专门"人才也是人才定位中的两个主要特征。

3. 各类型学校人才培养涉及的 8 种可胜任工作，最主要的是工矿、道路、桥梁、地下建筑等工程施工单位的技术管理人员；其次是政府部门和规划设计部门的设计规划人员，房地产投资、开发的设计和管理人员和教育科研人员；工程咨询人员和造价编制人员则提及最少。

各类型人才培养方案的不同点有：

1. 各类型学校的人才培养可体现出该类型的特点，比如理工类院校注重技术的实际应用；农林类院校能够在农业生产和生态保护方面提出人才培养的要求；独立设置成人高校以成人的职业能力提升为重点，培养目标强调专门性。师范类院校的培养目标特点不明显。

2. 学校人才定位不同，培养人才的侧重点就不同，对具体能力的要求有差异。

3. 可胜任的工作类型的多样性不同，涉及种类最多的是理工类院校，而师范类院校涉及种类最少。这也受到各类型院校的样本量的影响。

综合以上分析，各类型高校的培养目标存在异同。但是由于多数学校的培养目标陷入盲目追求全面的问题中，总的来说学校培养目标的特点和差异体现并不明显。

### 四、人才培养方案的质量保障

质量保障在人才培养的全过程都发挥着重要作用，质量保障体系的建设是实现培养目标的保证，是改进教学过程的依据。《普通高等学校本科专业类教学质量国家标准》对师资队伍、教学条件都有要求，对包括教学过程质量监控机制、毕业生跟踪反馈机制和专业的持续改进机制在内的相关保障提出了建议。但在实际中人才培养方案的质量保障体系却是最容易被忽视的一个要素。106 份人才培养方案仅有 9 份具备这一要素，且有 8 份属于东北地区高校的培养方案，其具体内容主要包含教学团队、教学条件和机制制度保障三个方面。具体内容如图 6-5 所示。

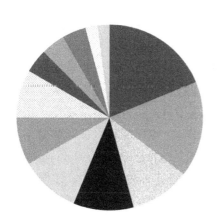

图例：
- 师资队伍结构
- 教学及管理规章制度
- 教学硬件设施
- 校内外实践基地
- 专业生师比
- 专业建设体系
- 教学质量考核与评价制度
- 教学监督制度
- 经费保障
- 网络平台与资源
- 学院组织机构
- 教学软件资源

**图 6-5　具体保障内容被提及情况**

被提及最多的是师资队伍结构、教学及管理规章制度，可见教师的配备水平和保障教学活动开展的规章制度在人才培养过程中备受重视，但是一些鲜少提的保障措施，如教学评价监督制度、经费保障等也同样为人才培养质量的提升提供重要保障。

## 第二节　高校学历继续教育人才培养模式分析

教育部鼓励高校创新人才培养模式，并强调高校要按照成人认知规律、职业发展需要、学科专业特点创新教育教学模式，充分发挥信息技术优势，结合实际开展线上教学与面授教学、自主学习与协作学习等相结合的混合式教学；根据不同专业要求和学生特点，合理确定线上线下学时比例，线下面授教学（含实践教学环节）原则上不少于人才培养方案规定总学时的20%；鼓励通过参与式、讨论式、案例式、项目式教学等提高学生学习积极性和参与度，注重学习体验。

### 一、课程设置

课程设置是依据一定的培养目标选择课程内容，确定学习门类和教学时数，编排学年及学期顺序，形成合理课程体系的总体规划。[①] 泰勒提出的课程开发的四个过程，其中"选择学习经验"和"组织学习经验"是与课程设置最相关的部分。据此，也可以理解为，课程设置就是为达到教育目标而对课程进行的选择和整合。课程设置是培养方案中最直接、最经常与教学联系在一起的核心要素，它是否合理，将对教学质量产生极为重要的影响。课程设置一般由专业主干学科、主要课程、课程学时、课程结构和相对比例、课程性质、实践教学环节等部分构成。

教育部发布的《关于普通高等学校修订本科专业教学计划的原则意见》中指出，要制订整体优化的本科专业教学计划，首先要处理好专科、本科教育之间的关系，进一步明确各层次间知识的衔接；改变课程内容陈旧、分割过细和简单拼凑的状况，避免脱节和不必要的重复。[②] 高等学历继续教育要充分考虑成人学习的特点，注重课程设置的科学性，教学内容的实用性、前沿性和教学方式的现代化等。

本节选取了能够体现出方案课程设置特点的学时安排、课程结构及相对比例、实践教学环节和选修课比例四个方面，分析人才培养方案课程设

---

① 参见袁振国主编《当代教育学》，教育科学出版社1998年版。

② 中华人民共和国教育部：《关于深化教学改革，培养适应21世纪需要的高质量人才的意见》，见中华人民共和国教育部（http://www.moe.gov.cn/srcsite/A08/s7056/199804/t19980410_162625.html），访问日期：2023年9月3日。

置的现实情况。106 份人才培养方案课程设置的内容和描述方式有很大的差异，大部分学校仅罗列主要课程，没有学时和课程结构的说明。本书的数据大部分来自各样本的教学计划表，对总学时和各类课程学时进行反复确认得到。106 份人才培养方案中，8 份没有关于学时或者学分的任何说明，其余 98 份培养方案对课程设置的表达存在使用学时，或使用学分，或二者均使用的情况。85 份培养方案使用学时，63 份培养方案使用学分，其中包括 50 份学分、学时均使用的培养方案，可见仅使用学分的方案较少。为使分析结果更具代表性，本研究对使用学时的培养方案进行统计分析，故本节涉及学时的分析，数据来源于 85 份使用学时的人才培养方案。

（一）课程总学时

教育部发布的《普通高等学校学历继续教育人才培养方案编制工作指南》明确"高起专、专升本总学时数原则上不低于 1600 学时；高起本总学时数不低于 3000 学时。实行学分制的，一般以 16—18 学时计为 1 个学分"。在该规定出台前，各学校自由设置学时，存在很大差异。我们研究的 85 份培养方案的课程总学时分布如图 6 - 6 所示。

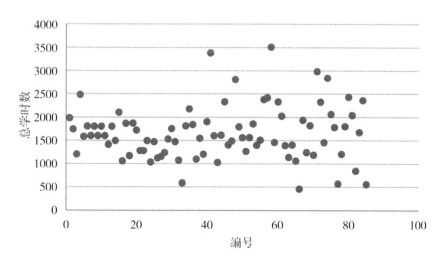

**图 6 - 6　85 份培养方案课程的总学时分布**

106 份人才培养方案的课程总学时数最高为 3504 学时，最低为 456 学时，极差大。从图 6 - 6 可以看出，总学时数的设置分布十分分散，平均总学时为 1658。将总学时数分为"≤1000、1001—1500、1501—2000、

2001—2500、2501—3000、>3000"的六段，各段中总学时分布的频次如图6-7所示。

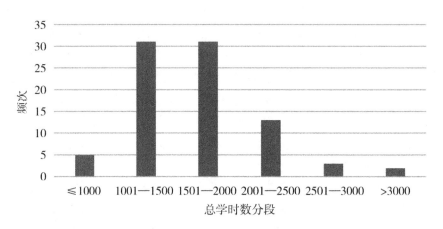

**图6-7 总学时分布各段频次**

课程设置的总学时较为集中在"1001—1500"和"1501—2000"这两段范围内，共占73%。这一境况在2023年后有了较大改变。但总体来说，在总学时的把握方面，高校专业建设还需要不断进行完善。

（二）以专业课为主的课程结构

《普通高等学校学历继续教育人才培养方案编制工作指南》提出高等学历继续教育的课程设置一般分为公共基础课、专业课、职业能力拓展课，高校也可根据实际情况自行确定课程分类。一是公共基础课。按照国家有关规定开足开齐思想政治理论课、心理健康课等；参照现行《普通高等学校本科专业类教学质量国家标准》《高等职业学校专业教学标准》相关规定开设其他公共基础课。加强公共基础课与专业课的衔接。二是专业课。参照现行《普通高等学校本科专业类教学质量国家标准》《高等职业学校专业教学标准》相关规定开设专业课，并根据学校专业特色和生源特点，合理安排课程结构和内容，落实实验实训、毕业论文（设计）以及实验实习等环节要求。三是职业能力拓展课。学校可根据实际情况，结合学生的职业发展需求，选择开设部分职业素养或职业能力提升类课程。

1. 课程结构对比

106份人才培养方案中，有15份没有课程结构的说明，本文将明确了课程结构的91份培养方案进行归纳统计，共产生了18种课程结构，根据其课程结构中包含的具体课程情况，这18种课程结构可划分为五种类型，各类型的名称和学校数量如表6-3所示。

表6-3 91份培养方案课程设置结构统计

| 课程类别<br>（学校数量） | 课程结构 | 学校数量<br>（所） |
|---|---|---|
| 第一类：<br>公共基础课＋<br>专业课＋各类<br>选修课＋实践<br>（48所） | 公共基础课、专业基础课、专业课、选修课、实践 | 28 |
| | 公共课、专业课、选修课、实践 | 10 |
| | 公共基础课、专业基础课、公共选修课、专业选修课、实践 | 5 |
| | 公共基础课、学科共同课、专业课、专题选修课、选修课、实践 | 1 |
| | 公共基础课、专业基础课、专业核心课、职业拓展选修课、通识选修课、实践 | 1 |
| | 公共基础课、专业桥梁课、专业框架课、素质教育选修课、实践 | 1 |
| | 公共必修课、专业必修课、公共选修课、专业方向必修课、专业选修课、实践 | 1 |
| | 通识课、公共基础课、专业基础课、专业课、选修课、实践 | 1 |
| 第二类：<br>公共基础课＋<br>专业课＋实践<br>（33所） | 公共课、专业基础课、专业课、实践 | 22 |
| | 公共基础课、专业课、实践 | 9 |
| | 公共课、素质课、专业基础课、专业课、实践 | 1 |
| | 公共课、讲座、专业课、实践 | 1 |
| 第三类：<br>必修课＋选修<br>课＋实践（6<br>所） | 必修课、选修课、实践 | 5 |
| | 必修课、选修课、通识教育选修课、实践 | 1 |

（续表）

| 课程类别<br>（学校数量） | 课程结构 | 学校数量<br>（所） |
|---|---|---|
| 第四类：<br>公共基础课＋<br>专业课＋选修<br>课＋特色课＋<br>实践（2所） | 公共课、专业课、学习拓展选修课、职业需求选修课、<br>创新创业课、实践 | 1 |
| | 公共课、专业课、专业选修课、创新创业模块、实践 | 1 |
| 第五类：<br>公共基础课＋<br>专业课＋各种<br>选修课＋实<br>践＋补修课（2<br>所） | 公共基础课、专业基础课、专业课选修一、专业课选修<br>二、通识选修课、拓展选修课、实践、补修课 | 1 |
| | 公共基础课、专业基础课、专业核心课、职业拓展选修<br>课、通识选修课、创新创业选修课、实践、补修课 | 1 |
| 总计 | 五大类，共18种课程结构 | 91 |

　　第一类课程结构使用得最多，占 91 份培养方案的 53%，课程由公共基础课、专业课、各类选修课和实践四部分组成，结构相对完整，既包括必修课又提供了选修课。这一类别中，由公共基础课、专业基础课、专业课、选修课、实践构成的课程结构是最多的，占该类别的 58%，占总的 91 份培养方案的 31%；有些培养方案将公共课又细分为公共基础课和公共选修课；有些培养方案将选修课进行了分类细化，除常见的专业选修课以外，还有职业拓展选修课、通识选修课、素质教育选修课等。第二类课程由公共基础课、专业课和实践组成的课程结构，虽然也包含了基本的课程类型，但从课程性质层面看只有必修课，没有选修课，使用该课程结构的培养方案占 91 份培养方案的 36%。在这类课程结构中，有 2 份培养方案分别出现了比较新颖的公共必修素质课和讲座。第三类课程划分最简略，使用这类课程结构的培养方案共有 6 份，仅从课程性质方面区分为必修课、选修课和实践，无从得知各课程属于公共课还是专业课。第四类包括 2 种较有特色的课程结构，是在第一类课程的基础上增加了本校的特色的模块，比如学习拓展选修课、职业需求选修课、创新创业课等，丰富了课程结构。第五类课程结构是在第一类课程的基础上，增加了本学科所需

的补修课，弥补可能欠缺的知识，有利于专科内容和本科内容更好地衔接。

2. 课程结构的相对比例

不同学校课程中公共基础课、专业课和实践所占总学时的比例不同。据前文统计，有85份培养方案明确了课程的总学时，其中10份并未说明课程结构中每一类别的学时，即有75份培养方案明确了每门课程的学时。本书对这75份培养方案课程结构的相对比例进行分析。由于培养方案的内容和形式多种多样，课程划分也比较混乱，本书按照公共基础课、专业基础课、专业课和实践的设置分析课程结构，其中，公共基础课包括自然科学类课程、人文社会科学类课程和其他公共课程；专业基础课是为专业课学习打基础的课程，包括力学、工程学等主干学科的相关课程以及从事领域工作所应具备的专业基础理论课程；专业课程范围较宽，涉及培育本学科专业技能的各种课程，本节将培养方案中的专业基础课以外的专业必修课归为此类；实践包括毕业论文（设计）、实习、课程设计、社会实践和创新训练等。75份培养方案中，各类别课程的学时数及其在本校培养方案全部课程中的相对比例的最高值、最低值和平均值如表6-4所示。其中，19份培养方案未区分专业基础课和专业课，因此专业相关的课程均归为"专业课"类，故"专业基础课"分析的数据来源于56份培养方案；17份培养方案将毕业论文等实践内容单列且未注明学时，故"实践"分析的数据来源于58份培养方案。

表6-4 四类课程的学时数最高值、最低值、平均值及标准差

| | 公共基础课 | | 专业基础课 | | 专业课 | | 实践 | |
|---|---|---|---|---|---|---|---|---|
| | 学时数 | 相对比例（％） | 学时数 | 相对比例（％） | 学时数 | 相对比例（％） | 学时数 | 相对比例（％） |
| 最高 | 1012 | 44 | 2112 | 60 | 1680 | 87 | 765 | 40 |
| 最低 | 66 | 8 | 124 | 22 | 150 | 11 | 18 | 1 |
| 平均 | 374 | 23 | 503 | 29 | 595 | 37 | 260 | 16 |
| 标准差 | 169.82 | 7 | 317.07 | 10 | 324.32 | 17 | 167.65 | 9 |

注：表中的平均值和标准差是由75份培养方案的数据计算得出，而非最高值和最低值的平均值和标准差。

从课程学时来看，大部分学校的专业课学时最多，在总学时中平均占比最大，但专业课学时设置的差异也是最大的；专业基础课的学时数次于专业课，平均为 503 学时，占总学时的 29%，可见各学校专业课总体受重视程度都非常高；公共基础课和实践的学时数相对较少，在培养方案中学时数和比例的差异也都相对较小。为更加明确地了解各类别课程学时集中的区间，本文梳理了课程学时相对比例的区间，如图 6-8 所示，每条折线代表一种课程类型，横坐标是间距为 10 的百分比区间，纵坐标是在此区间内的培养方案频次。

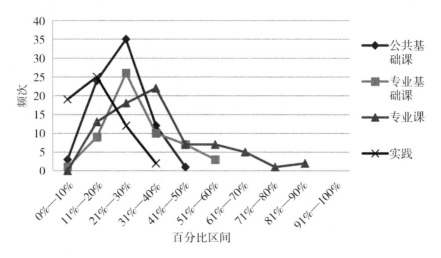

图 6-8　课程结构的相对比例分布区间

公共基础课学时相对比例在"21%—30%"区间内最多，在"11%—20%"区间的相对较多；专业基础课学时相对比例主要集中在"21%—30%"区间；专业课学时相对比例较分散，"31%—40%"区间内最多，"11%—20%"和"21%—30%"两个区间频次也均达到 10 以上；实践课程的相对比例大部分少于 20%。

为探索不同类型的院校课程结构的学时分配情况，本研究将各类别院校的课程结构相对比例进行比较，五类学校各课程结构相对比例的平均值和总平均值如图 6-9 所示。由于师范类院校和开放大学的培养方案样本量均不足 3 个，单独列出不具有代表性，本书将开放大学和独立设置成人高校的样本合并，师范类院校暂时不做分析。

总体来看，各类型院校的专业课在课程结构中都是占比最大的，其次是专业基础课，比例差异最大的是实践课。从某一类高校自身的各类型课程学时的相对比例差异来看，农林类高校内部差异最大，理工类高校内部差异最小。从某一课程类型在各类高校的学时比例来看，公共基础课的相对比例在三类普通高校之间相差无几，在独立设置成人高校和开放大学的比例明显较低；专业基础课在综合类高校的比例明显高于总平均值，在理工类和农林类高校的比例与平均值相当，独立设置成人高校和开放大学比例则低于平均值较多；专业课相对比例在各类院校中差异较小，在理工类高校的平均比例略低；实践课程相对比例在各类院校的差异最大，理工类高校与独立设置成人高校和开放大学的实践课程占比较高，这与此三类高校重点培养应用型人才的目标契合，实践课程设置情况后文将专门进行分析。

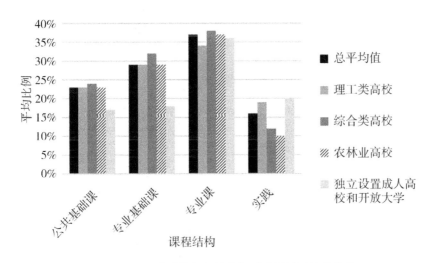

图6-9　五类院校课程结构相对比例的平均值比较

（三）多种形式并存的实践教学环节

在培养目标中，应用性和实践能力反复被强调，换言之，想要达到学以致用的培养目标，需要在课程中安排相应的实践和训练。毕业设计是每所学校教学的必备项，除此之外，在给专业课程安排实践课时，应将实践成为教学中的一个环节，更好地促进学习。在106份培养方案中，除毕业设计外，另安排了课程设计、实习和其他教学实践环节的有68份，占样本总量的64%。为测量实践在课程结构相对比例的高低是否与高校类别有关，本书将标明实践学时的 58 份培养方案作为数据来源，进行单因素方差分析，其中，来自理工类高校 23 份，综合类高校 18 份，农林类高校 8 份，师范类高校 2 份，独立设置成人高校 6 份，开放大学 1 份，开放大学与独立设置成人高校并为一类。检验得出，高校类别和实践的相对比例存在显著相关关系。

教育部的文件指出："要大力加强实验、实习、实践和毕业设计等实践教学环节，列入教学计划的各实践教学环节累计学分（学时），理工农医类专业一般不应少于总学分（学时）的 25%。"[1] 85 份使用学时的培养方案的课程结构仅有 11 份能达到这一标准，占比 10%，11 份培养方案中，6 份来自理工类高校，2 份来自综合类高校，还有 3 份分别来自农林类高校、独立设置成人高校和开放大学。

多所学校设置了丰富的课程实践，但是实践内容、学期安排、时间长度和表达等方面都存在差异，本书在 7 个地区各抽取 2 份培养方案，其实践安排如表 6 - 5 所示。

表 6 - 5　实践环节安排情况

| 所在地区 | 学校 | 毕业设计时长 | 其他实践 | 学期 | 时长 |
|---|---|---|---|---|---|
| 华北地区 | F 高校 | 15 周 | 毕业实习 | 5 | 2 周 |
| | B 高校 | 200 学时 | 电工技术实践 | 1 | 8 学时 |
| | | | 材料力学实践 | 2 | 10 学时 |
| | | | 土木工程材料实践 | 2 | 8 学时 |
| | | | 测量学-1 实践 | 3 | 8 学时 |
| | | | 混凝土结构-1 实践 | 3 | 20 学时 |
| | | | 计算机辅助设计实践 | 3 | 26 学时 |
| | | | 管理应用软件实践 | 4 | 24 学时 |
| | | | 土力学与地基基础实践 | 4 | 10 学时 |
| | | | 工程地质实习 | 1 | 16 学时 |
| | | | 测量学实习 | 3 | 16 学时 |

---

① 《教育部关于进一步深化本科教学改革全面提高教学质量的若干意见》，载《中华人民共和国教育部公报》2007 年第 5 期，第 37 - 40 页。

（续表）

| 所在地区 | 学校 | 毕业设计时长 | 其他实践 | 学期 | 时长 |
|---|---|---|---|---|---|
| 华东地区 | Z 高校 | 120 学时 | 建筑施工课程设计 | 3 | 16 学时 |
| | | | 混凝土结构课程设计 | 4 | 24 学时 |
| | | | 钢结构课程设计 | 4 | 16 学时 |
| | | | 毕业实习 | 5 | 16 学时 |
| | J 成人高校 | 8 周 | 课程设计 | 4 | 3 周 |
| | | | 毕业实习 | 6 | 3 周 |
| 华中地区 | Z 高校 | 16 周 | 钢结构设计原理课程设计 | 3 | 1 学分 |
| | | | 砼结构及砌体结构课程设计 | 4 | 1 学分 |
| | W 高校 | 8 学分 | 房屋建筑课程设计 | 3 | 2 学分 |
| | | | 混凝土结构课程设计 | 4 | 2 学分 |
| | | | 毕业实习 | 5 | 3 学分 |
| 华南地区 | H 高校 | 8 学分 | 专业实习 | 5 | 8 学分 |
| | N 高校 | 160 学时 | 工程测量学实习 | 2 | 20 学时 |
| | | | 混凝土结构课程设计 | 3 | 20 学时 |
| | | | 钢结构课程设计 | 4 | 20 学时 |
| | | | 施工组织课程设计 | 4 | 20 学时 |
| | | | 毕业生产实习 | 5 | 40 学时 |
| 西南地区 | S 高校 | 160 学时 | 毕业实习 | 5 | 80 学时 |
| | Y 开放大学 | 6 学分 | 专业实习 | 5 | 4 学分 |
| 西北地区 | X 高校 | 7 周 | 教学实习 | 1–2 | 2 周 |
| | | | 课程设计 | 4 | 1 周 |
| | | | 生产实习 | 5 | 3 周 |
| | S 成人高校 | 2 学分 | 课程设计 | 5 | 2 学分 |
| | | | 顶岗实习 | 5 | 3 学分 |
| 东北地区 | L 高校 | 12 周 | 钢筋混凝土结构课程设计 | 3 | 1 周 |
| | | | 毕业实习 | 5 | 4 周 |
| | H 高校 | 12 周 | 混凝土结构课程设 | 4 | 2 周 |
| | | | 钢结构课程设计 | 4 | 1 周 |
| | | | 房屋建筑学课程设计 | 3 | 1 周 |

从实践内容来看，除毕业设计外，其他实践环节主要包括课程实践和实习两部分，专业实习是大部分学校必备的实践环节，课程实践一般包括3至4门课程的课程设计或实验，少数学校没有课程实践环节；从实践的时长来看，毕业设计的时长一般等于或略少于一个学期的时间长度，实习和课程实践相对较短，但培养方案使用"周""学时""学分"的描述不一，三者之间没有明确的换算标准，因此无法对比各方案设置的实践环节的时间；从学期安排来看，课程实践往往分散在第2至第4学期内，每学期安排1至2个，实习多与毕业设计共同安排在最后一学期。

培养方案对实践环节安排的呈现各异，有些学校将实践环节单独列出，实践内容、学期安排等一目了然，但很多学校仅在教学计划表中将有实践环节的课程用符号简单标注，难以了解实践的具体情况。在进行归类时，一部分学校会将毕业实习和毕业设计归在"专业课"类别之下，还有部分学校则会作为单独的"实践"类别。这些情况增加了阅读和了解培养过程的困难程度，若加以统一，则有利于促进培养方案在人才培养中发挥作用。

（四）课时比例逐步提高的选修课程

从课程性质来看，课程分为必修课和选修课。必修课是为达到共同的基本的教育目标必须修读的课程，选修课则是为培养学生多方面的能力素养，根据兴趣或发展需求设置的可选择的课程。选修课的开设有利于优化课程体系，拓宽学生的知识面，使学生的综合文化素质和职业技能得到提升。[1] 教育部在相关文件中也提出"应逐步提高选修课程的学时比例"，教育部高等学校教学指导委员会（简称"教指委"）建议选修课比例不少于10%。

在85份使用学时的培养方案中，有77份可以明确获取课程性质的信息。其中，选修课的比例最高的占到本校课程的60%，这是因为该方案将专业课均设置为选修课，供不同方向的学生选择；有些则未设置选修课，学时记为0。样本的选修课学时数平均为141学时，平均占本校全部课程的比例8%，能达到教指委建议的10%的培养方案有31份。为检验选修课学时占本校全部课程比例的高低是否与高校类别有关，本书将标明选修课学时的77份培养方案作为数据来源，其中，来自理工类高校38份，综

---

[1] 林同：《大学公共选修课存在的问题和提高教学质量的途径》，载《西南师范大学学报（自然科学版）》2015年第7期，第193－198页。

合类高校 24 份，农林类高校 5 份，师范类高校 4 份，独立设置成人高校 5 份，开放大学 1 份，开放大学与独立设置成人高校并为一类，进行单因素方差分析。检验得出，没有证据证明高校类别和实践的相对比例存在相关性。

## 二、教学学时分配

在高等学历继续教育中，多种学习形式有其各自的特点，函授学习的形式有着"自学为主，面授为辅"的特点，但是相关部门也未对自学和面授的比例做出规定，均由高校按照本校情况自行设置。本书将各培养方案中自学与面授的比例进行统计，106 份培养方案中，有 46 份标明自学与面授的学时，据此可计算出自学和面授分别占总学时的比例，其中有 8 份是业余学习形式的培养方案，由于样本量太少不具有代表性，故本节仅对 38 份函授学习形式的培养方案中自学与面授的比例进行分析。

在成人学习过程中，工学矛盾突出的问题一直存在，函授自学为主结合集中面授的学习方式能较好地解决这一问题。38 份函授培养方案中，自学与面授的平均比例大致为 7∶3，见图 6－10，样本中面授占比最低的为 13％，最高的占 52％。有些学校认为增加集中面授的时间有利于提高人才培养的质量。有调查发现，某校为强调面授的重要性，大幅增加每学期面授的时间，导致学生出勤率不足 15％，结果适得其反。[1] 增加面授学

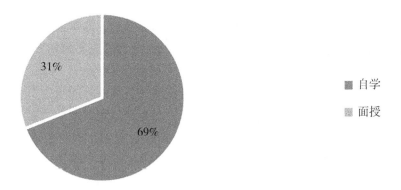

**图 6－10　38 份函授培养方案自学与面授的平均比例**

---

[1]　阎建鑫、张建林：《关于提高函授教学质量的几点思考》，载《继续教育研究》2005 年第 6 期，第 75－78 页。

时的初衷是为了提高人才培养的质量，但一味增加面授学时并不能达到预期目标，应该考虑成人学习的实际情况，合埋安排自学与面授的学时，提高面授的质量而非数量。

## 第三节　继续教育专业治理的体系与要素

基于以上对培养方案和人才培养模式的分析，笔者认识到制定具备符合目前提高继续教育质量要求的专业治理体系尤为重要。本节根据教育学基本理论、多元的高等教育质量观以及法规文件、质量标准和专业规范的指导和建议以及社会对人才的能力要求，结合现实问题，尝试提出继续教育专业人才培养和治理的体系。

### 一、高等学历继续教育专业治理的原则

《普通高等学校学历继续教育人才培养方案编制工作指南》明确高校举办高等学历继续教育应"坚持立德树人、育人为本，加强和改进思想政治教育，推进思政课和课程思政建设，全面提升学生思想政治理论素养和公民道德素质；坚持遵循规律、服务发展，适应成人在职学习需求和认知规律，突出人才培养的职业性、应用性和发展性，服务经济社会和人的全面发展；坚持科学规范、突出特色，严格执行国家有关教学基本文件，规范编制流程，结合学校专业特色及生源多样化特点等，探索灵活多样的人才培养模式"。基于此，高等学历继续教育的专业治理应遵循如下原则。

（一）符合标准，体现特色

没有统一的制定标准容易导致人才培养计划基本内容的缺失，专业人才的培养应整体满足高等教育的基本标准、专业知识和学生能力素质的要求，符合专业的一般化或最低标准。考虑到由于地域不同，各高校的定位、特色、层次不同，本书认为，人才培养在满足基本知识能力需要的基础上，应有本校、本专业特色，形成多样化的专业发展。2023 年，教育部启动了首批 20 个高等学历继续教育专业类（10 个本科专业类、10 个专科专业类）教学基本要求的研制工作，这将为高校制订具体、专业的人才培养计划提供基本依据，即给出高校办学专业的门槛、培养的底线以及质量评价的硬性条件。

（二）与时俱进，动态调整

如今社会日新月异，继续教育对人才的培养也应该随时代的发展不断变化，通过将人才培养方案设置为动态调整机制，使教育教学能够在较短的时间内根据需要完成相应的调整和更新。调整过程中最复杂的是课程设置的调整，较为理想的解决办法就是设置"平台＋模块"的课程体系。"平台"课程主要是公共课和专业基础课程，这些课程变动性相对较小；"模块"的课程主要是针对不同的能力发展要求设置的，模块化的理念就是将系统的知识分解成一个个小的知识模块，形成"模块课程"，这些模块既是完整独立、目标明确的教学和评价单位，又与其他模块相互衔接相互关联，组合成为一个完整的系统或程序，[①] 模块的课程体系可以帮助课程随着能力要求目标的变化而灵活变动。课程融入模块化教学的理念，有助于灵活高效地满足学生的学习需求。

（三）重视实践环节

通过诺尔斯成人学习理论中关于成人学习特点的论述可知，成人学习以解决问题为中心，看重知识在生活和工作中的应用价值。因此，在人才培养中必须重视实践环节发挥的作用，突出知识的应用性和可操作性。课程体系合理安排理论讲授和实践的比例，实践教学环节本着丰富实用的原则进行安排，尽可能激发成人学习的积极性，发挥其主观能动性。

（四）质量保障贯穿始末

为保证培养过程的顺利开展，真实有效地达到人才培养目标，质量保障应是全过程的。借鉴诺尔斯成人学习理论中关于成人教育组织与管理的建议，本书认为：教学经费充足并合理利用是基本保障；教学团队、教学的软硬件设施是贯穿教学活动全过程的重要基础；校企合作、产教融合、校外实践基地的建设是提高学生应用能力的重要途径；多角度的评价是改进人才培养过程的重要依据。质量保障的各个环节和内容应该加强制度约束，建立有效的质量保障机制是关键。

**二、人才培养要素与框架**

人才培养中应明确培养目标、培养规格、课程体系、教学计划、质量

---

① 张民选：《模块课程：现代课程中的新概念、新形态》，载《比较教育研究》1993 年第 6 期，第 11 - 13 页。

保障体系及学制学位等六大要素，这六要素既相互独立，又相互影响，共同作用于人才培养过程，为人才培养服务，见图6-11。

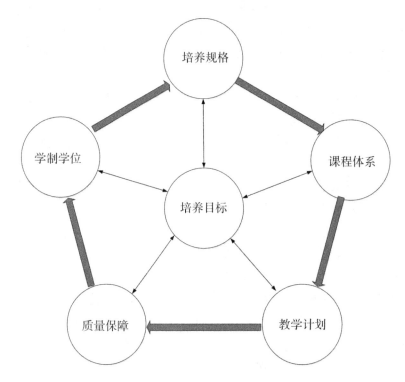

**图6-11　人才培养方案框架**

培养目标。人才培养的基本要求，需体现本专业人才需要具备的素质模块及专业方向。

培养规格。培养目标的具体化，要求本专业人才具备的知识、素质、能力。

课程体系。培养方案的核心内容，是专业所需知识的课程结构，并根据课程的重要性、难度和相互间的关系安排学分和学时，合理考虑课程的特点以确定授课方式并安排实践环节。知识结构、课程课时安排、授课方式共同构成了课程体系。

教学计划。课程体系的具体实施方案。教学计划最终以表格形式（教学进程表）列出本专业的课程类别、课程编码、课程名称、学时学分、学期课程安排、考核方式以及毕业论文（设计）、毕业答辩及审核等环节。

质量保障体系。为保证人才培养的质量和教学工作的顺利开展，在人才培养的全过程提供的支持服务和保障措施，主要包括师资队伍、教学设施、教学资源、教学评价、质量管理等方面。

学制学位。专业的学制说明和学位要求。

### 三、高等学历继续教育专业人才培养方案编制程序

根据《普通高等学校学历继续教育人才培养方案编制工作指南》，高校制定、修订高等学历继续教育专业人才培养方案工作应按照以下基本程序进行。

（一）规划与设计

学校根据国家高等学历继续教育专业设置和办学基本要求，结合本校发展规划与特色优势，部署开展各专业人才培养方案制定工作。其中，要充分发挥学科专业和继续教育专家的力量，综合考虑学科专业基本素养与职业岗位发展需求来设计人才培养方案。本科高校还须聚焦主业，高质量办好高等学历继续教育本科专业。

（二）调研与分析

学校组织专家深入调研，分析行业企业和学习者对专业人才培养的需求，提出专业人才培养方案的调研分析报告。从而保证开设专业主动适应国家战略和当地经济发展需要，具有鲜明的特色与优势。调研报告应当有针对性，不能千篇一律，更不能走形式。而且调研、分析与最终的人才培养方案应保持一致。

（三）起草与审定

学校应分专业组织起草人才培养方案，组织专家进行论证，提交学校学术（教学）委员会审定。其中，人才培养方案要素完整，至少包含专业名称、专业层次、入学要求、培养目标、培养规格、课程体系、教学计划、考核方式、毕业条件等内容。同时，根据教育部文件要求，合理设置线上与线下教学课时比例，线下面授教学（含实践教学环节）原则上不少于人才培养方案规定总学时的20%。

（四）发布与更新

审定通过的人才培养方案在专业备案工作的同时，通过信息平台报主管教育行政部门备案，并按程序发布执行，主动向社会公开。人才培养方案原则上要按人才培养周期（高起专、专升本最短学习年限为2.5年）进

行修订。涉及国家政策文件要求调整的，应及时进行更新完善。

## 第四节　继续教育专业治理的规则与策略

推动专业人才培养过程的完善，需要多个主体共同发力。本节将针对前文发现的问题，就继续教育专业治理，特别是高校人才培养方案制定与实施提出相关建议和策略。

### 一、研制人才培养的基本标准

《普通高等学校本科专业类教学质量国家标准》由教育部于 2018 年 1 月发布，作为我国第一个高等教育的质量标准，其涵盖了普通高校本科专业目录中全部的 92 个专业类别，对各专业进行概述，明确适用范围、培养目标、培养规格、师资队伍、教育条件、质量保障体系等内容。[①]，2019 年，教育部发布《高等职业学校种子生产与经营专业教学标准》等首批 347 项高等职业学校专业教学标准，为职业教育的专业教学提供了基本遵循。高等学历继续教育在严格遵守《关于推进新时代普通高等学校学历继续教育改革的实施意见》的基础上，应借鉴《普通高等学校本科专业类教学质量国家标准》和《职业教育国家教学标准》相关内容。但是由于教育对象不同、教育目标不同，高等学历继续教育也需要有符合自身特点的标准作为参考，明确各要素的内容标准，尤其是一些难以统一的细节，比如课程学分学时的度量标准、课程类型的划分、各类别课程占比的合理范围等，各高校在达到共性标准的基础上再加入学校个性的部分。这有助于培养方案制定工作的开展，降低制定难度、减少由于方案不完善导致的各类问题，规范人才培养过程。

人才培养过程是否完善、规范，人才培养方案的制定者起着关键作用，因此，加强对人才培养方案制定人员的培训是必不可少的，培训内容可以包括人才培养的理念、成人教育的基本规律、培养方案制定的依据以及方案各要素的含义及其作用等方面。另外，根据成人教学的特点，高等学历继续教育的教学管理者也应该在人才培养中更具创造力。除此之外，

---

① 参见教育部高等学校教学指导委员会《普通高等学校本科专业类教学质量国家标准》，高等教育出版社 2018 年版。

对成人教育教师进行培训也至关重要，诺尔斯关于成人教育教师职责的观点中提到，成人教育教师职责与普通全日制教育教师只负责教学不同，他们是成人学习者独立探索的促进者和资源提供者，① 因此需要通过培训使教师了解成人教学的特殊性、明确教师在人才培养中的角色和所发挥的作用，有利于针对性地开展教学活动。

### 二、加强立德树人和思想政治教育

高校学历继续教育的专业建设必须重视思想政治教育。要把坚持以马克思主义为指导落实到学历继续教育教学各方面，全面落实习近平新时代中国特色社会主义思想进教材、进课堂、进师生头脑，加强爱国主义、集体主义、社会主义教育；要开齐开好思想政治理论课，全面推进体现继续教育特色的课程思政建设，探索线上线下相结合的思政育人新模式，建立完善全员、全程、全方位育人体制机制。

特别要严格按照教育部印发的《新时代高校思想政治理论课教学工作基本要求》《高等学校课程思政建设指导纲要》，教育部等十部门印发的《全面推进"大思政课"建设的工作方案》等思政教育文件，规范开设思政课。

高起专思政课开设应包括：《思想道德与法治》3 学分（每学分 16—18 学时）、《毛泽东思想和中国特色社会主义理论体系概论》2 学分（每学分 16—18 学时）、《习近平新时代中国特色社会主义思想概论》3 学分（每学分 16—18 学时）、《形势与政策》1 学分，另外每学期还需开设四史类选择性必修课 2 学分：党史、新中国史、改革开放史、社会主义发展史。

高起本、专升本思政课的开设应包括：《中国近代史纲要》3 学分（每学分 16—18 学时）、《马克思主义基本原理》3 学分（每学分 16—18 学时）、《思想道德与法治》3 学分（每学分 16—18 学时）、《毛泽东思想和中国特色社会主义理论体系概论》3 学分（每学分 16—18 学时）、《习近平新时代中国特色社会主义思想概论》3 学分（每学分 16—18 学时）、《形势与政策》2 学分，另外每学期还需开设四史类选择性必修课 2 学分：

---

① See M. S. Knowles, *The Modern Practice of Adult Education：Andragogy Versus Pedagogy*, (New York：Association press, 1970).

党史、新中国史、改革开放史、社会主义发展史。此外，高校还要统筹开设高起专、专升本思政课，避免重复学习。学生在高起专阶段已修的思政课程，专升本可予免修。

### 三、准确定位人才培养目标

人才培养的全过程都是围绕着培养目标展开的，因此，人才培养关键在于确定培养目标。泰勒原理中提到，要用两个"筛子"筛选出重要且学校教育可达到的目标。杨德广等认为，专业培养目标是社会对人才要求的标准和学校培养人才专业性标准之间的桥梁，一定程度上协调着社会需求与学校人才专业性的矛盾。[①] 因此，培养目标要在考虑国家要求、社会需要、学生特点的基础上准确定位人才培养，这些是人才培养要达到的基本要求。可以说，能够达到基本要求的人才培养是合格的，但是要进一步提高人才培养的质量，不能满足于"及格"，还需要尽力达到"优秀"。

各高校类型、层次和所处地域不同，其服务的对象和教学的侧重点就有所不同。在满足基本要求的基础上，发挥各高校特色优势确定人才培养目标，既有利于学校自身专业建设、吸引优秀生源，又有利于满足社会对不同人才的需求，使毕业生更好地服务社会，避免人才培养"千人一面"、学生毕业后竞争力得不到提高的问题。继续教育专业的人才培养定位侧重于应用性和技术性，高校可以按照自身特色进一步丰富人才培养目标的内涵，并在培养规格中分知识、能力、素质模块具体阐述，将培养要求层层递进，为学生提供有层次的学习要求，体现出"以人为本"的教学理念。这也要求培养方案制定人员要充分了解本校特色优势，准确定位人才培养目标、合理划分培养规格层次，并将其融入人才培养过程中。

### 四、加强课程设置的系统性和前沿性

课程在人才培养中发挥着至关重要的作用。各门课程组合成一个整体，只有相互衔接、环环相扣才能更好地发挥整体的作用。因此，加强课程设置的系统性十分必要。根据《教育部关于推进新时代普通高等学校学历继续教育改革的实施意见》，高等学历继续教育课程体系一般应包含公

---

① 参见杨德广、谢安邦主编《高等教育学》，高等教育出版社 2009 年版。

共基础课、专业课、职业能力拓展课等，高校也可结合教学实际，自行确定课程分类，探索重构课程体系。

课程设置要符合教育教学规律，课程应当从易到难、从基础到专业逐渐过渡。一方面，出于继续教育的学生已经具备一定的学习基础和有一定的专业度，因此，相关课程的设置应处理好已学内容和未学内容的衔接，课程内容既在难度上有所提升又拓宽知识的广度，尽量避免大范围的内容重复，导致人才培养的效率低下。这就要求培养方案的制定人员必须充分了解学情，掌握大部分学生前期的一般学习内容和难度等情况，多渠道了解学生入学时的总体水平，基于实际情况设置课程并对课程的内容和难度提出建议。另一方面，现阶段内各门课程之间的衔接也至关重要。将课程合理分类分层，基础性课程安排在优先学习的位置，专业课程在有一定的基础后继续深入。各门课程之间不应该是毫无关联的，课程应该像金字塔一样紧密排布，层层递进，故在开展教学之前，建议将教学管理者、教师以及相关专家召集起来，针对课程内容、难度和排布的合理性展开研讨。

课程还需与社会发展紧密相关，避免出现课程内容与时代不相符、教材内容陈旧等问题。一方面，教学管理者应当在培养方案中及时更新专业课程，适当开展前沿类课程，对已不符合需要的教材及时更新，从而紧跟时代发展和社会需要。另一方面，教师是培养方案具体实践的主体之一，教师的教学活动对人才培养起着至关重要的作用，对教学活动加以规范是保证培养方案有效实施的重要手段。因此，要积极引导教师及时更新课程内容，对长期不更新者采取一定的措施进行规范。

### 五、重视应用能力和创新能力培养

参加继续教育的学生，对于所学知识的实用性要求较高，因此实践创新能力是毕业生所应具备的重要能力。在高等学历继续教育中，学生更加明确实际工作中的疑难问题，学习的目的性更强，实践中能够更有针对性的练习，这将比讲授理论的效果更加明显。因此，必须重视实践环节在人才培养中发挥的作用，保证实践时长、合理安排实践时间、丰富实践形式。

保证实践时长是基础。首先应保证实践在教学活动中占据合理的时长，增加实践学时在总学时中的比例，也可以将实践计入学分并进行考核。参考《教育部关于进一步深化本科教学改革全面提高教学质量的若干意见》中指出的"理工农医类专业的实践教学环节一般不应少于总学分（学时）的25%"[1]，大部分高校的实践学时比例都需要进一步提高。

合理安排实践时间有利于保证实践的效果。实践活动安排应逐渐从集中到分散。毕业设计是最主要的实践之一，一般是在学完所有课程后放在最后一个学期进行，为保证各项实践都有充足的时间完成，减少敷衍拼凑的现象，建议将其他实践环节分散分布在不同学期内，减少集中完成实践任务带来的压力。可以将实践环节与理论讲授相融合，课程适当压缩理论讲授时间，增加实际案例和经验介绍并拿出部分课时进行实际操作，真正将实践作为人才培养的一个个环节串联起来。同时，在培养方案中应该明确各学期分别开展哪些实践活动、哪些课程在理论讲授外增加了实践环节，使学生有更充分的准备。

丰富实践形式，启发创新思维。课程设计、实习、毕业设计是常见的实践形式，在传统的实践形式的基础上创新实践内容、与时俱进地增加创新实践环节，有意识地培养学生的创新能力，为学生营造探索创新的学习氛围。

### 六、构建高等学历继续教育质量评价体系

高校应重视建立评价和反馈机制，并将评价和反馈活动贯穿人才培养始末。评价活动深入要有效开展，则必须要建立科学的评价体系。一是评价指标要具体、可操作。制定科学规范的评价标准，使该标准成为专业评价的"指挥棒"，引导学校、专业人才培养的发展。二是充分利用好评价结果。评价结果能够体现出学校和专业的人才培养水平，反映出人才培养中的优势和不足，便于专业更有针对性、更合理地进行完善。

在修订专业人才培养方案的时候，尤其要将多方征求意见作为修订的基础，采取激励措施充分调动各群体参与修订的积极性。特别要重视学生、行业企业相关人员对培养方案的意见和建议，还可以对毕业生展开调查，调查其对所学知识与工作需求的匹配程度的评价。与此同时，

---

[1] 《教育部关于进一步深化本科教学改革全面提高教学质量的若干意见》，载《中华人民共和国教育部公报》2007年第5期，第37－40页。

应畅通意见反馈渠道。教师、学生在教学活动中发现的问题能够及时地反馈并得到有效的解决，让收集意见、适当调整培养方案成为工作开展的常态。高校可委托高水平第三方机构对专业进行有组织、有目标的定制型评价，对标专业人才培养标准，为人才培养过程的改进等提供重要的评价参考。

# 第七章 发展现状：广东省高校学历继续教育基本概况

## 第一节 广东省高等院校学历继续教育整体概况

### 一、发展概况

（一）办学院校

广东省高校学历继续教育主要由省内普通本科高校、高职院校、独立设置成人高校、开放大学举办。截至 2022 年 12 月，全省共有 148 所高校举办高等学历继续教育，其中普通本科院校 55 所，高职院校 86 所，独立设置成人高校 4 所，开放大学 3 所。

（二）办学类型

高校学历继续教育是高校面向在职从业人员开展的高中后和大学后的学历教育。当前，学历继续教育主要有六种形式：函授教育、业余教育（夜大学）、成人脱产教育、网络教育、开放教育和高等教育自学考试。

（三）办学层次

学历继续教育的办学层次主要有高中起点专科（简称"高起专"）和高中起点本科（简称"高起本"）、专科起点本科（简称"专起本"）。其中高起专、专起本办学层次是学历继续教育的主体。

（四）办学规模

2022 年，广东省高校学历继续教育招生共计 68.74 万人，在籍生 159.04 万人，毕业生 58.54 万人。较之 2021 年，招生总数减少 1.15 万人，在籍生减少了 8.54 万人，毕业生增加了 7.5 万人，总体办学规模稳中稍有降。

### 二、教育教学

（一）专业设置

广东省严格按照教育部印发的《高等学历继续教育专业设置管理办

法》的要求，加强省内高校专业设置统筹工作，积极引导高校科学定位，不断优化高等学历继续教育学科专业结构，突出自身办学优势和特色。

2022年，广东省139所高校备案继续教育专业点2453个，其中本科专业926个，占全部备案专业的37.75%；专科专业1527个，占全部备案专业的62.25%（见图7-1），涵盖理、工、医、文、管、法、农等多个学科门类。

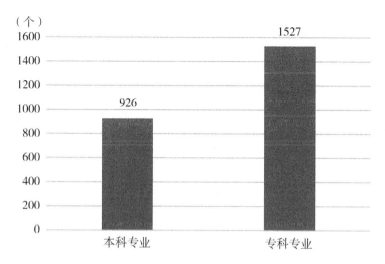

图7-1　2022年广东省高校继续教育本专科层次备案专业情况

按学习形式划分，函授教育备案专业共1327个，业余教育备案专业共1042个，成人脱产教育备案专业共24个，开放教育形式备案专业共60个（见图7-2）。

从开设专业实际招生人数来看，2022年，本科层次学历继续教育招生排名前十的专业主要包括行政管理、工商管理、学前教育、护理学、计算机科学与技术等。专科层次学历继续教育招生排名前十的专业主要包括工商企业管理、大数据与会计、电子商务、计算机应用技术等。这些热门专业排名基本稳定，详见表7-1和表7-2。

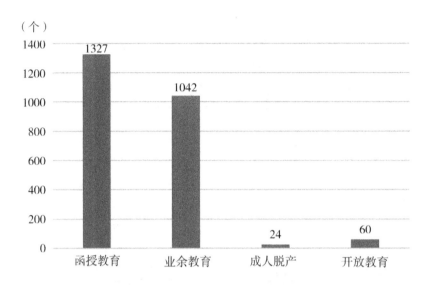

图 7－2　2022 年广东省高校继续教育各类学习形式备案专业情况

表 7－1　2022 年广东省本科层次学历继续教育十大热门专业

| 序号 | 专业名称 | 实际招生人数（人） |
|:---:|:---:|:---:|
| 1 | 行政管理 | 22565 |
| 2 | 工商管理 | 21042 |
| 3 | 学前教育 | 19161 |
| 4 | 护理学 | 19062 |
| 5 | 计算机科学与技术 | 15875 |
| 6 | 汉语言文学 | 15506 |
| 7 | 会计学 | 14871 |
| 8 | 土木工程 | 14201 |
| 9 | 法学 | 13493 |
| 10 | 人力资源管理 | 9971 |

表7-2　2022年广东省专科层次学历继续教育十大热门专业

| 序号 | 专业名称 | 实际招生人数（人） |
|------|----------|------------------|
| 1 | 工商企业管理 | 128806 |
| 2 | 大数据与会计 | 33105 |
| 3 | 电子商务 | 24556 |
| 4 | 计算机应用技术 | 24271 |
| 5 | 建设工程管理 | 24232 |
| 6 | 市场营销 | 19436 |
| 7 | 商务英语 | 17907 |
| 8 | 学前教育 | 16210 |
| 9 | 人力资源管理 | 14388 |
| 10 | 机电一体化技术 | 13527 |

（二）师资队伍

广东高校普遍重视继续教育师资队伍建设，通过自建专职教师队伍，共享校内师资，吸引行业、社会力量参与等方式，已建立起校内校外相结合、专职和兼职相结合、年龄和学历结构合理的相对稳定的师资队伍。同时各高校不断完善继续教育教师的日常管理制度，加大培训力度，加强教学督导，有效促进了教师队伍综合素质提高。

2022年，广东高校从事继续教育的教职人员共99367人，其中专任教师43351人，辅导教师36428人，管理人员19588人，分别占教职人员总数的43.63%、36.66%、19.71%，具体见图7-3。专任教师中，拥有副高及以上职称16218人，占专任教师总数的37.41%；形成了一支专任教师为主体、教辅相结合、相对稳定的教师队伍。

（三）课程资源

2022年，广东省高校学历继续教育共有网络课程111993门，具体见图7-4。其中自主开发的网络课程总量42668门，音视频网络课程时长总计达4509397小时。电子资源建设规模进一步增大，其中电子图书达到13460.8万册，电子期刊10935.58万册，学位论文30199.35万册，数字教材173.74万册。与2021年相比，电子图书增加了1795.7万册，电子期刊增加了 7432.98 万册，学位论文减少了 308.35 万册，数字教材减少了 176.66 万册，具体见图 7-5。

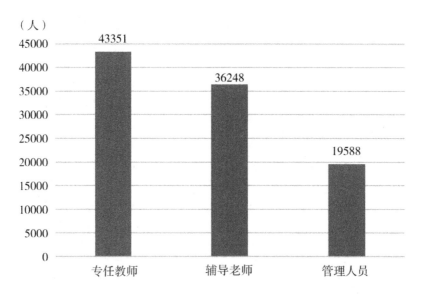

**图 7-3  2022 年广东省高校学历继续教育教职人员具体情况**

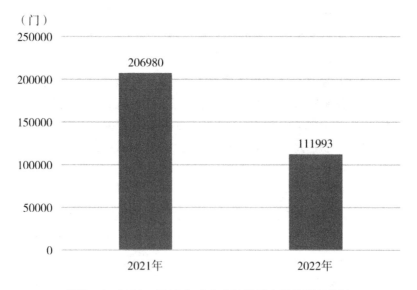

**图 7-4  2021—2022 年广东省继续教育网络课程总量**

单位：万册

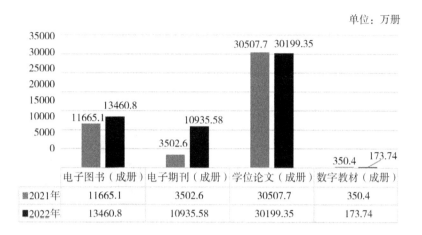

| | 电子图书（成册） | 电子期刊（成册） | 学位论文（成册） | 数字教材（成册） |
| --- | --- | --- | --- | --- |
| 2021年 | 11665.1 | 3502.6 | 30507.7 | 350.4 |
| 2022年 | 13460.8 | 10935.58 | 30199.35 | 173.74 |

**图 7-5  2021—2022 年广东省继续教育数字资源量具体情况**

（四）校外教学点

2022 年，经过新一轮的调整优化，广东省高等学历继续教育招生的校外教学点由 2016 个调减到 1200 个，减少了 816 个，具体见图 7-6。校外教学点拥有教学移动终端数总计 43.24 万台，教学用房面积 1351.66 万平方米。

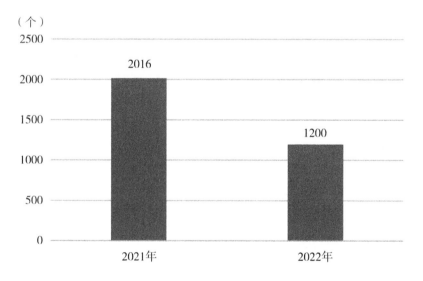

**图 7-6  2021—2022 年广东省高等学历继续教育校外教学点规模**

校外教学点辅导教师 22761 人，管理人员 13353 人，其中专职管理人员数为 10604 人，具体见图 7 - 7。

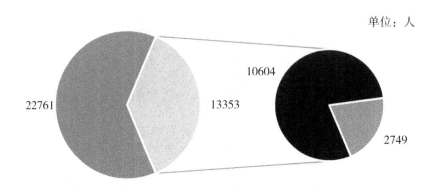

单位：人

■ 辅导教师　■ 专职管理人员　　其他管理人员

**图 7 - 7　2022 广东省高等继续教育校外教学点人员规模**

### 三、人才培养

（一）招生情况

2022 年，广东省高校学历继续教育招生总数是 687356 人，其中，本科层次招生 258301 人，占招生总数的 37.58%（比 2021 年增加 7.23%），专科层次招生 429055 人，占招生总数的 62.42%（比 2021 年减少 7.23%）。从数据看，本科层次招生有所增长，但专科层次依旧是广东省高等学历继续教育招生的主体，详见图 7 - 8。

与 2021 年相比，广东省高校学历继续教育招生总人数减少 11526 人。其中，本科层次招生人数呈逐年上升，招生增加 46162 人，专科层次招生减少了 57688 人，详见图 7 - 9。

2022 年，广东省函授教育招生 309212 人，占招生总数的 44.98%；业余教育招生 184043 人，占招生总数的 26.78%；成人脱产教育招生 4189 人，占招生总数的 0.61%；网络教育招生 17342 人，占招生总数的 2.52%；开放教育招生 172570 人，占招生总数的 25.11%。从办学类型看，函授教育、业余教育和开放教育形式是学历继续教育的主体（详见图

7-10）。伴随现代远程教育试点的结束，广东省网络教育于 2022 年 4 月起全面停止招生。

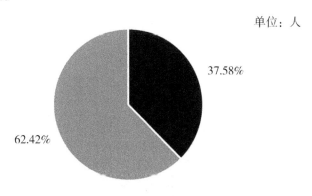

图 7-8　2022 年广东省学历继续教育本专科招生规模

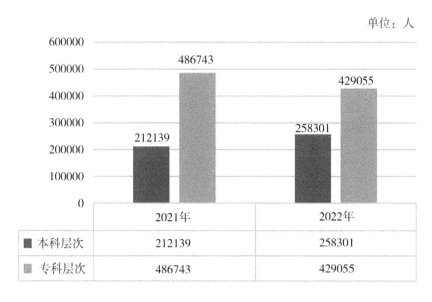

图 7-9　2021—2022 年广东省学历继续教育本专科招生规模

与 2021 年相比，函授教育招生增加 40761 人，业余教育招生增加 25279 人，成人脱产教育招生增加 1249 人，网络教育招生减少 9225 人，开放教育招生减少 69590 人，详见图 7 – 11。从数据来看，函授教育、业余教育和成人脱产教育学习形式招生人数实现了正增长。

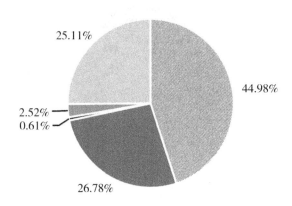

图 7 – 10　2022 年广东省学历继续教育各类学习形式招生规模

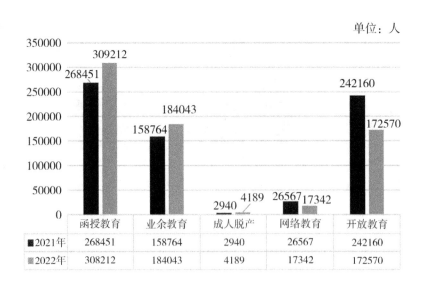

图 7 – 11　2021—2022 年广东省学历继续教育各类学习形式招生规模

（二）在籍生情况

2022 年，广东省高校学历继续教育在籍生共 1590407 人。与 2021 年相比，广东省学历继续教育在籍生人数减少了 85396 人，具体见图 7－12。

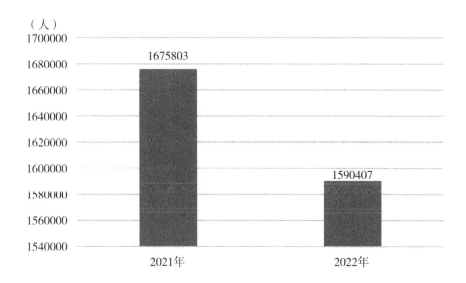

**图 7－12　2022 年广东省学历继续教育本专科层次在籍生人数情况**

2022 年，函授教育在籍生 590662 人，占在籍生总数的 37.14%；业余教育在籍生 358150 人，占在籍生总数的 22.52%；成人脱产教育在籍生 4135 人，占在籍生总数的 0.26%；网络教育在籍生 63178 人，占在籍生总数的 3.97%；开放教育在籍生 574282 人，占在籍生总数的 36.11%。全省学历继续教育在籍生构成以函授教育、开放教育、业余教育形式为主。具体见图 7－13。

与 2021 年相比，函授教育在籍生增加 53843 人，业余教育在籍生减少 79799 人，成人脱产教育在籍生减少 2735 人，网络教育在籍生减少 33099 人，开放教育在籍生减少 23606 人。仅函授教育学习形式在籍生规模呈正增长，其余学习形式在籍生正在减少，详见图 7－14。

（三）毕业生情况

2022 年，广东省高校学历继续教育毕业生总数 585413 人。与 2021 年相比，广东省高校学历继续教育毕业生总数增加 75012 人，详见图 7－15。

其中，广东省函授教育毕业生 207469 人，占毕业生总数的 35.44%；

业余教育毕业生 153397 人，占毕业生总数的 26.2%；成人脱产教育毕业生 2839 人，占毕业生总数的 0.49%；网络教育毕业生 38723 人，占毕业生总数的 6.61%；开放教育毕业生 182985 人，占毕业生总数的 31.26%，详见图 7-16。

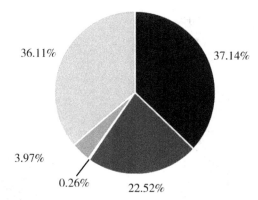

图 7-13　2022 年广东省学历继续教育各类学习形式在籍生规模百分比

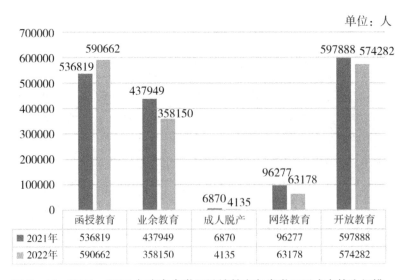

图 7-14　2021—2022 年广东省学历继续教育各类学习形式在籍生规模

　　与 2021 年相比，函授教育毕业生增加了 71817 人，业余教育毕业生减少了 12541 人，成人脱产教育毕业生减少 3246 人，网络教育毕业生减少了 5417 人，开放教育毕业生增加 24399 人。毕业生数量整体增加，详见图 7-17。

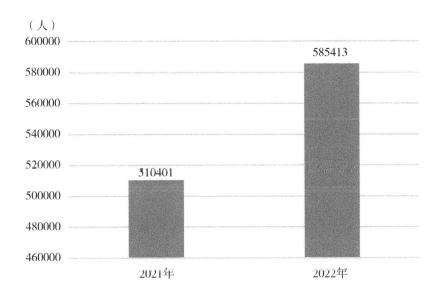

**图 7-15　2021—2022 年广东省学历继续教育毕业生规模**

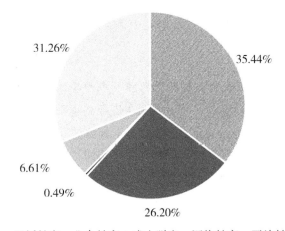

**图 7-16　2022 年广东省学历继续教育各类学习形式毕业生规模**

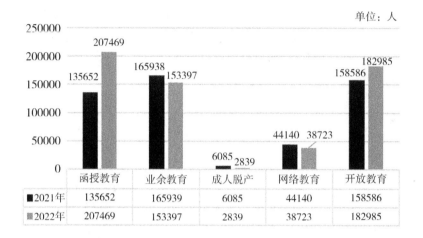

单位：人

| | 函授教育 | 业余教育 | 成人脱产 | 网络教育 | 开放教育 |
|---|---|---|---|---|---|
| ■2021年 | 135652 | 165939 | 6085 | 44140 | 158586 |
| ▨2022年 | 207469 | 153397 | 2839 | 38723 | 182985 |

图7-17　2021—2022年广东省学历继续教育各类学习形式毕业生规模

## 第二节　广东省本科高校学历继续教育发展概况

截止至2022年12月，广东省共有55所普通本科高等学校举办学历继续教育。从办学性质来看，其中公办学校38所，占比69.1%，民办学校17所，占比30.9%。从办学类型来看，全省普通本科高校举办学历继续教育主要有三种形式，分别是函授教育、业余教育和网络教育形式。

### 一、教育教学

（一）专业设置

广东省普通本科高校严格按照教育部《高等学历继续教育专业设置管理办法》的要求，围绕落实立德树人根本任务，主动适应国家战略和地方经济社会发展需要，调研分析专业社会需求和就业状况，结合学校办学定位和特色优势学科设置专业，不断优化专业结构。

2022年，广东省普通本科高校学历继续教育共备案专业1122个，其中，本科层次专业895个，占比79.77%，专科层次专业227个，占比20.23%，详见图7-18。

按学习形式划分，函授教育专业共664个，占比59.18%，业余教育专业共458个，占比40.82%，具体见图7-19。专业涵盖经济学、法学、教育学、文学、理学、工学、管理学、艺术学、医学等多个学科门类，形成了多学科协调发展的专业布局。

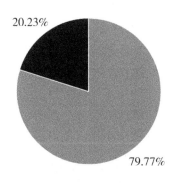

**图 7－18　广东省普通本科高校继续教育本专科学习层次备案专业情况**

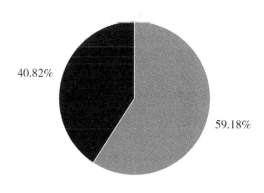

**图 7－19　2022 年广东省普通本科高校继续教育各类学习形式备案专业情况**

（二）师资队伍

广东省普通本科高校把师资作为学历继续教育第一资源，对教师队伍建设进行系统规划。各校根据继续教育教学特点，制定教师聘任、考核和培养等相关制度，严把教师聘任关。成立教学经验丰富的教学督导组，开展课堂检查督导与评价考核。举办教师培训班，支持鼓励教师参加各种业务培训和进修，教师教学水平稳步提高。

从教师队伍建设来看，2022 年，广东省本科高校从事继续教育的教职人员共计 45534 人，其中，专任教师 18125 人，辅导教师 16656 人，管理人员 10753 人，分别占教职人员总数的 39.81%、36.58%、23.61%，详见图 7－20。专任教师中，拥有副高及以上职称 8930 人，占专任教师总数的 49.27%。广东省本科高校学历继续教育教师队伍规模不断扩大，教师整体水平持续提高。

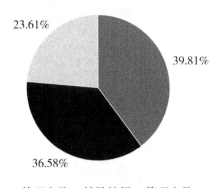

**图 7－20  2022 年广东省普通本科高校学历继续教育教职人员具体情况**

（三）资源建设

广东普通本科高校主动适应数字化教育发展趋势，遵循成人教育学生的学习特点和客观规律，围绕人才培养目标，不断加大数字资源建设，高标准建设网络课程，积极推进教学模式改革，为促进广东省学历继续教育教学质量提升提供有力支撑。2022 年，广东省普通本科高校学历继续教育共有网络课程 47266 门，其中自主开发的网络课程总量 19940 门，音视频网络课程时长总计达 2366533.18 小时。电子资源建设规模进一步增大，其中电子图书达到 7438.91 万册，电子期刊 9556.53 万册，数字教材 17.212 万册，学位论文 15225.28 万册，详见图 7－21。

（四）校外教学点情况

广东省普通本科高校按照相关规章制度和文件规定，严格考察和遴选校外合作办学机构，控制校外教学点数量。通过制定校外教学点管理制度和评估机制，强化过程管理与监控，规范校外教学点助学行为，确保设置的校外教学点无点外设点、无委托中介招生、无违规收费、虚假承诺和宣传等现象。2022 年，广东省普通本科高校设置学历继续教育校外站点 614 个，其中 613 个均分布省内，一个分布在澳门特别行政区。

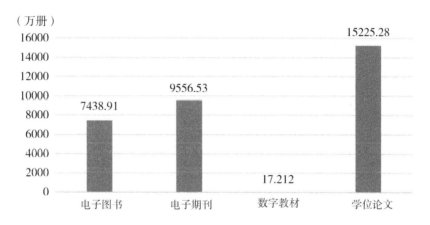

图 7 –21　2022 年广东省普通本科高校学历继续教育电子资源建设情况

## 二、人才培养

广东省普通本科高校主动融入粤港澳大湾区建设，坚持把人才培养目标与国家战略、经济社会发展、继续教育发展紧密结合，多年来为社会培养大批具有良好职业素质的实用型人才，为实现高等教育大众化普及化，构建学习型社会做出积极贡献。

（一）招生情况

2022 年，广东省普通本科高校学历继续教育招生总数 320089 人，占全省学历继续教育招生总量（687356 人）的 46.57%。其中，本科层次招生 221462 人，占招生总人数的 69.19%，专科层次招生 98627 人，占招生总人数的 30.81%，详见图 7 –22。

与 2021 年相比，全省普通本科高校学历继续教育招生总数增加 18249 人。其中，本科层次增加 44929 人，专科层次减少 26680 人。全省普通本科高校近年本科层次学历继续教育招生人数逐年稳步增长，并在招生总量上超过专科层次，详见图 7 –23。

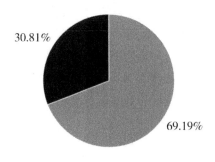

图 7 - 22　2022 年广东省普通本科高校学历继续教育本专科层次招生情况

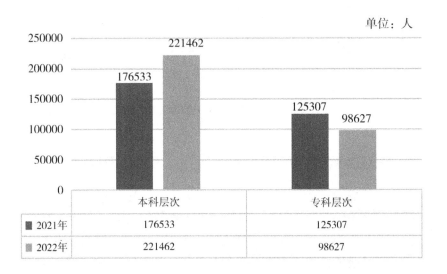

图 7 - 23　2021—2022 年广东省普通本科高校学历继续教育本专科层次招生情况

2022 年，全省普通本科高校函授教育招生 178309 人，占普通本科高校招生总数的 55.71%，业余教育招生 124438 人，占普通本科高校招生总数的 38.88%，网络教育招生 17342 人，占普通本科高校招生总数的 5.42%，具体见图 7 - 24。

与 2021 年相比，广东省函授教育招生增加 17731 人，业余教育招生人增加 9743 人，网络教招生减少 9225 人，具体见图 7 - 25。

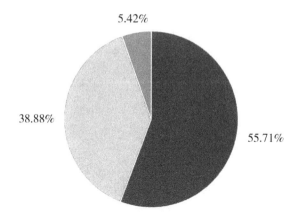

■函授教育 ■业余教育 ■网络教育

**图 7-24　2022 年广东省普通本科高校学历继续教育各类学习形式招生情况**

单位：人

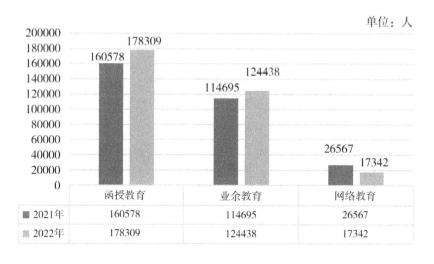

| | 函授教育 | 业余教育 | 网络教育 |
|---|---|---|---|
| ■ 2021年 | 160578 | 114695 | 26567 |
| ■ 2022年 | 178309 | 124438 | 17342 |

**图 7-25　2021—2022 年广东省普通本科高校学历继续教育各类学习形式招生情况**

（二）在籍生情况

2022 年，广东省普通本科高校学历继续教育在籍生 700570 人，其中，函授教育在籍生 333185 人，占普通本科高校在籍生总数的 47.56%，业余教育在籍生 304207 人，占普通本科高校在籍生总数的 43.42%，网络教育在籍生 63178 人，占普通本科高校在籍生总数的 9.02%，具体见图 7-26。

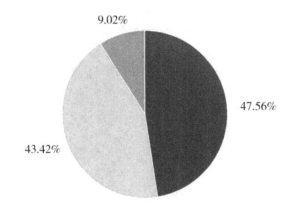

图 7 –26　2022 年广东省普通高校各类学习形式在籍生情况

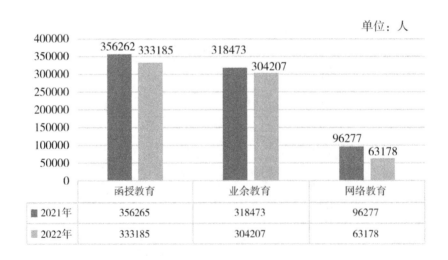

图 7 –27　2021—2022 年广东省普通本科高校学历继续教育各类学习形式在籍生情况

与 2021 年相比，函授教育在籍生减少 2307 人，业余教育在籍生减少 14266 人，网络教育在籍生减少 33099 人，具体见图 7 –27。

（三）毕业生情况

2022 年，广东省普通本科高校学历继续教育毕业生总数为 263862 人。

其中，函授教育毕业生 121153 人，业余教育毕业生 103986 人，网络教育毕业生 38723 人，分别占普通本科高校毕业生总数的 45.91%、39.41% 和 14.68，具体见图 7 - 28。

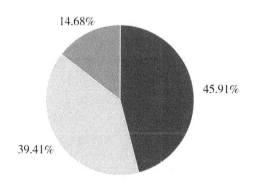

**图 7 - 28　2022 年广东省普通本科高校学历继续教育各类学习形式毕业生情况**

与 2021 年相比，广东省普通本科高校学历继续教育毕业生总数增加了 6749 人。其中，函授教育毕业生增加了 31007 人，业余教育毕业生减少了 18841 人，网络教育毕业生减少了 5417 人，具体见图 7 - 29。

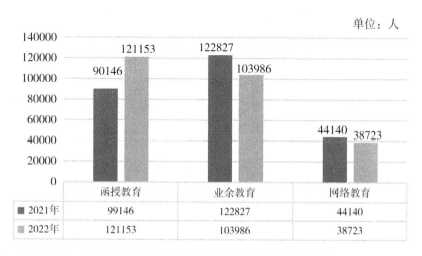

**图 7 - 29　2021—2022 年广东省普通本科高校学历继续教育各类学习形式毕业生情况**

## 第三节　广东省职业院校学历继续教育发展概况

。截至 2022 年 12 月，广东省共有高等职业院校（简称"高职院校"）93 所，其中共 86 所高职院校举办了学历继续教育，占比 92.47%。

从办学性质来看，其中公办学校 60 所，占比 69.77%，民办学校 26 所，占比 30.23%。广东省高职院校学历继续教育办学形式主要为函授教育、业余教育两种形式。

### 一、教育教学

（一）专业设置

广东省高职院校积极响应国家发展政策，积极适应粤港澳大湾区产业发展需求，在专业调整上，以广东省培育发展的战略性支柱产业集群和战略性新兴产业集群为重点，主动对接"一核一带一区"区域发展新格局，始终坚持"优化结构、合理布局、突出重点、凸显特色"的专业建设思路，持续优化院校专业布局结构。同时，不断加强学历继续教育专业内涵建设，遵循高等学历继续教育规律和人才成长规律，调整不适应区域经济社会发展需求的相关专业，增设适应省内产业转型升级、战略性新兴产业急需专业，重点发展特色鲜明、潜力较大和为地方经济社会发展所急需的专业。

2022 年，全省高职院校学历继续教育备案专业 1186 个。其中本科层次专业 27 个，专科层次专业 1159 个。按学习形式来看，函授教育专业 663 个，业余教育专业 523 个，详见图 7－30。

在专业分布上，全省高职院校学历继续教育的热门专业主要为工商企业管理、会计、学前教育、商务英语、市场营销、电子商务、计算机应用技术、人力资源管理、行政管理、机电一体化技术等，为粤港澳大湾区现代服务业、先进制造业和战略性新兴产业培养专业人才。

（二）师资队伍

广东省高职院校对教师队伍建设进行了系统规划，各高职院校根据学历继续教育教学特点，严把学历继续教师聘任关，同时组织教师参加相关业务培训和学习，提升教师专业教学能力。从教师队伍建设来看，广东省高职院校教师队伍规模不断扩大，专任教师中高学历与高级职称教师人数逐渐增加，师资水平整体持续提高。

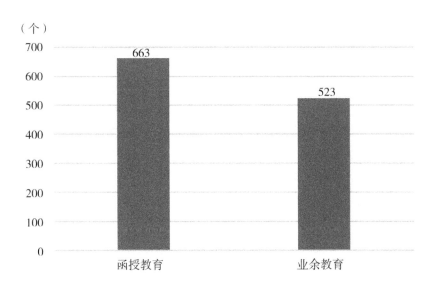

**图 7 -30  2022 年广东省高职院校继续教育各类学习形式备案专业情况**

2022 年，广东省高职院校从事继续教育的校内外教职人员共计 31581 人，其中专任教师 19515 人，辅导教师 7719 人，管理人员 4347 人，分别占教职人员总数的 61.79%、24.44%、13.75%，详见图 7 – 31。专任教师中，拥有副高及以上职称 6038 人，占专任教师总数的 30.94%。

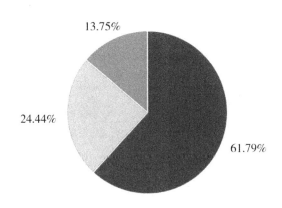

■专任教师 ■辅导教师 ■管理人员

**图 7 -31  2022 年广东省高职院校继续教育教职人员具体情况**

（三）资源建设

广东省高职院校主动适应教学改革和产教融合新趋势，基于成人教育学生的特点与教育教学规律，以学校人才培养为核心目标，积极推进教学模式改革与促进产教融合，努力建设高标准学历继续教育课程，为广东省高职院校成人高等学历继续教育教学提供强有力的支撑。

2022 年，广东省高职院校学历继续教育共有网络课程 45994 门，其中自主开发的网络课程总量 20689 门，音视频网络课程时长总计达 1724264.82 小时。电子资源建设规模进一步增大，其中，电子图书达到 4510.05 万册，电子期刊 1162.67 万册，数字教材 154.05 万册，学位论文 14038.68 万册，详见图 7 - 32。

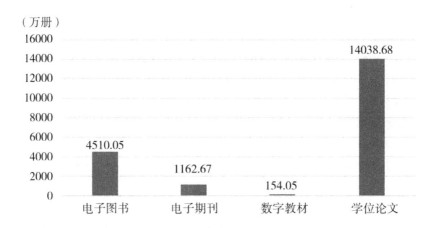

图 7 -32　2022 年广东省高职院校学历继续教育电子资源建设情况

（四）校外教学点情况

广东省高职院校按照教育部与广东省教育厅相关规章制度和文件规定，对校外合作办学机构与校外教学点进行严格遴选与规范管理。通过制定校外教学点管理制度和评估机制，强化过程管理与监控，规范校外教学点助学行为，确保设置的校外教学点无点外设点、无委托中介招生、无违规收费、虚假承诺和宣传等现象。

2022 年，广东省高职院校设置学历继续教育校外教学点 521 个，全部为省内教学点。与 2021 年相比，总体上减少了 85 个。

## 二、人才培养

近年来，广东省高职院校学历继续教育办学规模保持稳中有进。2019年，广东省人民政府办公厅下发了《关于做好2019年高职院校扩招工作的通知》，把高职扩招融入省委省政府的各项决策工作当中，将高职扩招任务的完成情况作为对地市履行教育职责督导评价、高等职业教育"创新强校工程"考核的重要内容，压实各地、各校工作责任。同时，广东省高职院校主动融入粤港澳大湾区建设，坚持把人才培养目标与国家战略、经济社会发展、继续教育发展紧密结合，为构建学习型社会做出积极贡献。

（一）招生情况

2022年，广东省高职院校学历继续教育招生总数180998人，占全省学历继续教育招生总量（687356人）的26.33%。与2021年相比，广东省高职院校学历继续教育招生人数共增加35334人。其中，专科层次招生人数增加了36199人，本科层次减少了865人，详见图7－33。

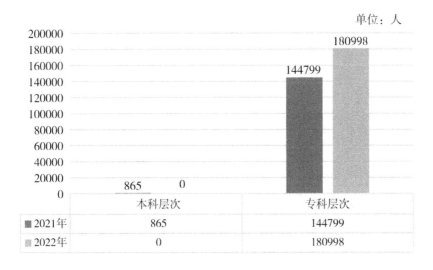

**图7－33  2021—2022年广东省高职院校学历继续教育本专科层次招生情况**

2022年，广东省高职院校函授教育招生130903人，占高职院校招生总数的72.32%；业余教育招生50095人，占高职院校招生总数的27.68%，详见图7－34。

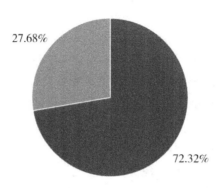

图 7 - 34　2022 年广东省高职院校学历继续教育各类学习形式招生情况

与 2021 年相比，广东省高职院校函授教育招生增加 23030 人，业余教育招生人增加 12304 人，详见图 7 - 35。

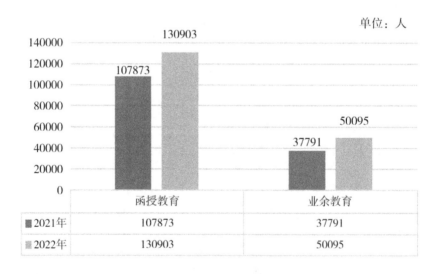

图 7 - 35　2021—2022 年广东省高职院校学历继续教育各类学习形式招生情况

（二）在籍生情况

2022 年，广东省高职院校学历继续教育在籍生共 301888 人，其中，函授教育在籍生 257477 人，占高职院校在籍生总数的 85.29%，业余教育在籍生 44411 人，占高职院校在籍生总数的 14.71%。具体见图 7–36。

与 2021 年相比，函授教育在籍生增加 76920 人，业余教育在籍生减少 56807 人，具体见图 7–37。

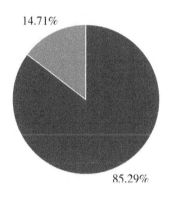

14.71%

85.29%

■函授教育 ■业余教育

**图 7–36 2021 年广东省高职院校学历继续教育各类学习形式在籍生情况**

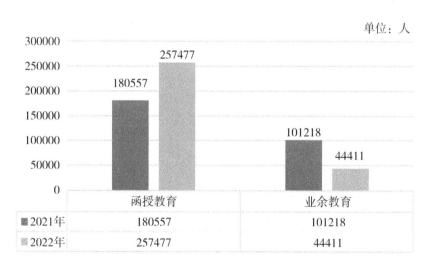

单位：人

| | 函授教育 | 业余教育 |
|---|---|---|
| ■2021年 | 180557 | 101218 |
| ■2022年 | 257477 | 44411 |

**图 7–37 2021—2022 年广东省高职院校学历继续教育各类学习形式在籍生情况**

（三）毕业生情况

2022 年，广东省高职院校学历继续教育毕业生总数 133622 人。其中，函授教育毕业生 86310 人，占高职院校毕业生总数的 64.59%，业余教育毕业生 47312 人，占高职院校毕业生总数的 35.41%，具体见图 7 - 38。

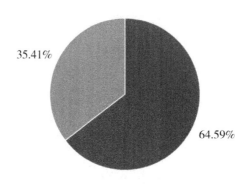

**图 7 - 38　2022 年广东省高职院校学历继续教育各类学习形式毕业生情况**

与 2021 年相比，广东省高职院校学历继续教育函授教育毕业生增加了 40804 人，业余教育毕业生增加了 8794 人，具体见图 7 - 39。

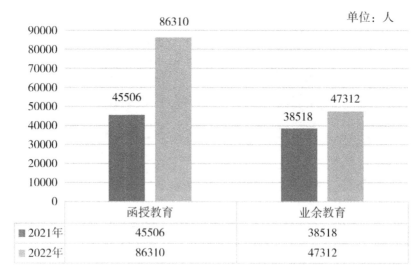

**图 7 - 39　2019—2021 年广东省高职院校学历继续教育各类学习形式毕业生情况**

## 第四节　广东省开放大学学历继续教育发展概况

开放大学是以现代信息技术为支撑，面向社会全体成员开展远程开放教育并具有学士学位授予权的新型高等学校。广东省开放大学服务于广东学习型社会建设，为学习者提供多样化、多层次的学历教育和非学历教育，提升了广东省终身教育的供给能力和服务水平，为学习型社会建设和终身学习体系构建提供了有力支撑。

2022 年，广东省共有 3 所开放大学举办学历继续教育，分别是广东开放大学、广州开放大学和深圳开放大学。从办学类型来看，广东省三所开放大学开展了业余教育、成人脱产教育、开放教育三种办学形式。

### 一、教育教学

（一）专业设置

近年来，广东省开放大学面向广东省新时期经济社会发展的重大需求，紧贴区域产业结构调整需要，优化专业布局，调整专业结构。

2022 年，三所开放大学学历继续教育共备案专业 104 个，其中，本科层次专业 31 个，专科层次专业 73 个。按学习形式划分，其中，开放教育专业 60 个，业余教育专业 33 个，成人脱产教育专业 11 个。详见图 7 –40。

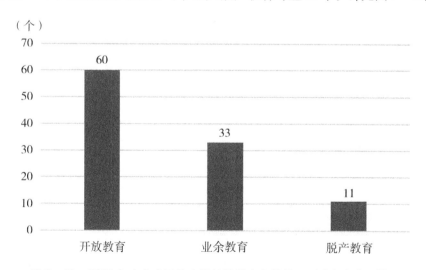

**图 7 –40　2022 年广东省开放大学继续教育各类学习形式备案专业情况**

（二）师资队伍

围绕开放教育课程资源建设和网络教学的要求，广东省开放大学组建了一支适应开放教育特点、擅长运用信息技术教学的专兼职结合的课程教学团队，与开放大学体系各教学单位的辅导教师、导学教师共同为学生提供远程学习导学、助学和促学等学习服务。

2021 年，三所开放大学校内外教职人员共 21615 人，其中，专任教师5377 人，辅导教师 11901 人，管理人员 4337 人，分别占教职人员总数的24.88%、55.06%、20.06%，具体见图 7 - 41。专任教师中，拥有副高及以上职称 1139 人，占专任教师总数的 21.18%。校内任课教师整体师资水平较高。

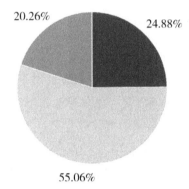

图 7 - 41　2022 年广东省学历继续教育开放大学教职人员规模

（三）资源建设

广东省开放大学主动适应现代网络教育发展的新趋势，遵循成人教育学生的学习特点和教育教学规律，围绕人才培养目标，不断加强课程资源建设，高标准建设网络课程，积极推进教学模式改革，实施混合教学模式。重视包括视音频和文本资源在内的各级各类课程资源的建设，大力建设在线课程资源辅助教师教学，推进教学制度的改革和信息技术与课程的深度融合。

2022 年，全省开放大学共有网络课程 18469 门，其中自主开发的网络课程总量1872门，音视频网络课程时长总计达407992小时。电子资源建设规模进一步增大，其中电子图书达到1381.76万册，电子期刊215.11万册，学位论文935.39万册，数字教材1.57万册，具体见图7-42。

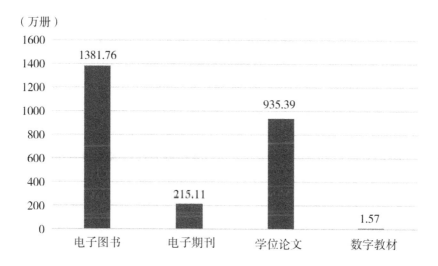

（万册）

**图7-42　2019—2021年广东省开放大学学历继续教育课程资源建设情况**

（四）校外站点情况

广东省开放大学按照相关规章制度和文件规定，严格考察和遴选校外合作办学机构，严格控制校外教学点数量。通过制定校外教学点管理制度和评估机制，强化过程管理与监控，规范校外教学点办学行为。2022年，广东省开放大学设置学历继续教育校外站点59个，均设在省内。

**二、人才培养**

（一）招生情况

2022年，广东省开放大学学历继续教育招生规模达178245人，占全省学历继续教育招生总量（687356人）的25.93%。其中，本科层次招生36839人，占开放大学招生总人数的20.67%；专科层次招生141406人，占开放大学招生总人数的79.33%，具体见图7-43。

与2021年相比，全省开放大学学历继续教育招生总数减少67213人。其中，本科层次增加2098人，专科层次减少69311人，详见图7-44。

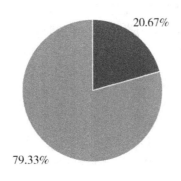

图7-43 2022年广东省开放大学学历继续教育本专科层次招生情况

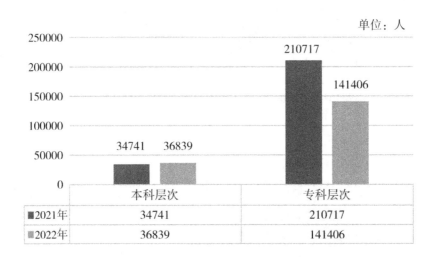

图7-44 2021—2022年广东省开放大学学历继续教育本专科层次招生情况

2022年，全省开放大学业余教育招生5030人，占开放大学招生总数的2.82%，成人脱产教育招生645人，占开放大学招生总数的0.36%，开放教育招生172570人，占开放大学招生总数的96.82%，具体见图7-45。

与2021年相比，全省开放大学业余教育形式招增加2273人，成人脱产教育形式招生增加104人，开放教育形式招生减少69590人，详见图7-46。

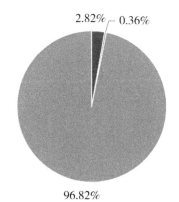

图 7 – 45 2022 年广东省开放大学学历继续教育各类学习形式招生情况

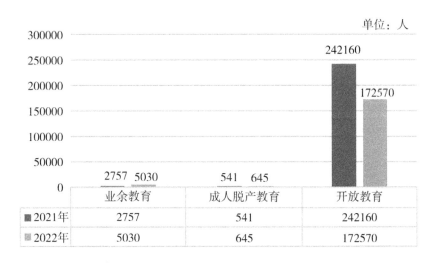

图 7 – 46 2021—2022 年广东省开放大学学历继续教育各类学习形式招生情况

（二）在籍生情况

2022 年，广东省开放大学学历继续教育在籍生共 574928 人，其中，业余教育在籍生 630 人，占开放大学在籍生总数的 0.10%；成人脱产教育在籍生 16 人，占开放大学在籍生总数不到 0.10%；开放教育在籍生574282 人，占开放大学在籍生总数的 99.90%，具体见图 7 – 47。

与 2021 年相比，业余教育在籍生减少 10773 人，成人脱产教育在籍生减少 1540 人，开放教育在籍生减少 23606 人，详见图 7-48。

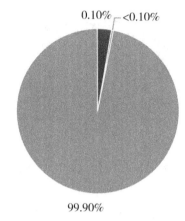

图 7-47　2022 年广东省开放大学学历继续教育各类学习形式在籍生情况

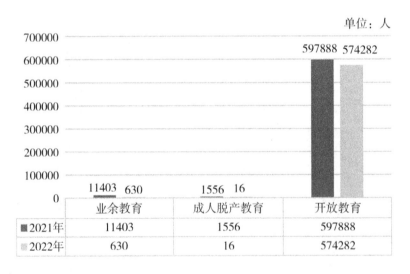

图 7-48　2021—2022 年广东省开放大学学历继续教育各类学习形式在籍生情况

（三）毕业生情况

2022 年，广东省开放大学学历继续教育毕业生总数为 183013 人。其中，业余教育毕业生 22 人，成人脱产教育教育毕业生 6 人，开放教育毕业生 182985 人。

与 2021 年相比，业余教育毕业生减少 2904 人，成人脱产教育毕业生减少 3713 人，开放教育毕业生增加 24399 人，详见图 7-49。

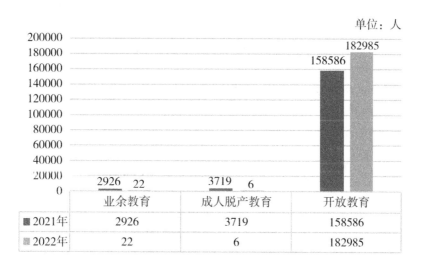

图 7-49　2021—2022 年广东省开放大学学历继续教育各类学习形式毕业生情况

## 第五节　广东省独立设置成人高校学历继续教育发展概况

广东省独立设置成人高校作为广东省成人教育的重要组成部分，以服务区域经济社会发展需要，满足成人学习需求，开展学历继续教育。2022年，全省共有 4 所独立设置成人高校举办学历继续教育。从办学类型来看，广东省独立设置成人高校学历继续教育学习形式包括业余教育和成人脱产教育。

**一、教育教学**

（一）专业设置

广东省各独立设置成人高校严格按照教育部下发的《高等学历继续教育专业设置管理办法》要求进行专业设置，按照贴近产业、贴近市场的原则，按需开设、增删相应专业点，不断优化专业结构。

2022年，广东省独立设置成人高校学历继续教育共开设39个专业，均为专科层次专业。

（二）师资队伍

从教师队伍建设来看，2022年，广东省独立设置成人高校校内外教职人员合计637人，其中专任教师334人，辅导教师152人，管理人员151人，分别占教职人员总数的52.43%、23.86%、23.71%，详见图7-50。专任教师中，拥有副高及以上职称111人，占专任教师总数的33.23%。总体而言，拥有副高及以上职称教师的人数占比较低，教师整体水平有待提升，师资结构有待进一步优化。

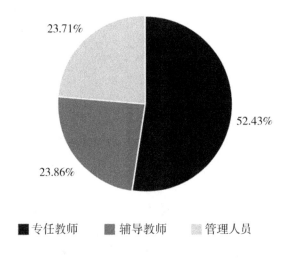

图7-50 2022年广东省独立设置成人高校学历继续教育教职人员情况

（三）资源建设

广东省独立设置成人高校主动适应教育改革发展的新趋势，以行业需求为着力点，围绕专业人才培养目标，不断加大电子课程资源建设，为学历继续教育教学提供支撑。2022年，广东省独立设置成人高校开设专科层次学历继续教育共有网络课程264门，其中自主开发的网络课程总量167门，音视频网络课程时长总计达10607小时。电子资源建设规模进一步增大，其中电子图书达到130.08万册，电子期刊1.27万册，数字教材0.908万册，详见图7-51。

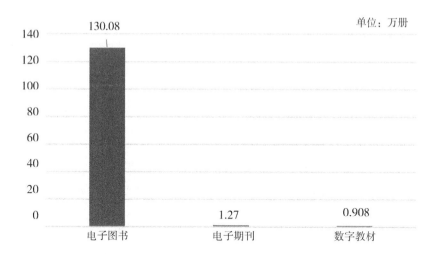

**图7-51 2022年广东省独立设置成人高校学历继续教育电子资源建设情况**

（四）校外教学点情况

广东省独立设置成人高校按照相关规章制度和文件规定，遴选校外合作办学机构以及校外教学点，2022年，广东省独立设置成人高校设置学历继续教育校外站点6个，全部为省内教学点。

**二、人才培养**

（一）招生情况

2022年，广东省独立设置成人高校学历继续教育招生总数为8024人（均为专科层次），占全省学历继续教育招生总量（1590367人）的0.5%。与2021年相比，全省独立设置成人高校学历继续教育招生总数增加1942人。

2022年，全省独立设置成人高校业余教育招生为4233人，占全省独立设置成人高校招生总数的52.75%，成人脱产教育招生为4456人，占全省独立设置成人高校招生总数的29.76%。与2021年相比，业余教育招生人数增加793人，成人脱产教育招生人数增加1814人，详见图7-52。

（二）在籍生情况

2022年，广东省独立设置成人高校学历继续教育在籍学生共13021人（均为专科层次）。与2021年相比，全省独立设置成人高校学历继续教育在籍学生总数增加857人。

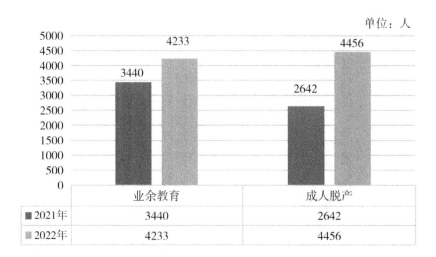

**图 7-52  2021—2022 年广东省独立设置成人高校学历继续教育各学习形式招生情况**

　　2022 年，广东省独立设置成人高校业余教育在籍学生有 8902 人，占全省独立设置成人高校在籍学生总数的 68.37%，成人脱产教育在籍学生有 4119 人，占全省独立设置成人高校在籍学生总数的 31.63%。与 2021 年相比，业余教育在籍学生增加 2047 人，成人脱产教育的在籍学生减少 1190 人，详见图 7-53。

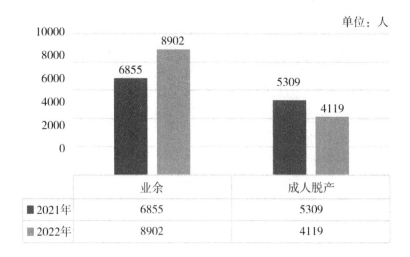

**图 7-53  2019—2021 年广东省独立设置成人高校学历继续教育各学习形式在籍生情况**

（三）毕业生情况

2022年，广东省独立设置成人高校学历继续教育毕业生总数有4916人（均为专科层次）。与2021年相比，广东省独立设置成人高校学历继续教育毕业生总数增加873人。

2021年，广东省独立设置成人高校业余教育毕业生2077人，占全省独立设置成人高校毕业生总数的42.25%，成人脱产教育毕业生2839人，占全省独立设置成人高校毕业生总数的57.75%。与2021年相比，业余教育毕业生增加410人，成人脱产教育毕业生增加473人，详见图7-54。

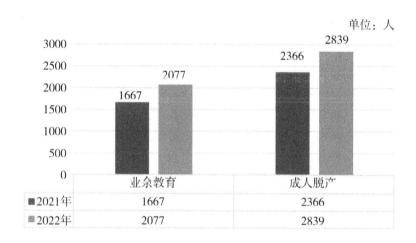

| | 业余教育 | 成人脱产 |
|---|---|---|
| 2021年 | 1667 | 2366 |
| 2022年 | 2077 | 2839 |

**图7-54　2021—2022年广东省独立设置成人高校学历继续教育各学习形式毕业生情况**

# 第八章　学分银行：广东省终身学习资历框架探索

## 第一节　广东终身教育资历框架

随着知识经济与信息技术发展时代的到来，终身教育和终身学习理念不断深入人心，终身教育体系建设作为培养各级各类人才、全面提升劳动力人口素质的主要抓手，已然成为各国教育宏观布局中的重点。资历框架与学分银行是各国在构建终身教育体系的实践中探索出来的创新举措，自党的"十六大"以来，我国先后出台《国家中长期教育改革和发展规划纲要（2010—2020 年)》《中国教育现代化 2035》《职业教育提质培优行动计划（2020—2023 年)》等一系列政策文件，陆续提出构建国家资历框架与学分银行建设的任务要求。

### 一、国家资历框架

（一）资历框架内涵

作为国家教育制度层面的顶层设计，国家资历框架是根据一定的标准对不同层级、不同类型的资历进行开发、分类、规范和认可，以促进整个国家范围内各级各类教育之间、教育培训与行业市场之间的有效衔接，保障教育质量，实施终身学习战略，提升国家教育透明度和国际竞争力的重要举措。

从建构目标来看，资历框架旨在促进教育、培训系统与劳动力市场的有效衔接，为社会经济发展提供人力资本。国家资历框架制度可以溯源至20 世纪 80 年代，当时的英国正在经历经济"寒冬"，政客们认为传统的重学术理论、轻职业技术的精英教育是毁灭英国经济的"罪魁祸首"，于是在教育界掀起一场"新职业主义教育运动"，提出要重新认识职业教育，提高其社会地位并将其纳入主流教育。继而，苏格兰、澳大利亚、新西兰等国家和地区也纷纷加入"新职业主义"阵营中，希望通过构建资历框架来提高职业教育、技能技术培训的社会地位。从国际经验来看，资历框架制度的初衷就是要通过广泛吸纳利益相关者参与资历标准设定，并将资历信息公开化、透明化，以帮助各级各类教育、培训机构更好地了解劳动力市场的需求，促进双方之间的有效衔接，为社会经济发展提供人才资源。

从建构形式来看，虽然各国资历框架呈现出不同的模式，但其本质上是一个公平、优质、高效的终身学习体系。根据联合国教科文组织的统计数据，目前全球已有超过 160 个国家和地区已经建成或正在建立资历框架，这些框架从类型上看，有松散型的，也有严密型的，有局部型的，也有综合型的；从层级数看，有 5 级框架，也有 12 级框架，更多的框架为 7—9 级；从内容上看，有侧重职业教育资历的，有侧重高等教育资历的。虽然从外在表现形式看，各国（地）资历框架各有不同，但总体而言，大多数资历框架都有着"终身学习立交桥"的目标定位，强调通过对资历的改革，将不同类型的资历进行衔接，为所有人搭建一座"终身学习立交桥"。在国家资历框架制度下，只要个体达到了所要求掌握的学习成果就可获得资历，无论其所接受的是正规教育，还是非正规教育、非正式教育，并无差别。资历框架中的"对先前学习的认可"以及将资历模块化、原子化等方式，有助于所有人尤其是那些被社会边缘化的弱势群体获得更多的学习机会，并借助资历实现跨部门、跨领域、跨区域的流动。

从建构路径来看，资历框架是事关深化一个国家或地区教育综合体制改革的顶层设计。国家资历框架是对一个国家全部或部分资历进行开发、分类的工具，从表面看似乎仅涉及该国现有资历系统的整合。如果对各国资历框架的定位和功能做进一步分析，不难发现，资历框架不仅涉及教育领域的问题，还涉及"育人"与"用人"制度的衔接，是影响社会全体公民的顶层制度设计。[①] 各国希望通过构建资历框架等级标准来重构本国的资历（子）系统，从而达到各种不同类型的资历之间的相互"沟通"，最大限度地减少教育投入、实现教育产出，提高本国的教育质量和教育竞争力。通过资历框架所设置的通用标准不仅是获得资历的标准，同时也必然会延伸到教学过程的各个阶段，成为课程开发、教学评估的参考标准。构建国家资历框架，需要教育部门、人力资源部门以及社会各行各业的通力合作，正是看到了这点，国际劳工组织一直强调资历框架应由政府或政

---

① 郑炜君、王顶明、王立生：《国家资历框架内涵研究：基于多个国家和地区资历框架文本的分析》，载《中国远程教育》2020 年第 9 期，第 1－7、15、76 页。

府机构自上而下倡导建立。只有在国家层面将资历框架作为一项制度的顶层设计，通过立法规范和设立权威机构来保证资历框架的实施，才有可能将资历框架的作用切实有效发挥出来。

（二）资历框架建设的国际经验

从相关国家和地区的经验看，建设资历框架需要相应的配套措施和基础性工作来保证它的推行。

1. 需遵循一定步骤、经历一定周期

各国建立国家资历框架的主要步骤和阶段一般为国家教育行政部门委托专门机构对设立资历框架及质量保障机制进行研究，然后将该研究成果先后向立法机构和公众咨询，并邀请各行业、专业团体、高校及研究机构、教育和培训机构广泛参与研讨，或组织相关代表赴外考察，将国外经验带回后在国内开展资历框架试点计划，最后由国家正式通过该资历框架和质量保障机制。这样的过程需要一定的周期，不可能一蹴而就。

2. 基本的法律框架和有力的协调机构

通过立法成立法定机构开发和实施国家资历框架是目前世界上多数国家和地区通行的做法，如英国的苏格兰及英格兰、威尔士和北爱尔兰，爱尔兰，南非，新西兰，澳大利亚等。其中有的国家或地区是先立法然后再推行，有些国家或地区则是先实际操作，在取得一定经验基础后再将其列入立法议程。制定关于国家资历框架的相关法律文件，从国家层面正式启动资历框架的制定和实施工作是非常重要的。除此之外，还须有一个非常有力的协调机构，协调广泛参与资历框架制定与实施过程的各部门机构、各利益相关者。

3. 质量保障体系的建立

为确保所颁发国家资历框架中各种学位、文凭和证书的质量，建立相应的质量保障机制尤为重要。各国在构建资历框架时都建立了相应的质量保障体系，对资历的质量进行控制。如香港特别行政区要求学术或职业领域的所有专业必须通过相应的质量保障机制才可纳入资历框架内并由此提出建立一个由院校注册、专业评审、院校评审、院校审核四个部分组成的学术和职业资历的质量保障机制；爱尔兰国家资历框架也确立了一套以注册、评估、监控为主的质量保障程序。

4. 社会各界的广泛参与和认可

资历框架"终身学习立交桥"的功能最终能否顺利实现，关键在于框架中的资历是否能得到社会各界的广泛认可。资历信用度的提高，除了有质量保障体系之外，还需要在国家资历框架的制定、实施、完善、使用过程中，吸纳社会各界及利益相关方广泛参与，尤其是让龙头行业企业在资历标准制定的前置环节介入，开发出满足市场需求和行业发展的资历；要坚持利益相关方参与的原则，强化标准和资历开发的服务功能。

5. 信息数据库建设

5G、大数据、人工智能等新技术的发展为教育革命提供了前所未有的契机，信息数据库成为资历框架运行的基础要素。以香港特别行政区为例，其资历名册是一个综合网上资料库，列有不同的教育及培训范畴下各级别的整体或单元资历、有关的专业课程及教育和培训机构资料，名册内的资历皆通过质量保障，学习者可以通过互联网查阅资历名册，选择需要学习的内容，雇主也可按需为雇员选取合适的培训课程。

（三）资历框架的建设意义

1. 构建国家资历框架符合全球教育发展的普遍趋势

在教育全球化的时代背景下，人员的跨境流动对国与国之间的资历互认提出了强劲的需求。联合国教科文组织很早就意识到建立一种国际体系来促进资历认可、保障资历质量的重要性，并从 20 世纪 70 年代开始，陆续在全球范围内推出了关于高等教育学历学位互认的六个地区性公约。从 1997 年开始，欧洲国家率先展开了对地区公约的新一轮修订，推出了《里斯本公约》，亚太地区修订推出的《东京公约》于 2018 年 2 月 1 日正式生效。2019 年 11 月，联合国教科文组织第 40 届大会通过了《承认高等教育资格全球公约》，成为联合国第一个具有全球范围的高等教育条约。全球公约旨在通过促进学生、教师、研究人员和求职者的国际交流，扩大其在世界各地接受高等教育的机会，保障个人通过公平、透明和非歧视方式评估其高等教育资格的权利。通过地区公约和全球公约的推动，越来越多的国家认识到建立资历框架的重要性，资历框架以及透明的质量保障系统已成为提高国家间、高等教育机构间互信水平、推动资历互认的重要工具。根据联合国教科文组织的统计，截至目前，全球有超过 160 个国家（地区）已经或正在建立资历框架，可以说，国家资历框架在构建终身学习体系、促进资历互认等方面的重要性已经成为全球共识。未来，国家资历框架乃至区域性资历框架的构建，以及以此为基础的双边、多边合作将成为普遍趋势。

党的十九大报告指出，中国进入社会主义新时代，中华民族迎来了从站起来、富起来到强起来的伟大飞跃。在打造人才高地、建设教育强国的过程中，将中国的教育质量保障体系（标准）和中国的高等教育资历推向世界，比以往任何时候都更为迫切。事实上，中国一直致力于推动亚太地区乃至全球范围内的资历互认、促进学生的国际流动。中国是《东京公约》的首个签约国，截至目前已与58个国家（地区）签署了政府间学历学位互认协议。资历框架通过对资历标准的设置与描述，为不同国家了解本国的资历信息提供了基础，是不同国家之间进行资历互认的有效工具。鉴于此，中国有必要加快构建国家资历框架以融入国际话语体系，并通过建立扎根中国大地、具有中国特色的资历框架制度，为全球构建资历框架贡献中国智慧、中国模式。

2. 构建国家资历框架是我国教育改革发展的内在要求

改革开放以来，中国的普通教育、高等教育、职业教育等均取得了长足的发展，但是也应看到存在的普遍问题：教育发展的理念相对陈旧，重学历轻能力、重结果轻过程的传统根深蒂固；条块分割管理导致各级各类教育之间不衔接、不融通，增加了人才培养的成本；现有资历系统的信息不透明、不开放，缺乏统一的参考标准和有效监管；教育、培训与行业市场之间、育人制度与用人制度之间存在脱节现象等。国家资历框架的构建不仅能影响教育发展理念、保障教育质量，还能通过设置统一标准来规范、衔接不同教育领域、行业部门的资历，增强教育、培训与市场之间的关联度，为终身学习体系和学习型社会的构建提供机制保障。

近年来，国家层面不断出台推动教育改革发展的政策文件。2014年，国务院学位委员会、教育部发布的《关于加强学位与研究生教育质量保证和监督体系建设的意见》提出，"根据经济社会发展多样化需求，制订不同类型、层次和学科类别研究生培养和学位授予标准"，其中"标准先行"的原则与国家资历框架倡导的"以学习成果的形式明确规定和描述学习者获得某一层次资历所须掌握的知识、技能和能力"的理念相契合。同年，国务院印发《关于加快发展现代职业教育的决定》，提出要加强职业教育与普通教育沟通，为学生多样化选择、多路径成才搭建"立交桥"，要建立学分积累与转换制度，推进学习成果互认衔接，以及"到2020年，形成适应发展需求、产教深度融合、中职高职衔接、职业教育与普通教育相互沟通，体现终身教育理念，具有中国特色、世界水平的现代职业教育体系"的目标任务。教育部等六部门印发《现代职业教育体系建设规划（2014—2020年）》，提出"统筹职业教育和普通教育、继续教育发展，建立学分积累和转换制度，畅通人才成长通道。优化职业教育体系结构和空间布局，形成普通教育与职业教育相互沟通、全日制与非全日制协调发展，学历教育与非学历培训沟通衔接，公办民办共同发展的现代职业教育新格局"。国务院2016年颁布的《中华人民共和国国民经济和社会发展第十三个五年规划纲要》以及2017年颁布的《国家教育事业发展"十三五"规划》中，则明确提出了制定国家资历框架、畅通继续教育与终身学习通道、推进非学历教育学习成果和职业技能等级学分转换互认等内容。2019年，国务院印发《国家职业教育改革实施方案》再次提出"推进资历框架建设，探索实现学历证书和职业技能等级证书互通衔接"。从这一系列政策中不难发现，我国在建立学习型大国的道路上，正逐步以国家资历框架为抓手，构建出一个开放、融通、灵活、高效的全民终身教育体系。

但同时也要看到，资历框架的建设可以从高等教育或是职业教育领域出发，但绝不能局限于高等教育或职业教育领域。建立终身教育体系，需要通过资历框架这一政策工具从宏观层面对各级各类教育、教育与行业、教育与社会之间的关系进行多角度、全方位的统筹，建立一整套配套政策。

## 二、广东终身教育资历框架

### （一）广东终身教育资历框架的建设背景

1. 经济大省

广东有着非常强劲的经济实力。2022年，广东全省地区生产总值超过12万亿元，GDP总量连续34年位居全国第一。如果把广东当作一个经济体，则广东的经济总量大概位居世界第13位。且随着广东经济持续平稳发展，经济总量上万亿元台阶的时间越来越短。数据显示，2000年广东经济总量突破1万亿，2010年突破4万亿元，从1万亿到4万亿花了10年的时间；从4万亿到10万亿，跨过6个万亿元的台阶仅用了9年时间，平均1.5年上一个万亿元台阶。尤其是改革开放以来，广东占全国经济总量的比重从1978年的5.1%提升到2019年的10.9%。经济总量在1998年超过新加坡，2003年超过香港特别行政区，2007年超过中国台湾地区。

2014 年开始，广东经济总量高于新加坡、香港特别行政区和中国台湾地区的总和。按照预计，广东经济总量有望在"十四五"期间超过韩国。

2. 科技创新大省

作为科技创新大省，近年来广东科技创新能力大幅跃升。广东省 2022 年政府工作报告显示：2022 年广东省全省研发经费支出约 4200 亿元、占地区生产总值比重达 3.26%，区域创新综合能力连续 6 年全国第一，研发人员数量达 130 万人。这些数据表明，作为科技创新大省和科技创新强省的广东正成长为国家重要创新动力源。

3. 人口和教育大省

广东是中国经济第一大省，也是人口第一大省。根据国家统计局发布的公报显示，2020 年 11 月 1 日零时为标准时点开展的第七次全国人口普查，广东常住人口为 1.26 亿人，和 2010 年第六次全国人口普查相比约增加 2100 余万人，人口总量和增加量均位居全国首位，占全国人口比重 8.93%。广东的人口规模之所以如此庞大，一方面是人口的自然增长，另一方面是外来人口不断涌入。根据《广东省国土空间规划（2020—2035 年)》，未来 15 年，广东至少还要增加 1500 万人，到 2035 年全省常住人口将会达到 1.3 亿人。鉴于此，人口红利在一定时期内都将会是推动广东社会经济发展的重要动力。

人口数量庞大意味着更多的人需要接受教育、需要终身学习，从这个角度来看，广东应该是也必定是教育大省。但教育大省不一定是教育强省，根据第七次全国人口普查结果，广东每 10 万人口中拥有大专及以上文化程度的人数为 15699 人，拥有大学文化程度的人口占总人口比例仅 15.7%，在全国列第 13 位，与北京、上海、江苏等经济发达地区有较大差距，与广东经济排名第一的地位也不相匹配。从教育部的数据统计来看，广东省在百万人均拥有普通高校数量、百万人均拥有"双一流"高校数量等指标的排名上均低于全国平均水平，每百万人口仅拥有 1.37 所高校，在全国所有省（自治区、直辖市）中排名倒数第二。根据广东省统计局发布的《粤港澳大湾区与长三角发展潜力比较研究》报告，大湾区珠三角九市有中山大学、华南理工大学、暨南大学和华南师范大学等 2 所 985 高校和 4 所 211 高校，相比之下，长三角拥有 8 所 985 高校和 25 所 211 高校，前者数量不到后者的八分之一。

21 世纪是人才的世纪，广东要继续保持经济发展态势，就必须要有足够的人才支撑。庞大的人口基数和不断涌入的外来人口是广东人力资源的优势。同时，人均受教育年限不足、普通高校和优质高校数量不足、外来人口不断增多带来的教育资源紧张等问题，又将给广东人力资源开发带来巨大挑战。终身学习体系的完善和学习型社会的建设是解决上述问题的重要举措，而资历框架和学分银行制度的建设又是重中之重。

（二）广东终身教育资历框架的实践探索

各国（地区）在构建资历框架时都应结合本国（地区）实际，脱离实际的做法或者无法成功，或者建成的只是空中楼阁。广东在研制资历框架时，结合本省的实际情况，在综合考虑政策效力和政策制定的可行性后，最终选择采用标准的表现形式，基于标准化的视角构建本省资历框架。

1. 研制原则

明确研制原则是标准制定、修订的前提，"统一性、协调性、适用性、一致性、规范性"是标准制定、修订的基本原则。依据标准制定、修订的基本原则，广东资历框架研制确立了"遵循规律、科学设计、国际接轨、符合实际"的基本原则。

"遵循规律"即遵循教育规律和标准化规律。资历框架研制既要遵循教育规律，符合国家教育体制，符合人才成长规律；又要遵循标准研制规律，研制过程和编写格式必须严格遵循国家现行基础标准的有关条款，体现标准制定、修订的统一性、协调性和规范性要求。

"科学设计"要求资历框架研制源于科研和实践，且方法科学、系统完整，体现标准"科学性"的基本属性。

"国际接轨"要求资历框架要借鉴参考其他国家（区域）的先进标准，以实现资历框架的国际接轨和人才的跨境流动，体现标准制定、修订的一致性要求。

"符合实际"要求资历框架应符合国情和省情，做好与国家资历框架制度（尚未实施）相衔接的准备，体现标准制定、修订的适用性要求。

2. 研制主体

根据《中华人民共和国标准化法》，标准的起草和技术审查工作由标准化技术委员会负责，未组成标准化技术委员会的应当成立专家组，且专家组的组成应当具有广泛代表性。考虑到广东尚未成立相关专业的标准化技术委员会，广东资历框架在研制时采用了以下措施。

一是由广东省教育厅负责标准提出和归口管理，具体负责向省标准化主管部门提出标准制定、修订项目指南建议，推荐申报标准制定、修订项目，标准的归口管理、标准宣贯和实施等；二是由广东省标准化主管部门负责标准的立项、审定、发布和申报备案；三是成立广东资历框架起草工作组（简称"起草工作组"），负责标准的起草工作。在充分考虑前期相关研究和实践的基础上，起草工作组由广东开放大学（牵头单位）、广东省教育研究院、广东省职业技能鉴定指导中心、中山大学、华南理工大学、华南师范大学、广东机电职业技术学院、广东交通职业技术学院、香港珠海学院等9家单位组成，涉及教育部门和人力资源保障部门下属相关研究机构、"985"和"211"高校、高职院校等，具有一定的代表性。

3. 研制程序

广东资历框架研制先后经历预研、草案编制、立项、起草、征求意见和验证、标准审查、报批和备案、发布和出版等八个阶段。

预研阶段，专家团队深入研究了世界上主要国家和地区资历框架的基本要素和主要特点，为后续起草标准奠定基础。

草案编制阶段，研制形成资历框架等级标准（简称"标准"）草案，为立项做好准备。

立项阶段，向省质量技术监督局提出地方标准立项申请，由标准化主管部门批准立项，并下达地方标准制定、修订立项计划项目。

起草阶段，研究形成标准征求意见稿和相关材料，为后续征求意见奠定基础。

征求意见和验证阶段，向有关利益相关方征求意见，并形成标准的送审稿。

标准审查阶段，向标准化主管部门提出审查要求，标准化主管部门组织审查，并提出审查意见。

报批和备案阶段，向标准化主管部门申请报批，标准化主管部门在审核的基础上，向社会各界公开征求意见，然后由标准化主管部门批准发布标准，并向国家标准化委员会申报备案。

发布和出版阶段，经批准和备案后，标准最后由广东省标准化研究院出版发行。

（三）广东终身教育资历框架的主要内容

《广东终身教育资历框架等级标准》包括前言、范围、规范性文件、术语与定义、资历框架、等级标准和参考文件等七部分内容，其中资历框架和等级标准为核心内容。

1. 资历框架

广东终身教育资历框架将资历层级分为 7 级，1 级最低，7 级最高；资历类型涵盖普通教育、职业教育和培训及业绩三大类；规定了资历等级与普通教育、职业教育和培训及业绩等资历成果的相关关系，其中普通教育和职业教育资历成果与等级之间是对等关系，用实线表示，如 1 级为小学，7 级为博士，而培训和业绩资历成果与资历等级之间是对应关系，用虚线表示，其具体的对应关系还需要在下一级的标准中明确。具体如图 8-1 所示。

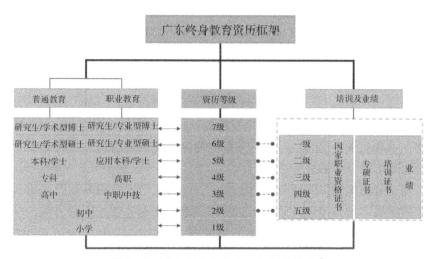

图 8-1　广东终身教育资历框架关系图①

通过资历框架，普通教育、职业教育、培训与业绩等资历成果可以与资历框架进行互认和衔接。

2. 等级标准

在《广东终身教育资历框架等级标准》中，每个资历等级可以从知识、技能和能力三个维度进行具体描述，各等级标准之间在知识、技能和能力三个维度上都有清晰的区分度，具体表述见图 8-2。

①　《广东省终身教育学分银行"十三五"规划工作报告》（内部资料）。

| 级别 | 知识 | 技能 | 能力 |
| --- | --- | --- | --- |
| 第1级 | 掌握工作或学习所需要的基本的常识性简单知识 | 具有完成简单任务的基本技能 | 能够在他人直接指导下完成简单的学习或工作任务 |
| 第2级 | 掌握工作或学习所需要的基础知识 | 具有应用相关信息和简单工具，完成常规任务的基本技能 | 能够在他人的指导下在一定程度上自主地完成学习或工作任务 |
| 第3级 | 掌握某个工作或学习领域所需要的事实性和理论性知识 | 具有在某个工作或学习领域中，选择和应用相应的信息、工具和方法，解决具体问题和完成相应任务所需要的技能 | 能够在变化但可预测的环境中，基于工作或学习的指引进行自我管理，监督他人的工作或学习，承担评估和改进工作的有限职责 |
| 第4级 | 掌握某个工作或学习领域所需要的综合、专业、理论的知识，并了解知识应用的范围 | 具有创新性地解决抽象问题的综合的认知和实践技能 | 能够在不可预测的工作或学习环境中，履行管理和指导的职责，评估和改进自己和他人工作或学习的表现 |
| 第5级 | 掌握某个工作或学习领域所需要的高层次知识，对理论和原理进行批判性理解 | 具有在某个专业的工作或学习领域中，创新性地解决复杂和不可预测问题的高级技能 | 能够在不可预测的工作或学习环境中，管理复杂的技术或专业项目，承担管理个人和团队专业发展及做出决策的职责 |
| 第6级 | 掌握某个工作或学习领域中高度专业化知识，包括某些作为原创性思维和/或研究基础的前沿知识；对某个领域和交叉领域的知识形成批判性认识 | 具有在研究和/或创新中，为发展新知识、新工艺以及整合不同领域知识所需的专业化解决问题的技能 | 能够应对和改变复杂、不可预测、需要新策略方法的工作或学习环境，承担发展专业知识和实践发展和/或评估团队绩效的职责 |
| 第7级 | 掌握某个工作或学习领域以及交叉领域最前沿的前沿知识 | 具有最先进的技能和方法，包括综合和评价，解决在研究和/或创新中的关键问题，扩展和重新定义已有知识和专业化实践 | 能够站在工作或学习（包括研究）的前沿，表现出高度的权威性、创新性、自主性、学术和职业操守，能持续不断地形成新的理念和方法 |

图8-2　广东终身教育资历框架等级标准[①]

### 3. 落地实施

为进一步落实《广东终身教育资历框架等级标准》，2017 年底，广东在终身教育资历框架等级标准的基础上，选择汽车业（后市场）、机械制造业、物流业等行业先行开展行业资历等级标准研制试点，开发了基于广东资历框架的行业能力标准。

基于资历框架下的行业能力标准，是针对某个行业的岗位能力需求而制定的标准。具体来说就是在不同的岗位中完成主要任务所需的能力要求及成效标准，由一系列的能力单元组成。[②] 接下来，以汽车业（后市场）为例，简要介绍其能力标准制定的实施步骤。第一步，先以联合体招投标的形式确定汽车后市场行业能力标准起草小组，负责能力标准的开发工作；第二步，制定好工作方案，明确能力标准建设的理念内涵、目标定位、工作思路、技术路线等；第三步，开展行业调研，通过实地走访、问卷调查等方法，对汽车后市场行业进行深度调研，提出能力标准的范围和边界、开发依据，确立了汽车维修、汽车检验检测、销售与市场推广、汽车配件销售与市场推广、汽车配件销售、汽车改装、汽车金融与租赁等六

---

① 《广东省终身教育学分银行"十三五"规划工作报告》（内部资料）。

② 李雪婵、关燕桃、李怀俊：《基于资历框架的能力标准开发：粤港的经验》，载《中国职业技术教育》2020 年第 6 期，第 39－48 页。

大职能范畴的能力标准，初步勾勒出核心岗位职业晋升路径图。第四步，研制职能结构图，将六大职能范畴进一步细分成 18 个职能，以职能结构图（见图 8-3）的形式进一步明晰能力标准的范围、边界和内部结构。第五步，制定能力标准，根据各职能/岗位所需的通用及专业能力，编写能力单元模块，18 个职能共计 342 个单元模块。

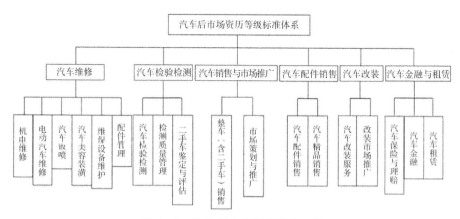

**图 8-3　汽车后市场职能结构图①**

以"机电维修"为例，该职能共包含"汽车维修工具与设备的维护及保养""汽车组件不符法规的缺陷检测"等 54 个能力单元模块，每个能力单元包括名称、编号、应用范围、级别、学分、能力说明、评价标准、备注等八项内容，其中的级别对应《广东终身教育资历框架等级标准》中的 7 个等级，能力说明对应资历框架所提出的"知识、技能和能力"三个维度，学分通常按照完成学习任务所需的学时进行转换。表 8-1 是"汽车维修工具与设备的维护及保养"能力单元②模块。

---

① 广东省道路运输协会：《汽车业（后市场）行业资历等级标准：T/GDRTA 004-2020》，见全国团体标准信息化平台（https://www.ttbz.org.cn/StandardManage/Detail/41310），访问日期：2023 年 10 月 1 日。

② 广东省道路运输协会：《汽车业（后市场）行业资历等级标准：T/GDRTA 004-2020》，见全国团体标准信息化平台（https://www.ttbz.org.cn/StandardManage/Detail/41310），访问日期：2023 年 10 月 1 日。

**表 8－1 "汽车维修工具与设备的维护及保养"能力单元**

| 名称 | 汽车维修工具与设备的维护与保养 |
|---|---|
| 编号 | 2019010182 |
| 应用范围 | 在汽车 4S 店或汽车美容、维修店，熟练开展常用维修工具与设备的保养与维护 |
| 级别 | 2 |
| 学分 | 3 |
| 能力说明 | 1. 掌握汽车维修工具及设备<br>（1）类别、名秒、功能<br>（2）用途、使用流程<br>（3）保养程序、规范<br>2. 掌握汽车维修工具和设备的保养方法<br>（1）各类工具的检查方法<br>（2）按照汽车维修工具和设备使用说明，正确维护保养工具和设备<br>（3）更新汽车维修工具和设备的保养记录<br>3. 掌握工具设备使用方法<br>（1）按照用途，正确选择及使用工具和设备，包括但不限于：<br>　—手工具<br>　—气动工具<br>　—电动工具<br>　—量度工具<br>　—升降设备<br>　—其他相关工具和设备<br>（2）按照法律与规则，使用工具和设备 |
| 评价标准建议 | 此能力单元的综合评价要求为：<br>1. 能够正确选择使用工具设备<br>2. 能够根据指引，完成设备的保养、维护，并准确填写设备维修记录 |
| 备注 | |

以广东资历框架等级标准为母标准，汽车业后市场等行业能力标准在

广东先行先试，将资历框架真正落地，初步形成了一套可推广可复制的行业能力标准开发范式。《汽车业（后市场）资历等级标准》于 2020 年 12 月 17 日在全国团体标准信息平台正式发布，自 2021 年 1 月 1 日起开始实施。未来，这套标准能否在汽车后市场这个行业中得到雇主、雇员的一致认可，还需要市场和时间的检验。

## 第二节 广东省面向终身学习的学分银行建设

资历框架制度作为学分银行制度的上位概念，和学分银行制度之间存在强烈的耦合关系。一方面，资历框架制度需要以学分银行为抓手实现学分的互认、积累和转换；另一方面，学分银行在开展学分认证时需要遵循资历框架的等级和标准。

几论是资历框架还是学分银行，都是为了满足更加开放灵活的终身学习需求，通过各类学习成果的认证、积累和转换，促进各级各类教育和培训机构之间、教育培训和行业市场之间的衔接，打通各种通道帮助学习者获得学业或是职业上的晋升。

### 一、国家学分银行制度

（一）学分银行制度的内涵

学分银行其实是"学习成果认证、积累与转换制度"的一种形象说法，通过模拟或借鉴银行的存储、信兑等功能，对不同类型的学习成果进行认证后，以"学分"的形式在"银行"中进行积累与转换。这种新型教育管理制度不仅使学生能够突破学习时段的限制，储存所学成果的学分，而且能突破传统的专业限制，把通过不同学习途径获得的学习成果与相关的学历教育结合起来，通过专家评估实现学分在不同类型教育之间的相互转换。[1] 学分银行的建设，旨在推动全民学习，让学习者能够自由选择学习内容、学习时间、学习地点、学习方式，真正做到"人人皆学、处处能学、时时可学"。

作为终身教育体系和学习型城市建设的重要组成部分，学分银行具有

---

① 郝克明：《终身学习与"学分银行"的教育管理模式》，载《开放教育研究》2012 年第 1 期，第 12 - 15 页。

以下特性：一是开放性，学分银行对全体社会成员开放，对各类教育机构开放；二是灵活性，学分银行具有学分积累机制、学分评价机制、学分转换机制等一系列弹性学分制度，强调以学习者为主体，允许学习者按照工作岗位、职业技能、兴趣爱好等需求选择学习课程、选择学习时间、选择学习地点、选择辅导教师和选择教学方式，学习结束后申请相应学分的认证、互认、累积和转换；三是服务性，学分银行是为全社会进行开放服务的、具有组织特性和标准的课程资源平台以及具有学分查询、学分互认的信息化公共服务平台，能为每一个社会成员的不同学习需求提供特殊的教育服务。①

（二）国际上的学分银行建设

国际上，学分银行或学习成果认证制度的起源可以追溯至 20 世纪 50 年代，在 1953 年召开的巴黎大会上，32 个参会国讨论了"关于进入他国大学学习时文凭等值"的问题，可以说是学分转换的最早萌芽。20 世纪 80 年代以来，欧盟成员国的欧洲学分转换和累积系统、美国的社区学院学分银行制度、英国的个人学习账户制度、加拿大的"学分转移协议"学分制度、韩国的学分制度等相继实施。下面以欧洲学分转换和累积系统（European Credit Transfer and Accumulation System，ECTS）和韩国的学分银行制度（the Academic Credit Bank System，ACBS）为例，简要述之。

1. 欧洲学分转换和累积系统（ECTS）

欧洲学分转换和累积系统最早是欧盟在执行"伊拉斯谟计划"过程中开发出的一个促进不同国家间大学生流动的学分转换工具，起初只具备学分转换的单一功能。经过长达几年的试点，1996 年，欧盟 29 国教育部长在共同签署的《博洛尼亚宣言》中正式提出建立 ECTS 认证系统，规定学分可以在本科高等教育机构以外的场所获得且终身有效，并在相关接受学校审核认可下进行转换，至此，ECTS 单一的转换功能发展为转换与累积并存。

ECTS 是适用于整个欧盟和部分欧洲合作国家的高等教育机构间学分转换的一套标准，其中的学分是指"基于定义的学习成果及其相关工作量

---

① 李光先：《广东学分银行建设之势与难研究》，载《广东广播电视大学学报》2014 年第 5 期，第 1 – 5 页。

的学习"①。欧洲各国的高等教育机构对于成功完成课程、研讨会或模块的学习者授予 ECTS 学分，一般来说，25—30 个学时相当于 1 个学分，一学年按 1500—1800 个学时的工作量换算，能得到 60 个 ECTS 学分。换言之，学习者完成 3 年制的学士学位课程可获得 180 个 ECTS 学分，4 年制的学士学位课程可获得 240 个 ECTS 学分，1—2 年制的硕士学位课程可获得 90 或 120 个 ECTS 学分。② 欧洲各国高等教育机构数量众多、教育水平也是参差不齐，ECTS 之所以能够顺利运行，主要得益于 3 个关键性证明文件，分别是课程目录（Course Catalogue）、学习协议（Learning Agreement）和成绩档案（Transcript of Records）。课程目录是整个系统的基础，一般由高等教育机构发布在网站上，内容包括该校的基本信息，准确的教学内容、教学要求、评估模式、教学时间、教学方法等相关信息；学习协议是由派出学校、接收学校和学生三方共同签署的强制性协议，包含在校学生于每年注册登记的学习项目和特定的课程单元数，学校通过注册学生的学习协议提供课程和授予学分；成绩档案是记录学生学习进展和学习成果的重要证明，当学生准备留学时，由派出学校将该生的成绩档案发送给接收学校，当学生学成归来时，接收学校则将新的成绩档案返送至派出学校。③

ECTS 取代或补充了欧洲不同的国家（地区）标准，使所有欧洲高等教育区（European Higher Education Area，EHEA）成员国家的学位课程和学生表现更加透明和更具可比性。ECTS 之所以能促进学习者的流动，与欧洲强大的高等教育质量保障体系分不开，可以说，质量保障是 ECTS 顺利实施的前提和基础。高等教育质量保障是博洛尼亚进程的重要组成部分，2003 年 9 月，欧洲各国教育部长齐聚柏林，提出开发高校、国家及整个欧洲层面的质量保障体系，建立欧洲高等教育质量保障协会（European Association for Quality Assurance in Higher Education，ENQA）。2005 年，卑

---

① European Commission, "European Credit Transfer and Accumulation System（ECTS），" accessed December 10, 2021, https://ec. europa. eu/education/resources-and-tools/european-credit-transfer-and-accumulation-system-ects_en.

② J. Weingarten, "All You Need to Know about the European Credit System ECTS," accessed October 4, 2023, https://www. mastersportal. com/articles/388/all-you-need-to-know-about-the-european-credit-system-ects. html.

③ European Commission, "European Users' Guide ," accessed December 10, 2021, https://op. europa. eu/en/publication - detail/ - /publication/da7467e6 - 8450 - 11e5 - b8b7 - 01aa75ed71a1.

尔根教育部长会议正式发布欧洲高等教育区质量保障标准（Standads and Guidelines for Quality Assurance in the European Higher Education Area，ESG2005），该标准成为欧洲高等教育区国家质量保障的通用标准，其主体内容分为内部质量保障标准、外部质量保障标准和质量保障机构标准三个部分。2008 年，欧洲高等教育质量保障注册局（European Quality Assurance Register for Higher Education，EQAR）在布鲁塞尔成立，负责保障质量保障机构的质量。这一系列的举措为整个欧洲的高等教育和 ECTS 系统的运行奠定了质量的基石。

2. 韩国学分银行制度（ACBS）

1995 年 5 月，韩国总统教育咨询改革委员会发布"5.31 教育改革"报告，提出将建立学分银行制度作为韩国构建终身教育体系的具体举措。韩国国会采纳了该意见，于次年颁布《教育基本法》，明确规定"鼓励公民参加以终身教育为目的的各种形式的社会教育""公民参加社会教育的成果应按照有关法律规定认证为相应的学校教育的学习成果"，为学分银行的实施提供了法律依据。[①] 1997 年，韩国以总统令的形式颁布了关于学分银行认证的实施令，随后又以教育部令的形式规定了学分银行的具体实施细则。至此，韩国学分银行制度于 1998 年 2 月正式实施。

从组织体系来看，韩国教育部负责制定相关政策、认证和审核教育培训机构及其教育项目、发布标准化课程体系、为学生颁发学位；各省（市、道）教育办公室作为学分银行地区信息中心，负责收集并上报学习者申请材料，向学习者提供信息咨询和建议。从操作执行来看，教育部授权国家终身教育研究所具体负责学分银行的日常管理和研究，包括复审学分认定要求、对教育培训机构及其教育项目进行审核认证、开发课程、建立学分银行信息系统等。具体如图 8 - 4 所示。

学分银行覆盖的机构范围广泛，包括成人继续教育机构或私立教育机构、职业教育与培训机构、大学附设的终身教育院或学院项目拓展中心、隶属于军队的教育培训机构、高级技术训练学校或特殊学校、提供成人和继续教育的部分大众传媒机构等。为了保证质量，韩国学分银行专门建立了标准化课程体系和培训机构认证标准，每年对教育培训机构组织一次评

---

① 林晓凤、安宽洙：《韩国学分银行十五年：成就、挑战与未来》，载《职教论坛》2015 年第 3 期，第 42 - 49 页。

估，只有经过审核认定合格的教育培训机构，其教学成果才能被学分银行认可。学分银行认可的学习成果也很广泛，包括学习者在经过认证的教育培训机构完成课程、获得职业资格证书、通过学士学位自学考试、修读高校非全日制课程、获得高校本科（专科）学分、掌握重要非物质文化遗产相关技能等。[1]

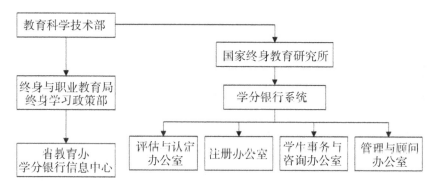

图 8-4　韩国学分银行组织架构图[2]

韩国的学分银行制度呈现出以下几个特点：①自上而下的顶层设计，具有权威的法律保障；②建立由中央主管机构与地方各类教育培训机构组成的较为健全的组织体系；③开发较为完备的课程开发系统和评估认证系统，为学习成果的认证和转换提供质量保障；④学分银行的覆盖面和受益面广，尤其是高龄学习者、非物质文化遗产继承人等被边缘化群体在其中获得额外的支持和帮助，对韩国人力资源开发和传统文化传承具有重要意义。自运作以来，学分银行持续为韩国民众提供终身学习的机会，在其升学、就业、工作、生活等方面都产生了积极的影响，在大众心中获得较高的认可度。有数据显示，仅 2020 年一年，韩国学分银行的注册人数就超过 165000 人，累积注册人数从 1998 年的 671 人增至 2020 年的 1850548 人。

---

① 覃兵、胡蓉：《韩国高等教育学分银行制探析》，载《比较教育研究》2009 年第 12 期，第 65-68 页。
② 刘安、王海东：《韩国国家学分银行制度及经验》，载《中国考试》2013 年第 5 期，第 32-38 页。

（三）中国学分银行制度试点

在我国，自 2010 年《国家中长期教育要改革和发展规划纲要（2010—2020 年）》明确提出"建立学分银行，建立继续教育学分积累与转换制度"以来，各地纷纷开展学分银行制度试点。2017 年，《国家教育事业发展"十三五"规划》提出"推进国家学分建设，为每一位学习者提供能够记录、存储自己的学习经历和成果的个人学习账户"。2019 年，中共中央、国务院印发的《中国教育现代化 2035》中提出"建立健全国家学分银行制度和学习成果认证制度"。2019 年，国务院出台《国家职业教育改革实施方案》，又称"职教 20 条"，再次明确要"加快推进职业教育国家'学分银行'建设"。2020 年 9 月，教育部等九部门联合发布《职业教育提质培优行动计划（2020—2023 年）》，将"健全服务全民终身学习的职业教育制度，加快建设职业教育国家'学分银行'"作为重点工作予以推进。

从实践层面，早在 2005 年，我国部分职业院校就开始了学分互认与转换制度的探索，随着 2010 年《国家中长期教育改革和发展规划纲要（2010—2022 年）》的颁布，学分银行制度的探索在成人教育、继续教育、高等教育等领域逐渐推进。除了上海市终身教育学分银行（2012 年）、云南省学分银行（2012 年）、江苏省终身教育学分银行（2013 年）、浙江省学分银行（2015 年）、重庆终身学习学分银行（2019 年）等地方试点之外，普通高校、社会组织、企业单位等也在探索多种形式的学分转换制度。下面以发展较为成熟的上海市终身教育学分银行和正在推进中的职业教育国家学分银行为个案，简要述之。

1. 上海市终身教育学分银行

上海市终身教育学分银行是面向上海市学习者，以学习成果认定、积累与转换为主要功能的学习成果认证管理中心和转换服务平台。2010 年，《上海市中长期教育改革和发展规划纲要（2010—2020 年）》提出要"建立学分积累和转换制度，实现学习成果的互认和衔接"，并将"建立'学分银行'，实施学分互认"作为重要任务列入"教育综合改革重点实验项目"。2011 年 5 月施行的《上海市终身教育促进条例》是我国地方政府制定的第二部促进、保障终身教育发展的地方条例，其中第十一条明确指出"本市逐步建立终身教育学分积累与转换制度，实现不同类型学习成果的互认与衔接"，为上海市学分银行制度的建设提供了法律保障。2012 年 7

月 24 日，上海市终身教育学分银行成立，这是全国首家省级学分银行，由上海市教委主办和管理，上海开放大学负责具体实施和运行。

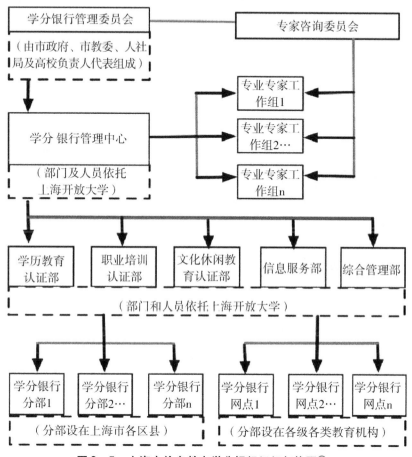

**图 8-5　上海市终身教育学分银行组织架构图①**

如图 8-5 所示，从组织架构来看，上海市终身教育学分银的最高领导机构为学分银行管理委员会，主要负责顶层决策、指导工作，并对运行全过程进行监督；实体运行机构是学分银行管理中心，主要负责学分银行的建设、运营及各项业务的开展，下设不同的部门具体负责制定课程认定

① 田红梅：《长三角地区开放教育学分银行筹建及上海市的经验借鉴与启示》，载《中国成人教育》2020 年第 5 期，第 59-61 页。

标准、职业证书认证标准、系统开发和运维等业务；上海各区县设置的学分银行分部、合作高校设置的学分银行高校网点，作为业务处理单位，是学分银行直接面向社会大众的窗口，主要负责开户、学分认定、咨询宣传等工作。专家咨询委员会（下设若干专家工作组）作为决策咨询和专业指导机构，负责对学分认定等工作进行专业指导、提供咨询意见。上海市教委每年拨付专门的费用，为终身教育学分银行的业务开展提供经费保障。

相比其他地方学分银行，上海市终身教育学分银行的服务体系覆盖面广，涉及中高职院校、成人高校、民办教育机构、社区、企业等。目前，上海已经建立了覆盖全市所有高校的 68 个网点，面向在校学生开展各项业务；建设了覆盖全市各区的 19 个分部，面向社会学习者开展业务。为了更好地指导各高校开展学分转换，上海学分银行建立了各类学习成果转换标准体系，形成 16 套学历教育学分转换标准手册。针对非学历证书与学历教育课程在教学目标和考核内容上的差异，开发了涉及 50 个本专科专业的 425 个非学历证书被认定为学历教育学分的标准。自 2012 年运作以来，截至 2020 年 4 月 30 日，上海终身教育学分银行已为 385 万学习者建立个人学习账户，累计存储学习成果超过 7734 万，实现了全市高校、自学考试、国家职业资格培训、社区教育、老年教育、试点企业培训等学习成果的存入。在学分互认实践中，转换学分的人数有 9.1 万余人，转换学分的课程 15.6 万门次。①

2. 国家职业教育学分银行

为落实《国家职业教育改革实施方案》关于"加快推进职业教育国家'学分银行'建设"的工作部署，2020 年 3 月，教育部职业教育与成人教育司（简称"职成司"）下发《关于做好职业教育国家学分银行建设相关工作的通知》，提出要结合"学历证书 + 若干职业技能等级证书"（简称"1 + X 证书"）制度试点工作，推进职业教育国家学分银行制度建设，有序开展学历证书和职业技能等级证书所体现的学习成果的认定、积累和转换，为技术技能人才持续成长拓宽通道。

2020 年 4 月，国家开放大学发布《职业教育国家学分银行建设工作

---

① 郭翠、陈海建：《基于"双证融通"的学分银行建设研究》，载《中国职业技术教育》2020 年第 24 期，第 15 – 20、53 页。

规程（试行）》，对职业教育国家学分银行的制度内涵、服务对象、功能定位等进行规定，明确了"职业教育国家学分银行是以学分为计量单位，按照统一的标准，对学历证书和职业技能等级证书等所体现的各类学习成果进行认定与核算，具有学习成果存储、积累和转换等功能的学习激励制度和教育管理制度"；明确了职业教育国家学分银行建设的职责分工：由教育部职业教育与成人教育司统筹做好整体规划和宏观指导；国家开放大学承担具体业务工作，包括信息平台建设与运维、学时学分记录规则研制、学分认定、咨询服务、业务培训等；教育部职业技术教育中心研究所负责指导培训评价组织提出有关职业技能等级证书所体现学习成果的学分建议；各省级教育行政部门负责组织指导本区域有关院校积极参与学分银行建设，会同省级有关部门研制相关激励政策；培训评价组织负责研制职业技能等级证书所体现的学习成果转换办法和转换规则；试点院校负责制定本校学习成果转换办法和转换规则，组织实施有关学习成果的信息报送、存储和转换等工作。

职业教育国家学分银行建设主要内容包括建设信息平台，建立账户个人学习账户和机构账户，制定学时记录规则和学分记录规则，开展学习成果登记、认定、存储、积累和转换等。同时，学分银行要接受第三方质量评价机构的监督，逐步健全质量保障工作机制和制度体系。

职业教育国家学分银行目前正在有条不紊地推进当中，其最显著的特征是与 1 + X 证书制度试点紧密结合，通过 1 + X 证书试点已有基础，实现证书所体现的学习成果的学分认定、积累和转换。体现在参与 1 + X 证书制度试点的培训评价组织和试点院校都要进入学分银行，并由此进入互认联盟；职业教育国家学分银行信息平台和职业技能等级证书信息管理服务平台一体化设计、业务无缝对接、数据实时共享；为 1 + X 证书试点信息化量身订制云资源服务平台等。

**二、广东终身教育学分银行**

**（一）成立背景**

2010 年，国务院办公厅印发《关于开展国家教育体制改革试点的通知》，部署了 10 大专项改革试点任务，其中在改革人才培养模式方面，提出要"探索开放大学建设模式，建立学习成果认证和'学分银行'制度，完善高等教育自学考试、成人高等教育招生考试制度，探索构建人才成长

'立交桥'"。广东省是"建立学习成果认证和学分银行制度"国家教育体制综合改革任务的六个试点单位之一,同时广东省广州市还肩负"推进学习型城市建设"的试点任务。2010年,《广东省教育综合改革试点总体方案》指出:探索建立学习成果认证和"学分银行"制度。开展继续教育(包括电大、成教、自考、网络教育)学习成果认证和"学分银行"制度改革试点。研究制定成人学历教育、职业教育、职业资格认证培训的课程标准、学分标准,建立继续教育学习成果认证的操作模式与服务模式,建立"学分银行"制度,制定学分存储、累积、转换机制。促进各类教育有机整合,实现各类教育间的课程互选和学分互认,探索构建人才成长立交桥。《广东省中长期教育改革和发展规划纲要(2010—2020)》也明确提出"建立继续教育学分积累与转换制度,实现不同类型学习成果的互认与衔接,不断扩大社会成员以不同方式接受高等教育的机会"。一系列文件为广东省学分银行建设提供了政策依据。

(二)建设实施

2014年,广东省教育厅发布《关于成立广东终身教育学分银行管理委员会的通知》(简称"《通知》"),正式拉开广东终身教育学分银行建设的序幕。《通知》指出,学分银行管理委员会主任由省教育厅主要负责人担任,副主任由省教育厅、省人力资源社会保障厅分管负责人以及广东开放大学校长担任,委员由省发展改革委员会、省经济和信息化委、省教育厅、省民政厅、省财政厅、省人力资源社会保障厅,省教育考试院、省教育研究院、广东开放大学、中山大学、华南理工大学、华南师范大学、广东轻工职业技术学院、广州番禺职业技术学院等单位的负责同志组成。管委会职能是负责审定广东终身教育学分银行建设方案、发展规划、管理制度以及年度计划、预算方案等。

2015年7月,《广东终身教育学分银行建设工作方案》经广东终身教育学分银行管理委员会第一次会议审议通过,明确"广东终身教育学分银行是面向广东省全体社会成员,服务终身学习的省级学分银行。旨在实现各级各类教育之间的沟通和衔接,实现学习成果的认证、积累和转换,拓宽终身学习通道,搭建人才成长的'立交桥'"。

学分银行在建设中遵循"政府主导、合作共建、定位准确、科学设计、技术先进、分步建设"的基本原则。政府主导强调广东终身教育学分银行建设是政府行为,由广东省教育厅主办和管理,广东省人力资源和社会保障厅等相关部门协同，以确保其权威性；合作共建强调由政府、高校、行业、专业机构等各方协同，合作建设；定位准确强调广东终身教育学分银行是为学习者服务、为高校和教育机构服务，为构建学习型社会服务的省级终身教育学分银行，而不是某个体系、某个学校或机构的学分银行；科学设计强调遵循规律、分类科学、沟通合理，与国家学习成果框架相衔接，并注意与国际接轨；技术先进强调运用现代信息技术；分步建设要求统筹规划、整体设计，分步实施，先易后难，先简后繁，先局部后整体。

学分银行的建设内容包括组织架构建设、学习成果框架建设、标准体系建设、制度体系建设、信息管理平台建设和服务体系建设六大方面。

组织架构建设：广东终身教育学分银行管理委员会是学分银行的最高管理机构和决策机构，负责学分银行的发展规划、年度规划、经费预算等；专家委员会是学分银行的咨询机构，由境内外21名知名专家学者组成，提供常态化咨询服务；认证（认可）机构是学分银行的质量保障机构，由大学质量保障机构和第三方机构组成；管理中心是学分银行的执行机构，挂靠在广东开放大学，负责广东终身教育学分银行的日常运行与管理（见图8-6）。省政府安排省财政专项经费用于学分银行建设。

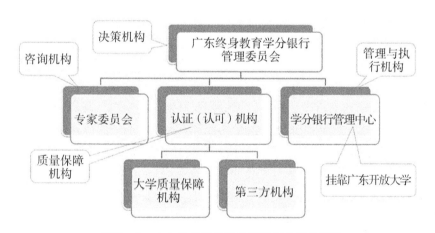

**图 8-6 广东终身教育学分银行组织架构图①**

---

① 《广东终身教育学分银行"十三五"规划工作总结》（内部资料）。

学习成果框架建设：在充分学习借鉴国内外经验的基础上，按照"遵循规律、符合实际、国际接轨、衔接国家制度"的原则研制、发布了《广东终身教育资历框架等级标准》（简称"《标准》"）。《标准》参考采用了欧盟资历框架（EQF）等级标准，经过广泛征求意见和充分验证，具有较高的合理性、科学性和先进性，有 100 多个单位、200 多位专家参与研制。

《标准》明确了学习成果的等级、类型以及各级各类教育学习成果的相互关系，是各级各类教育的沟通和衔接的母标准，学习成果覆盖普通教育、职业教育、培训及业绩，共分为 7 级。《标准》从知识、技能、能力三个维度确立了各等级的标准，是国内首个标准化的终身学习资历框架等级标准，也是广东职业教育创新特色亮点。

标准体系建设：广东终身教育学分银行发挥广东开放大学既有学历教育又有非学历教育的优势，在标准体系建设时考虑设计了两套学分认定标准：学历教育学分认定标准体系和非学历教育学分认定标准体系。目前，主要是以学历教育学分认定标准体系建设为重点，在这套体系中，又包含了两个层次：一是标准体系以及专业和课程学分认定的通用标准；二是具体的专业和课程学分认定标准。前者由具有教育学和标准化学科专业背景的专业教师团队来制定，以确保体系框架的科学性；后者由行业专家团队或专业教师团队来承担。截至目前，面向广东开放大学、广东理工职业学院重点推进各专业学分认定和转换细则的制定工作，共制定了 81 个专业的学分认定和转换细则，其中本科专业 15 个，专科专业 66 个。

制度体系建设：2019 年 9 月，广东省人民政府发布规范性文件《广东省教育厅关于高等教育学分认定和转换工作实施意见（试行）》（简称"《意见》"），建立了广东省学分银行管理制度，为境内外高等学校本专科之间、高等教育自学考试及非学历学习成果的学分认定和转换提供了政策依据。《意见》提出开展学习成果认定和转换的具体办法，包括学历教育、高等教育、自学考试课程、在线课程、国家职业资格证书、职业技能证书、职称证书、职业经历等的认定意见或标准，原则上，认定和转换的全部学分可达学历教育总学分的 50%。

信息平台建设：以大数据、人工智能、区块链技术为支撑，建成国内首个基于资历框架信息管理平台，包括学分银行的门户网站、学分银行管理与服务系统以及学分银行移动应用系统三部分，三者业务相通、数据共享，为"三位一体"型信息管理平台，既是一个管理平台、服务平台、协同工作平台，也是一个大数据中心、信息中心、应用中心。图 8-7 为平台门户网站页面。

**图 8-7　广东终身教育学分银行门户网站**

信息管理平台集门户网站功能、管理功能、服务功能、协同工作功能、移动应用功能于一体，设计了四大功能模块：学习者用户角色功能模块，实现个人信息维护管理、查看转换规则和等级标准、资历成果提交、认定和转换管理、在线答疑等；学分银行管理中心角色功能模块，实现学习者管理、业绩评审管理、转换规则管理、专家库管理、问题库管理、统计分析等；第三方评审机构角色功能模块，实现机构评审、项目评审、评审公示、资历名册机构管理、专家库管理等；资历名册机构角色功能模块，实现项目管理、转换规则管理、学习者管理、资历成果库管理、认定和转换业务审核处理等。平台为学习者、各级各类机构和质量评审机构开展学分银行相关业务提供了技术支撑。目前通过平台建立终身学习档案的已有 85 多万个，存入各级各类学习成果 1400 多万个。

服务体系建设：广东开放大学目前有 19 所市级开放大学、69 所县级开放大学、20 余所行业学院（分校），形成了覆盖全省城乡和部分行业的办学体系。依托体系优势，广东终身教育学分银行在全省范围内建立了108 个服务点，直接面对全体社会成员提供服务。为进一步扩大服务范围，2021 年 4 月，学分银行依托河源职业技术学院在河源增设 1 个服务点，下一步，将考虑在全省高职院校和部分行业企业中遴选合作伙伴，建立更多的服务点，为所在区域社会成员开展政策解读、学分认定和转换等工作。

（三）特色经验

广东终身教育学分银行在建设过程中，体现了三大特色，一是摸索了一套协同创新型建设模式，二是制定了国内首个资历框架标准体系，三是推动了粤港澳大湾区学分互认实践。

协同创新型模式是指广东终身教育学分银行采用了政府主导、高校承办、企业参与、市场介入的建设模式。政府部门统筹协调学分银行建设的所有重大事项，主要是"三定一筹"：定机构、定方案、定制度和筹资金；广东开放大学牵头承担学分银行建设的具体承建和运营，主要是"六建一认"：建框架、建标准、建网点、建机制、建平台、建账户，开展学分认证；行业企业做到"四参与"：参与标准体系建设、参与认证中心（网点）建设、参与信息管理平台建设、参与学分认证工作；为了选择最优、最佳，学分银行建设公开向社会招标，在"三环节"上引入市场机制：建设方案的编制环节、信息管理平台的设计开发环节和学分认证环节。[①]

2017 年 3 月，广东省质量技术监督局发布地方标准《广东终身教育资历框架等级标准》，该标准为国内首个标准化的终身教育资历框架等级标准。历经 2 年多的试点探索，2020 年 12 月，汽车业（后市场）、机械制造业资历等级标准以团体标准的形式在全国团体标准信息平台发布，这是以终身教育资历框架为母标准开发的行业能力标准，为具体行业的学习

---

① 李光先：《广东学分银行建设模式研究》，载《广东开放大学学报》2015 年第 5 期，第 1－4 页。

者、从业人员、用人单位等提供了统一的能力标准，是资历标准的真正落地（相关内容详见第八章第一节）。

在广东学分银行在建设过程中，借鉴了香港特别行政区的诸多经验。广东省教育厅、教育研究院、学分银行管理中心与香港资历架构秘书处、香港学术及职业资历评审局多次互访，机械制造业、汽车业标准研制团队组队赴港参加行业资历能力标准培训等，双方在交流合作中达成共识，开启粤港澳大湾区资历互认实践探索。粤港澳三地行政主管部门签订了合作协议，广东省教育厅和香港特别行政区政府教育局签订《粤港资历框架合作意向书》，广东省教育厅和澳门特别行政区教育暨青年局、澳门高等教育局签订《粤澳教育培训及人才交流合作意向书》，下一步，各方将共同探索粤港澳大湾区资历互认，助推粤港澳大湾区人才交流和融通。

截至目前，广东终身教育学分银行建立终身学习档案超过 85 万个，存入各类学习成果超过 1460 万个，建立学习成果认定和转换规则 1.94 万条，涵盖中职、专科、本科、培训成果及业绩成果，涉及开放教育、普通本科教育、职业教育、成人教育等多种教育类型，制定了学习成果认定和转换规则制定模板、业务流程、操作手册等。面向全省高校推进了学分认定和转换工作，全省 114 所高校参与了高等教育学分认定与转换工作，出台了 260 多项实施细则、工作流程等校级管理制度，2016 年以来累计开展学分认定和转换 225.5 万余人次。

# 第九章 典型案例：高校学历继续教育的广东经验

## 第一节 创新人才培养模式优秀案例

### 网络高等学历教育学前教育专业"学业导师制"
### 人才培养模式改革：以华南师范大学为例

#### 一、创新与经验

（一）坚持立德树人，强化思政教育

学前教育是终身学习的开端，是国民教育体系的重要组成部分，是重要的社会公益事业。建设一支师德高尚、热爱儿童、业务精良、结构合理的幼儿教师队伍，是学前教育专业人才培养的崇高使命，在整个教师教育体系中具有十分重要的地位。

华南师范大学坚持以"立德树人"为核心，在学前教育人才培养中强化学员从事幼儿教育工作的"职业道德"与"职业认同"，注重"爱的教育"。在课程体系方面，既开足、开好思政课程，与时俱进更新内容；又积极推进课程思政，明确要求各门课程教师在教学中自觉与习近平新时代中国特色社会主义思想相结合，自觉与师德师风、爱国情怀、传统文化、科学精神相结合，在"润物无声"的知识教育、能力培养中融入思想价值引领。此外，学校鼓励学业导师因地制宜组织开展"园本"思政教育活动，进一步贯彻落实"立德树人"根本任务。

（二）面向岗位需求，重构课程体系

为增强人才培养的针对性和实用性，切实满足一线幼儿园及幼教机构岗位需求，结合网络教育学员在职在岗等特点，华南师范大学积极推进学前教育（专升本）课程体系改革，对标《3—6岁儿童学习与发展指南》中的五大领域（健康、语言、社会、科学、艺术）以及《幼儿园教师专业标准》对教师专业理念、知识与能力的要求，在确保学科基本理论深度和专业体系完整的基础上，努力将课程体系与岗位需求对接，使学前教育专业的人才培养方案更符合时代对学前教育事业发展的需要。

一是将职业资格证书教育课程融入学历教育，在课程体系中加入《综合素质》和《保教知识与能力》等教师资格证考试辅导课程；二是将非学历培训课程融入学历教育，增加《名教师/园长工作坊研修》课程，让学业导师（名园长）引领学员围绕岗位实践进行主题研修；三是将实践跟岗融入学历教育，采用"影子"培养模式，让学员深入名园与名师结对，通过观摩、考察、共同授课、反思等形式进行学习和实践锻炼；四是将名师讲座融入学历教育，开设《教育信念与幼师专业发展系列讲座》课程，让学员能够聆听前沿报告，及时获取职业发展信息。

（三）加强专业指导，聘请学业导师

华南师范大学网络教育按照1∶20的比例为学员配置学业导师。学业导师均是来自于一线幼儿园的名园长/名教师或高校学前教育专业教师，具有丰富的学前教育研究、工作经验、线上线下活动的组织经验，同时能为学员提供线下实践机会，在理论和专业素养等方面为学员提供专业指导和引领。此外，择优选聘的学业导师还需经过培训，培训合格者可获得"学前教育专业学业导师"聘书。

学业导师在整个改革实施过程中是最为关键的角色，导师自身的专业技能及工作态度直接影响课程实施和学员学习效果及体验，因此学校专门制定了《学前教育（专升本）学业导师工作指引》，明确学业导师聘任条件和具体工作职责（具体到每学期、每周、每日），让学业导师发挥自身优势，借助校方提供的优质资源，依托微信群、网络教学平台等，组织学员开展课程研讨及实践活动。

（四）贴近学习需求，实施混合教学

根据网络教育学前教育专业学员多在幼儿园工作，年纪轻、工作忙、偏爱移动学习等特点，学业导师制对学前教育专业的课程教学模式进行改革，实行"知识＋技能""线上＋线下""学历＋能力""学习＋跟岗"的混合式教学模式。除常规网络教学为主的课程外，学业导师重点承担每个学期的《名教师/园长工作坊研修》课程，并依托微信群和线下开展活动。

线上活动主要是基于微信群的线上研讨，主题包括一线专家讲座、热点新闻事件、优秀课堂课例、幼儿教师专业成长、专业经典著作、专业课程疑问、园本实践、课题申报、论文写作等。线下活动主要是组织学员参加优秀幼儿园活动，如说课/评课、幼儿园环境创设、幼儿游戏组织与创编、五大领域园区环境布置，以及六一活动、家长会、毕业典礼、校本教研、业务培训等。

（五）利用手机直播，营造虚拟社区

为确保混合教学模式有效落地，华南师范大学定期组织学前教育专业线下报告会，并通过自主研发的手机直播技术进行直播，支持各地学员同步和异步学习。这些报告专家多数是教研员或幼儿园园长，具有丰富的一线经验。"幼儿园环境创设""幼儿园家长工作实战经验分享""幼儿园课程游戏化""幼儿园班级管理的问题与策略"等主题课程备受学员喜欢。

借助手机直播技术和学业导师组织的微信研讨群，既实现了优秀教学资源共享，又增强了学习互动，形成了由学业导师、学员、助学者共同组成的稳定的学习共同体，营造了虚拟社区文化。据调查，在基于微信的虚拟社区中，学术性互动与非学术性互动并举，知识经验分享处于较高水平，整体社交氛围良好，情感交流频繁。

## 二、主要成效

人才培养模式改革实施两年多来，"优质的学习内容＋便捷的学习方式＋人性化的学习服务支持"的学习模式促成了导师组内学员合作共享的学习氛围，提升学员网络学习"存在感"和"获得感"。截至 2020 年 4 月，累计已有 3500 余名学员参与了《名教师/园长工作坊研修》系列课程，组建微信群 147 个，学员参与线上集中研讨积极主动，平均 1 小时产生 300 多条交流讨论记录。

（一）来自学员的反馈

学员对"学业导师制"改革非常认可，对学业导师、手机直播课程、线上研讨、线下跟岗的满意度均达到了98%以上。在微信群内时常有学员感谢学校提供的大量优质学习资源以及配备的高水平学业导师，同时也表达了他们通过"线上＋线下"学习，既有效缓解了工学矛盾，自身理论知识与专业素养也得到了大幅提升。

（二）来自导师的反馈

通过导师与学校、导师与导师、导师与学员之间的交流、碰撞，学业导师在专业思想、专业知识、专业能力等方面也得到了不断发展和完善。学业导师们及他们所在的园所对学校提供的平台赞誉不断，同时也表示非常愿意在线下实践等方面为这项改革提供支持。

（三）取得了丰硕的研修成果

"学业导师制"为学员提供了一个研修、创新的平台。以"环创方案设计"活动为例，研修提高了学员参与度，扩宽了学员的专业视野，生成的经验及资源还会被平台保存并分享，进而形成迭代，为后续工作开展提供支持。

### 三、总结与展望

"导师制"起源于英国的牛津大学，被称为"牛津皇冠上的宝石"。其核心是强调师生之间互动，实现双向提升，而非单向"填鸭式"教学。华南师范大学网络教育沿袭"导帅制"精髓，并与信息技术充分结合，积极探索"互联网＋"时代的网络教育人才培养模式改革。尽管改革还处于萌芽阶段，但已初步彰显了旺盛的生命力、吸引力，得到了师生的积极响应和高度认同。未来，华南师范大学将继续深入推进"学业导师制"混合人才培养模式落地，不断在行动中反思，在创新中前行！

## 基于智慧教育环境的"1＋2＋9"
## 继续教育人才培养模式研究与实践

### 一、项目背景

2016 年 3 月，粤港澳大湾区建设写入国家"十三五"规划，国务院印发《关于深化泛珠三角区域合作的指导意见》，要求广州、深圳携手港澳，共同打造粤港澳大湾区，建设世界级城市群。"一个国家、两种制度、三个关税区"的特殊性和复杂性使粤港澳大湾区的教育尤其是继续教育的人才培养模式也有待创新与改革。根据国家统计局的数据，2018 年，全国接受成人高等教育的学生 590.98 万人，其中广东省占全国 12.52%，继续教育需求庞大。在此契机下，寻求继续教育在新时期、新环境中发展的主题，努力找出继续教育在大湾区建设当中的定位——继续教育应该为粤港澳大湾区提供什么样的人才，特别是对大湾区建设提供什么样的应用型人才，是值得继续教育研究者与实践者思考的问题。

## 二、项目构造："1+2+9"继续教育人才培养模式

暨南大学教育学院负责全校继续教育工作，在多年的工作中总结出系列先进经验，并根据继续教育人才培养特点，通过结合云计算、物联网等现代信息技术建立的智慧教育信息生态环境，实现了多区域、多种类、多层次的继续教育深度融合与协同发展，为继续教育学习者、教学者和管理者创造智能化、泛在化、物联化、感知化的智能服务环境，构建出智慧教育环境下的"1+2+9"继续教育人才培养模式。"1+2+9"继续教育人才培养模式，是将1（海外）+2（港澳地区）+9（大湾区九市）的继续教育通过结合云计算、物联网等现代信息技术建立的、实现多区域和多种类的继续教育深度融合与协同发展，为"一带一路"和粤港澳大湾区建设培养所需的优质应用型人才。

（一）一体化网络平台模式

暨南大学成人教育一级管理（集中统一管理），中心统筹，优化资源配置，最大限度实现资源共享，推动学历教育和非学历教育通过多种渠道有效结合，推动海外、港澳地区和大湾区九市继续教育多种方式的合作与融合，如推动成人高等教育学历+技能培养常态化运作，试行1+X证书制度，实现职业技能证书的学分转换、课程免修等学习成果认定；开展港澳地区学生回校参观学习、在暨南大学校本部举办毕业典礼等活动，增强港澳地区学生与内地师生的文化交流；每学期定期召开教学点工作会议，促进大湾区各市多家教学点规范教学管理、分享办学经验、加强合作交流。

（二）"一平三端"的智慧教育模式

"一平"指一个综合教学教务管理平台。2016年年底，暨南大学通过公开招标采购了学校成人网络教育与管理综合平台项目。该平台集成教、自考、培训等信息为一体，系统内学生修过的课程成绩，都可以进行学分互认，管理平台贯穿于学生入学到毕业后各个流程，并且与暨南大学官方数据库和管理平台相链接，可将海内外的毕业生数据，直接推送到暨南大学校友库储存和管理，进一步提高教学教务管理效益并实现信息的共享共建。目前，该平台已收录79132名学生的教务教学数据。

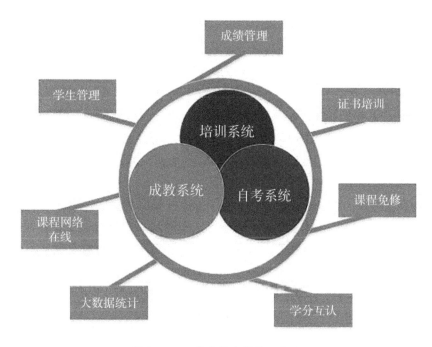

图 9 - 1　一体化综合网络平台图

"三端"指教师、学生、管理人员的移动式、轻量级教学互动。借助教育信息化手段，尤其是移动终端设备将传统的线下授课与线上学习有机融合为一体。2017 年起，教育学院在全校聘请优秀教师制作适合继续教育的网络课程，至 2020 年 6 月已立项建设了三期共 27 门在线课程。新冠疫情期间，教育学院响应教育部、广东省教育厅"停课不停教、停课不停学"的工作精神，采取线上教学模式，共计 21839 人次学生通过网络在线课程完成课程学习，保障了学院的正常教学秩序。

（三）体现区域特色的继续教育人才培养内容模式

在海外，华文教育、汉语言等专业人才培养方案的核心是传播中华文化，在海外华文继续教育中推广"根文化"教育，将中华优秀传统文化传播到五湖四海。

在港澳地区，注重培养专业素养的同时，还特别加入介绍内地社会文化、经济法律制度、市场经济形势等问题的课程和专题讲座，同时增设汉语写作、应用语文等语言类课程，旨在促进港澳地区学生对内地社会经济制度的了解，吸引港澳地区学生在大湾区就业创业。

在大湾区九市范围内，推行"学历＋技能"人才培养模式，将证书培训内容有机融入专业人才培养方案，优化课程设置和教学内容，探索相关专业课程考试与职业技能证书考核的对接互认。

（四）适合粤港澳大湾区内不同区域发展要求的专业与培训项目模式

面向粤港澳大湾区不同区域和不同产业带，开设和推广一系列适合区域产业人才需求的专业与培训项目。如针对香港特别行政区城市规划中着重金融和贸易领域，相对应地设置了电子商务和国际商务等专业领域和AIA国际会计师培训等相关的培训项目。

专业方面，重点在动画设计、电子商务、国际商务、电子工程、机器人、无人机、法学、建筑学、护理学等专业领域。项目方面，重点在AIA国际会计师培训、人力资源师培训、电子商务师培训、计算机培训、助理会计师培训以及华文教师资格培训等培训领域。

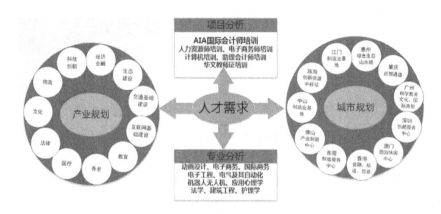

图9-2　粤港澳大湾区人才需求分析图

（五）政、企、校精准对接的深度合作模式

暨南大学教育学院通过签订合作办学、委托培养、项目承办、联合培养等方式开展与政府、企业以及其他职业院校的深度合作。

1. 与政府和事业单位合作。暨南大学教育学院与珠海市总工会等政府和事业单位合作，培养为珠海和澳门特别行政区服务的会计专业、人力资源专业等专业人才；与江门雅图仕集团进行全面合作，培养企业管理、包装工程等领域人才，该项目得到江门市委、鹤山市委高度重视与大力支持，市政府给予合作办学很多优惠政策与条件支持。

2. 与企业合作，发挥名企的优势，打造示范性的校企合作项目。暨大学教育学院与 GDC 环球数码深圳分公司合作培养动画设计人才；与轩辕网络科技公司合作培养云计算技术人才。

3. 暨大学教育学院与应用型的职业名校合作，发挥培养应用型人才的优秀职业院校的优势。与南方 IT 学院合作培养无人机、机器人编程领域的人才。

（六）"双师型"的继续教育师资队伍建设模式

在构建适应粤港澳大湾区人才培养的继续教育师资队伍方面，暨南大学教育学院在学院原有专职教师的基础上，招聘合同制教师担任专职教师，培养继续教育专职教师，提高教师的实践能力，积累实践教学经验，使其发展为"双师型"教师；聘请企业家、行业专家和企业技术能手担任兼职教师，使其发展成为"行业导师型"教师。2020 年 7 月，暨南大学教育学院牵头代表学校进行了广东省职业院校"双帅型"教师培训基地的申报及现场考察工作，人才培养工作获得考察专家的高度认可。

### 三、项目成果实施成效

（一）实现学生个性化学习的目标

1. 构建的智慧学习环境使学生获得个性化学习服务，从而提高了继续教育的效果。通过推动网络平台、推行雨课堂，学院授课教师能够将实行多年的传统教学与新技术结合，授课更加高效的，学生获得更好的个性化服务。

2. 通过共建、融合的教育创新，形成了多专业、多层次、多形式的培养模式，根据人才分布和市场需求的定位，为社会输出全方位发展的综合性人才。

3. 联职双沟通学习的共享教育模式将学历教育与职业技术培训紧密结合，在教学过程中强化了学生就业能力的培养，学生更加适应社会的需求和岗位的需要。

4. 借力强内涵的校企协同发展平台建立的联企模式，吸引了更多就业待深造学生加入继续教育队伍，进一步提升就业人员的学历水平，优化知识结构。

（二）为建设粤港澳大湾区输出适应市场多样化需求的应用型人才

1. 学生规模不断扩大。2016 年成人高等学历教育在校生 11362 人，模式创建及实施以来，2020 年在校生增至 23123 人，增幅达 103.51%。

2. 人才培养质量显著上升。模式创建及实施后培养的学生流向包括新就业、在原单位升职加薪、继续就读更高级的学历学位等，其中，表示选择继续读研究生或者已经在读研究生者达 30%，成人教育专科毕业后选择在本校继续专升本的学生数增长 1 倍。

3. 为"一带一路"、粤港澳大湾区培养了一批优秀人才。海外优秀人才：在菲律宾、印尼、泰国、英国、德国等国家的在读生或者毕业生中，涌现了大批中文学校校长或者学校创办者、华人社团领袖等优秀人才。港澳地区优秀人才：在香港，食品化学毕业生成为酒店负责人，法学专业学生成为香港警务处领导等；在澳门，工商管理和金融管理专业学生成为工商银行高级经理及澳门青协委员等。广东省优秀人才：培养的学生中，有的成为深圳光明区第一届政协委员（2018 年）并获得 2019 年深圳市五一劳动奖章；有的获得国家励志奖学金并成为高级工程技师；有的成为联创集团担任项目经理（公司研发精英，拥有十多项专利）、经济科技股份有限公司销售经理（个人销售业绩一年在 1500 万左右，团队第一）等。

4. 为珠三角、粤东培养行业急需人才。依托在大湾区设立的教学点开办护理专业，培养的本科学历护理人员为提升当地医疗护理水平培养急需人才。

（三）模式实施产生一定的影响力和辐射面

1. 促进学院科研工作。新模式实施过程中，学院的老师积极参与网络课程建设，在总结经验的基础上取得了一定的科研积累和成绩。通过教学促进科研，科研再促进教学，最终反哺到学生培养中，形成良好的循环累计效应。部分教师的科研成果也获得了中国成人教育协会、广东省成人教育协会、广东省教育厅等相关单位的肯定，有些成果还获得科研成果奖一等奖、二等奖等奖项。

2. 理论成果扎实。暨南大学教育学院在不断探索人才培养模式的同时，也相应产生了一批教育研究成果，建设了一批省级、部级的继续教育精品课程，完成了专著及相关的教育教学研究学术论文。

3. 成果推广应用广泛。"1＋2＋9"人才培养模式不仅在暨南大学教育学院发展和学生培养方面取得阶段性的成效，更是加快了建设学习型社会的步伐，引起了同行的广泛关注。近年来，广州大学、华侨大学、甘肃省教育考试院、广东省考试院等多家教育行政部门和院校到访考察交流，借鉴或应用教学改革、网络平台建设、办学模式、人才培养系统等方面的经验。

4. 社会各界给予好评。暨南大学教育学院的办学质量和管理实践，受到广东省教育厅主管成人教育工作领导的认可和广东省成人教育行业的认同。学历学生和培训学员所在的单位领导也对管理和培养质量给予充分肯定。教育学院连续两年获得广东省成人教育协会先进集体，多位教职工获得广东省成人教育先进工作者称号。

**四、案例启示**

从广东省、香港特别行政区、澳门特别行政区共同打造粤港澳大湾区等政策出台开始，暨南大学教育学院便努力思索继续教育在粤港澳大湾区建设中的定位和服务对象以及培养什么样的人才等问题。经过4年多的理论研究与实践探索，构建出一个符合时代要求、凸显教育技术优势以及回归继续教育本源并服务粤港澳大湾区建设的人才培养模式，回归成人教育"以生为本""注重启发""自导学习"的教育本源。该人才培养模式为培养继续教育人才提供了些许启示。

（一）继续教育人才培养需紧扣学生半工半读的特点

成人高等教育学生与普通全日制学生相比除了年龄较大外，在社会上也担任着更多的社会角色。由于他们多为取得中等教育毕业文凭或是在社会上已就职的成人，在工作经验、家庭生活、社会责任、心态心理、为人处事和人生阅历等方面与青少年学生相比有较大的不同。因此，针对继续教育人才的培养必须明确，其与全日制教育学生相比，存在学习基础薄弱、学习时间短及碎片化等特点，远程教育具有超越教学时空、突破时空限制的优势，更适合成人高等教育学生的实际情况。

（二）明确海内外继续教育的社会需求不同

"一国两制三区"的多元制特色促进了粤港澳大湾区各地经济社会快速发展，但不同城市间学制不同、学位授予条件不同、社会对人才的需求不同。在针对海内外学生的人才培养方面，需要按照粤港澳三地的特色，开展市场调研，挖掘当地学生的专业需求，并根据实际对专业进行调整。同时发挥继续教育办学模式灵活的特点，创新开设形式灵活多样的继续教育，打破粤港澳大湾区继续教育的地域及制度屏障，近一步拓宽粤港澳大湾区城市间的人才培养渠道。

## 高校继续教育混合式教学探索与实践：
## 以华南理工大学为例

### 一、成人学生学习现状分析

（一）成人学生工学矛盾突出

成人高等教育面向的是一个工作时间不一、专业背景不同、年龄差异较大、时间精力均有限的成人群体，他们需要利用业余时间走进课堂，既要承担家庭责任与工作压力，又要兼顾学习，传统的面授教学模式经常使工作和学习之间发生冲突。此外，继续教育尤其传统的成人高等教育教学模式单一、教学内容陈旧、学习机制缺乏弹性、学年制以及考核方式守旧等进一步加剧了工学矛盾。工学矛盾阻碍了成人学生进行有效学习，也是继续教育办学机构管理的难点。

（二）成人学生学习目的具有鲜明的实用性、职业性

成人学习是成人为满足自我发展或承担社会责任而自发产生的一种学习过程。学习的目的既有提升学历以更好地生活与工作，又有完善个性、实现自我价值、促进社会进步。美国成人教育者梅里安曾说："成人教育的各种教学项目无不体现出它们的实用性、功利性和职业性。"显然，成人基于社会角色和社会责任，其学习必然富有鲜明的实用性、职业性。成人学习的动机是源于现实情景的，成人学习动机必然与其在社会中所扮演的角色与要求相联系，而学习需求又与成人的"社会角色"与"发展任务"相一致。

（三）成人学生学习方式数字化、碎片化

成人学生在学习时间方面的限制，决定了成人学生对学习方式的特殊要求。在大数据时代下，互联网学习日益成为主流，碎片化学习、游戏式学习成为成人学生群体学习的新常态，数字化学习、泛在学习、移动学习将成为成人学习的新方式。

### 二、混合式教学改革的原则

（一）坚持"以人为本"的管理理念

混合式教学模式是在传统课堂的基础上引入网络学习平台，可以有效

满足学生学习方式多样化、学习途径多元化、学习体验形象化的需求。因此，办学者必须考虑教学改革带来的变化，应主动承认学生多种课内外的学习成果，尤其是网上学习资源的学习成果。由于混合式教学不是单纯的传统课堂教学，也不是简单的网络教学，有的课程可能是完全的面授教学，有的是面授与网上教学相结合的方式，需要把成人学生在网上的学习量与学习成果进行累计或兑换。总之，混合式教学在解决学生工学矛盾、提供学习便利的同时，给管理者增加一定的工作量。混合式教学模式的推出对成人教育办学者提出了新的挑战，必须建立相应的规章制度和办事程序，开发相应的教学平台，以便于准确、高效地统计学生的学习成果，为学生提供个性化的学习环境。

（二）混合式教学培养方案应"与时俱进"

成人学生有一份属于自己的工作，有一定的工作经验，为了职业提升而选择继续接受教育。因此，成人教育不同专业培养方案的制定，应本着与时俱进的精神加以改革，应适当压缩纯理论性课程的课时，增加具有前沿性、实用性、技术性的课程和学时；对专业课程应进行再整合和梳理，设置适合成人学习的课程。课程的考核方式也要更加灵活，而不仅仅局限于期末考试，类似考查课的考核方式可以适当增加等。又因为成人学生学习需求更大，可以多补充一些与主干课程有关的拓展课程，以扩宽学生的视野、增加学生的见识。

（三）混合式教学的考试评价系统须更加灵活、全面

考核方式是教师评价学生学习成效的手段，在混合式教学改革中必须灵活、有效，避免简单化、泛化。并非所有的考核都要通过考试的形式来进行，有的课程用考查或者写小论文的方式更能有效掌握学生的学习效果；网络教学平台的运用能实现对学生参与学习的积极性和效果进行有效统计，因此"课程论坛"（即网上讨论）作为一种考核方式不但能减轻学生的学习负担，同时更能引起学生的学习兴趣，实现双赢的效果。混合式教学改革要求考核内容要避免单一，要综合考查学生对知识点的理解和应用能力。当然，考核是对教学成果的反映，因此必须设定一定的标准，且标准要细化、量化，有较强的可操作性。

**三、华南理工大学继续教育混合式教学改革**

2000 年，华南理工大学成为教育部批准的首批现代远程教育试点学

校，同年成立网络教育学院。2008 年，学校网络教育学院与原继续教育学院合并，成立新的继续教育学院，承担学校成人高等教育、现代远程（网络）教育、高等教育自学考试和非学历继续教育归口管理和办学的职责。经过多年的实践和探索，华南理工大学继续教育形成了一套完善的教学管理与质量保障体系，同时，适应时代变革与发展，利用现代技术，不断创新教学模式。

（一）华南理工大学继续教育混合式教学改革历程

2008 年，网络教育学院与原继续教育学院合并为新的华南理工大学继续教育学院（简称"学院"），为开展混合式教学改革奠定了坚实的基础，有效解决了改革中的管理、资源、技术等屏障。学院混合式教学改革分三个阶段，一是萌芽阶段（2008—2009 年），二是开展网络成人直属班阶段（2009 年至今），三是成人高等教育混合式教学改革阶段（2016 年至今）。

萌芽阶段：学校每年都有部分学生在成人高考中落榜，为了帮助这些学生实现入读华南理工大学的愿望，以及满足学生开设面授课程的需要，2008 年，学院联合各成人教育办学单位，发动这些学生到华南理工大学网络教育就读。报到注册后，学生除部分公共基础课需参加网络教育全国统一考试外，其余课程与成人高等教育学生一起培养，修完教学计划规定的学分后，学生获得网络教育毕业证书。这标志着学院混合式教学改革思想的萌芽。

开展网络成人教育直属班阶段：自 2009 年开始，学院网络教育除开展单纯的网络教育外，还开拓了网络成人教育直属班，采用"网络 + 面授"的学习模式，即部分课程采取网上学习，部分课程由教师线下面授，部分课程既开展网上学习又安排课堂面授。这种学习模式解决了单纯网上学习的弊端，深受社会欢迎，尤其适合校企合作班。学院先后与捷普电子广州有限公司、广东联塑科技事业有限公司、万科集团等公司开展网络教育合作，双方共同制定培养方案，每门课程根据课程性质、课件资源、公司人才培养目标等情况采用网上、面授或"网络 + 面授"的教学模式。目前，学院网络成人直属班学生约占网络教育学生总人数的三分之一。

成人高等教育混合式教学改革阶段：2016 年，学院成人教育所有校外教学点试行混合式教学。2018 年，学院成人教育全面实施混合式教学。成人教育与网络教育采用相同培养标准和培养计划，成人教育除保留传统面授教学外，公共基础课、学科基础课采用网络学习方式，解决了成人教育师资缺乏、学生工学矛盾等问题，更好地满足了学生个性化需求，实现了资源共享、优势互补。

（二）华南理工大学继续教育混合式教学改革路径

混合式教学是将在线教学和传统教学的优势结合起来，形成一种"线上＋线下"的教学模式。实行混合式教学，不是传统面授和网上教学二者简单的叠加，需要全方位进行改革，软件、硬件两手抓。归纳起来，学院主要做好以下三方面的工作。

1. 转变思维观念，统一改革思想。网络教育和成人教育各有一套成熟的管理体系，合作单位、管理人员形成了固有的管理思维，进行混合式教学改革，势必要打破管理人员的工作惯性，改变学生的学习习惯，甚至触动合作单位的利益。为了突破、改革思想上的阻力，帮助合作单位、管理人员、学生转变思维，统一改革思想，学院采取3项措施：一是向合作单位阐述混合式教学改革的趋势、必要性和作用，让合作单位明白混合式教学改革是大势所趋，是与时俱进的举措；二是向合作单位让利，在学费分成上向合作单位倾斜，确保改革后不损害合作单位的利益，尤其是经济利益；三是消除合作单位及学生对课程考核标准的顾虑，无论是网络课程改成面授课程，还是面授课程改成网络课程，课程考核尺度基本与原来一致。

2. 明确改革思路，统一管理制度。学院以传统面授为特点的成人教育和以网上学习为特色的网络教育经过多年的办学，均已建立了一套完善的、独有的管理体系。为了更好更快地推进混合式改革，学院第一步便是统一成人教育与网络教育的管理制度，使两者实施相同的"培养标准、教学管理、学生服务"，实现统一的"教学计划、教学管理、考试组织"。混合式教学专业教学计划中，公共基础课、学科基础课采用网络学习方式，部分专业领域课采用传统面授教学。网络课程采用一级管理模式，网上学习形式（查看课件视频、文本材料、完成随堂练习、课程作业、参与讨论等）、考核方式多式多样。面授课程采用二级管理模式，由校外学习中心负责组织实施教学，学院通过审核师资、课表，听课，抽审考试试卷等方式进行质量监控。

推行"面授＋网络"的混合式教学改革，满足了学生个性化学习需求，解决了学生的工学矛盾，实现了学院成人教育和网络教育相互融通，资源共享，优势互补，提高了成人学生培养质量和管理效率，为各行各业人才升级和地方经济建设作出了应有的贡献。

表9-1　华南理工大学继续教育"混合式教学"课程考核办法

| 学习方式 | 考核方式 | | 总评成绩 | | | | | |
|---|---|---|---|---|---|---|---|---|
| | | | 平时成绩 | | | 期末考核 | | |
| | | | 随堂练习 | 网上作业 | 问答讨论 | 网上考试 | 期末统考 | 期末大作业 |
| | 期末统考 | | 25% | 20% | 5% | | 50% | |
| | 大作业 | | 25% | 20% | 5% | | | 50% |
| 网上学习 | 网上考试 | 人文素质修养 | | 100% | | | | |
| | | 名师讲座 | | 100% | | | | |
| | | 唐诗选读 | 50% | 50% | | | | |
| | | 网上学习指南 | 50% | | | 50% | | |
| | 形成性考核 | 政治理论课、马克思主义哲学原理、国际金融概论、组织行为学 | 30% | 60% | 10% | | | |
| 传统面授 | 40%的出勤率和作业＋60%期末考试成绩 | | | | | | | |

3. 跨越技术壁垒，实现平台对接。华南理工大学网络教育学院从2000年开办起即与校办企业广州华南教育科技发展有限公司建立了全天候战略合作伙伴关系，建立了集网络教育教学管理、学习管理、招生管理、学籍管理等功能于一体的信息化管理平台。2008年，与华南理工大学原继续教育学院合并后，该公司的服务延伸到学院的成人高等教育，并根据成人高等教育的特点为学院开发了成人高等教育信息化管理平台。为了实现混合式教学改革，学院向华南教育科技发展有限公司提出了平台改造需求，最终经过双方的努力，实现了两平台后台数据的互联互通、实现了两平台的有效对接，混合式教学改革得以顺利进行：网络课件虽挂置于网络教育管理平台，但成人教育学生只需登录成人教育管理平台进行学习和操作，包括网络课程的选课、线上学习、预约考试等；学生网络课程的选课、线上学习等数据会实时对接到网络教育管理平台；成人教育和网络

教育网络课程的教学过程管理均在网络教育平台完成，如学习支持服务、考务管理、成绩导入等；成人教育管理者只需登录成人教育平台查看学生所有课程，包括网络课程的成绩，并进行学籍管理、考务管理、毕业资格审查等工作。

（三）华南理工大学继续教育混合式教学质量控制

教育质量是教育的生命线。在实行混合式教学模式改革过程中，学院始终把教学质量放在核心位置，构建了一套完整的教学过程管理体系，有效保障了学生的培养质量。

1. 紧抓学习中心管理，规范安全开展办学。校外学习中心的教学过程管理质量、效率与人才培养质量密切相关，切实抓好学习中心的管理，是学院开展规范安全办学、提高人才培养质量的关键环节。

针对校外学习中心管理，一方面，学院从制度入手，制定《华南理工大学校外学习中心教学过程管理质量评价体系》，每学期对学习中心的教学教务、学籍管理、考务管理等各项教学管理工作的质量进行评价，对于存在问题较突出的学习中心，学院约谈相关学习中心负责人，并督促限期整改，限期整改不力者暂停招生甚至停止合作。另一方面，学院把与校外学习中心的合作关系定位为合作共赢关系，既要对学习中心进行严格管理，做好工作指导，又要把学习中心当作学院的服务对象，为学习中心教学管理工作提供全套的支持和帮助。比如，在教务员培训方面，学院除每学期对所有教务员进行集中培训外，还根据学习中心的个性化需求，采用送培训上门、制作培训 PPT 等方式对教务员进行培训。

2. 构建教学质量管理体系，有效提升培养质量。不断完善网络教学体系，聘请主讲教师和网络辅导教师，对教师实施具有可操作性的量化绩效考核制度；利用平台大数据，对学生实施精准导学和助学，解决学生在线学习积极性不高、自主学习能力弱和自主管理能力差的问题。

建立面授教学过程监管体系，实施师资审批、课表审查、日常教学检查、学位课程统考、考试督查和学位课程统一考试等措施，严格执行教学过程各环节监管体系，进一步强化办学自主权，解决学历继续教育重招生轻监控的问题。举办"校园文化之旅"活动，发挥文化育人功能，激发学生学习兴趣，增强归属感。

3. 严格考试管理，把好"出口"关。考试组织与实施是学历继续教育办学过程中的难点，学生集中在各校外学习中心考试，容易造成监管不到位、出口把关不严、进而影响继续教育办学声誉的问题。学院在考试组织和管理中，采取了一系列行之有效的举措，保证毕业生"出口"质量。

4. 加强领导和制度建设。成立各级考务工作领导小组和工作小组，确保考务组织实施工作有条不紊地进行。制定了《继续教育学院考务管理工作规定》《继续教育学院监考巡考工作职责》等一系列规章制度。

5. 严格考试组织工作。一是做好试卷命题及保密工作。专人负责组织统考命题，配备专用保密室、保密柜和保密计算机。各考点考试试卷由学院选聘的巡考员按规定时间统一领取、发放、回收，并且必须全程负责试卷安全保密工作。二是严格监、巡考人员工作职责，并做好考前培训。三是做好网上阅卷和考试成绩管理。由专人负责成绩的审核、复核与发布。

6. 实行考后评价反馈与约束机制。对考试违规的学生按照有关规定严肃进行处理；对考试组织过程中存在问题的考点进行约谈，责令其整改，情节严重的取消其下一年的招生资格；对各考点的考试组织情况进行全面评估。

# 线上线下混合式教学模式实践探讨：
## 以广东财经大学为例

2020 年春季学期，突如其来的新冠疫情打破了传统的教学模式，全国高校不得不延期开学而广泛采取线上教学。根据教育部、省政府、省教育厅和学校关于新冠疫情防控有关文件精神，广东财经大学继续教育学院高度重视、积极响应。在新冠疫情防控期间，结合往年开展混合式教学的经验和疫情防控的现实需要，依据教学需求和师生的实际情况，第一时间提出"广财慕课＋引进慕课资源""广财慕课＋自建课程资源"和雨课堂直播三种混合式教学模式方案，帮助全校教师实现"线下课堂"到"线上课堂"的融合和迁移，做到"停课不停教，停课不停学"。

## 一、混合式教学工具

混合式教学就必须要有信息化平台的支撑。广东财经大学继续教育学院借助的混合式教学工具主要包括以下两种。

（一）"广财慕课"平台

"广财慕课"平台（网址：https：//www.gdufemooc.cn）是由北京慕华信息科技有限公司基于清华大学"学堂在线"MOOC平台为广东财经大学定制开发的、具有自主知识产权的一套在线学习MOOC＋SPOC平台，面向广东财经大学普通全日制教育本科生、研究生在校生、继续教育学生和社会学习者提供在线课程学习，由广东财经大学继续教育学院负责建设和运维。该平台具有慕课资源和自主学习系统支持，"学堂在线"MOOC平台为"广财慕课"平台提供近1000门优质的高校教学资源，教师可借助于慕课资源和学习系统开展线上线下混合式教学。教师也可在该平台上建设自己的慕课，形式不仅限于视频类的慕课课程，还包括文档、课件等各种各样的教学资源。教师在开展网络教学的同时，也可获取学生学习过程数据用于教学支撑与管理。任何学习者均可通过网络登录该平台加入课程学习。

（二）雨课堂

雨课堂是"学堂在线"为广东财经大学继续教育学院提供的智慧教学平台，基于PPT和微信开展直播和课堂互动，可帮助教师快速实现直播教学和混合式教学。

## 二、混合式教学模式

混合式教学，是指将在线教学和传统教学的优势相结合的一种"线上＋线下"的教学模式。疫情防控期间，广东财经大学继续教育学院以"学生慕课自主学习为主，教师直播答疑辅导为辅"的形式代替传统线下教学，充分体现以学生为主体，教师为主导的教育思想，促进学生主动、个性化的学习。广东财经大学继续教育学院向全校教师提供"广财慕课＋引进慕课资源""广财慕课＋自建课程资源"和雨课堂直播3种模式，教师可选择其中一种或多种模式的结合进行教学。

（一）基于"广财慕课＋引进慕课资源"实现网络教学

模式简介：广东财经大学继续教育学院提供慕课资源课程清单，教师从课程清单中选择适合自己开课的课程，然后再由系统管理员将所选课程引入到"广财慕课"平台上。同时，设置好教师、课程和班级的对应关系，这时教师就可以登录"广财慕课"平台开展网络教学了，也可以在原有课程资源包上进行补充和拓展开放给学生进行网络学习。学生即可在平台上观看慕课视频、参加作业和测验、参与讨论等学习活动。

模式特点：操作比较简单，有部分可引入的优质慕课课程资源。

推广级别：★★★★★

准备工作：选择适合的课程并引入"广财慕课"平台，教师、学生数据的导入。教师会使用"广财慕课"平台。

实施步骤：

1. 向学生推送慕课视频和作业；

2. 学生通过平台网站或 App 学习视频并完成作业；

3. 教师通过后台可获取学生学习过程数据；

4. 通过平台讨论区或雨课堂等直播工具进行交互；

5. 布置课后作业。

直播预案：若有直播环节，可提前将直播串讲内容做成视频文件上传至网络教学平台，或将 PPT 上传至慕课平台课件库，在直播无法进行时，可通过微信群指导学生进行集中式自主学习和测试。若没有直播环节，则无需直播预案。

（二）基于"广财慕课＋自建课程资源"实现网络教学

模式简介：对于没有选择慕课课程资源的教师可在平台上自建课程进行网络教学，在整合自有视频、PPT、习题等资源的基础上通过"广财慕课"平台建成一门在线课程，然后借助于"广财慕课"平台的教学功能开展混合式教学。

模式特点：需要学习平台建设课程流程和熟悉相关功能，适用于有视频资源或 PPT、习题等资源，有一定计算机应用水平且有意愿的老师。（自建课程需提前联系平台管理技术人员）

推广级别：★★★

准备工作：完整的教学资源，教师会使用"广财慕课"平台。

实施步骤：

1. 拍摄视频，收集、整理课程资源；

2. 策划课程知识点体系；

3. 在"广财慕课"平台上建设课程基本信息页；

4. 按照知识体系上传现有教学资源；

5. 课前通过 App 发送预习视频和测试题；

6. 学生提前预习；

7. 可在规定时间通过直播工具、社交群进行交互；

8. 课后通过 App 布置作业。

直播预案：若有直播环节，可提前将直播串讲内容做成视频文件上传至网络教学平台，或将 PPT 上传至网络教学平台，在直播无法进行时，可通过微信群指导学生进行集中式自主学习和测试。若没有直播环节，则无需直播预案。

（三）雨课堂直播模式

模式简介：通过雨课堂进行直播实时网络教学，学生必须在老师规定时间内通过手机或者电脑听课。

模式特点：授课模式接近线下模式，对网络要求很高。

推广级别：★★★★

准备工作：有教学 PPT，会使用雨课堂。

实施步骤：

1. 在规定时间开启直播；

2. 学生扫码进入课堂听课，参与互动；

3. 课后学生回看进行复习；

4. 课后学生完成作业。

直播预案：可提前将直播内容做成视频文件上传至网络教学平台，或将 PPT（可配音）上传至雨课堂平台，在直播无法进行时，可通过微信群指导学生进行集中式自主学习和测试。

### 三、前期准备工作

为了让全校教师迅速掌握和提升信息技术能力、适应新的教学，确保学校网络教学工作顺利开展，从 2020 年 2 月起，广东财经大学继续教育学院疫情防控领导小组率领全院教职工迅速投入"战斗"，在短时间内完成了大量的前期准备工作，为学校普通全日制教育本科生、研究生及学院校内脱产学生、校外教学点非脱产学生顺利开展教学打下了坚实基础。

（一）制作平台技术操作指引手册

开通广东财经大学"广财慕课"SPOC 平台，制作《广财慕课平台技术操作指引手册》，并在"广东财经大学继续教育学院"微信公众号开通"广财慕课操作指引"专栏，截至 2 月 24 日累计发布 8 篇平台操作指引手册，让全校师生充分了解和使用"广财慕课"平台和雨课堂直播工具，累计阅读过千次。

（二）导入基础数据并匹配课程资源数据

全校师生共有两万八千多名，精准的数据无疑是保障教学平台正常运营的重要基础。广东财经大学继续教育学院在短时间内完成了"广财慕课"SPOC 平台和雨课堂教务基础数据及匹配课程资源数据的工作。其中，导入广东财经大学本科 16 个二级教学单位、562 个行政班级、1189 位教师、5198 个教学班、24283 名学生、1017 门课程、211740 条选课数据及研究生 29 个二级教学单位、69 个行政班级、1059 位教师、17 个教学班、1162 名学生、15 门课程、332 条选课数据，成功将 326 门课程资源包导入平台且逐一匹配给相关授课老师，并在开学前两周试听课结束后，根据试听情况及时进行更新，新增加 13 个教学班，导入 215685 条选课数据。同时，还导入校内脱产学生、校外教学点非脱产学生的 31 个二级教学单位、301 个行政班级、532 位教师、1064 个教学班、16279 名学生、104 门课程、54642 条选课数据，确保学校继续教育、网络教育的正常开课。

（三）组织四场培训并提供全天候技术咨询服务

广东财经大学继续教育学院为全体教师组织了 4 场雨课堂直播培训，共计培训 1500 余人次，大大提升了广东财经大学教师利用雨课堂进行网络直播教学授课的信息技术能力和水平。此外，学院网络教学工作技术组成员通过微信、QQ 群等为全校师生提供全天候的技术保障支撑和答疑咨询。

**四、混合式教学模式实施情况**

新冠疫情防控期间，通过"学生慕课自主学习为主，教师直播答疑辅导为辅"开展混合式教学的形式，极大地支撑了全校网络教学工作的开展。不仅实现了学生线上慕课自主学习、教师雨课堂直播导学，还借助"广财慕课"平台和雨课堂实现了线上期末考试。

以广东财经大学继续教育学院校内脱产学生、校外教学点非脱产学生期末考试为例进行分析，2020 年春季学期，期末考试人次为 52127，总评及格率达 84.6%。这在一定程度上说明，三种混合式教学模式在疫情防控时期取得成功，基本实现了线上线下教学同质等效。

随着疫情逐步得到控制，高校学生陆续返校，为保障常态化疫情防控下教学的平稳有序运行，广东财经大学继续教育学院在巩固新冠疫情期间在线教学实践成果的基础上，继续面向学院校内脱产学生、校外教学点非脱产学生全面推进混合式教学模式，以提升课堂教学水平和人才培养质量。

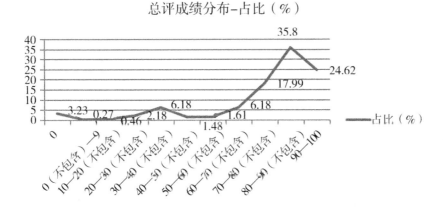

图9-3　广东财经大学继续教育学院学生期末考试总评成绩分布

## 第二节　课程思政示范课程优秀案例

### 坚持立德树人，努力打造继续教育课程思政"样板课"：华南师范大学"毕业论文"课程的探索与实践

2021年6月，《教育部关于公布课程思政示范项目名单的通知》正式发布。由华南师范大学武丽志研究员牵头，曾祥跃、陈小兰、张旺君、陈汉锋、刘青青、张悦、王梦如等联合开发的"毕业论文"课程被教育部确定为"课程思政示范课程（继续教育）"，课程开发成员及团队被认定为"课程思政教学名师和教学团队"。同年7月，该课程配套教材《毕业论文写作与答辩》入选首届全国优秀教材（继续教育类）奖励公示名单，配套课程作为优秀案例正式上线新华网"新华思政"，向社会展示。

"毕业论文"课程作为贯彻中共中央办公厅、国务院办公厅《关于深化新时代学校思想政治理论课改革创新的若干意见》精神，落实"网教

18 条"有关规范毕业论文（设计）管理要求，发挥课程育人"主战场"、教师队伍"主力军"作用，提高继续教育人才培养质量的积极探索者，为继续教育领域全面推进课程思政建设，构建全员、全程、全方位育人大格局提供了有益借鉴。

## 一、明确思政目标，强化立德树人价值引领

课程思政建设是落实立德树人根本任务的战略举措，只有实行课程思政，才能实现全员、全方位、全过程育人。"毕业论文"课程立足本科层次继续教育培养"具有一定岗位创新能力的应用型专门人才"要求，充分发挥华南师范大学教师教育优势和现代远程教育试点优势，将课程的思政目标定位于"培养在职学员立足岗位、终身学习、务实创新的科学研究观"。

聚焦思政目标，课程将价值塑造、知识传授和能力培养三者融为一体，注重结合毕业论文写作与答辩的过程，加强网络教育成人学员的学术诚信教育，培养学员严谨的学术品质、无畏的科学精神、脚踏实地的写作态度、终身不懈的学习能力、积极严谨的版权意识，鼓励成人学员要有家国担当，立足岗位实践，关注现实问题，在调查研究上下功夫，不搞花架子，将自己的毕业论文写在祖国的大地上，写在自己的单位工作中。

## 二、挖掘思政元素，丰富课程思政内容供给

毕业论文是大学本科教育的必修课，也是大学生专业学习中的一次综合演练。为落实"培养在职学员立足岗位、终身学习、务实创新的科学研究观"的思政目标，"毕业论文"课程团队针对每个知识点、每个教学环节进行深度挖掘，共识别思政元素点数 100 多个，初步形成了课程思政基因图谱，实现了知识点、技能点、师生交互（指导、答辩）环节全覆盖。其中，教材及数字化课程资源所包含的思政元素如表 9-2 所示。

表9-2 "毕业论文"课程教材及数字化课程资源包含的思政元素

| 序号 | 专题名称 | 思政元素 | 融入方式 |
|---|---|---|---|
| 1 | 破冰启航 | 科学精神/创新意识/自信培养/学术意识 | 教学渗透 案例示范 课堂讨论 拓展阅读 榜样力量 |
| 2 | 论文选题 | 家国担当/关注实践/服务社会/脚踏实地 | |
| 3 | 资料收集 | 科学精神/学术道德/版权意识/文化传承/ 终身学习 | |
| 4 | 量的研究 | 科学精神/克难攻坚/学术伦理/团队协作/ | |
| 5 | 质的研究 | 刻苦钻研精神/学术道德/终身学习 | |
| 6 | 论文撰写 | 科学精神/学术道德/精益求精/工匠精神/ 脚踏实地的研究态度/终身学习 | |
| 7 | 著录规范 | 严谨态度/学术规范/学术道德/科学精神 | |
| 8 | 自信答辩 | 自信自强/开放共享/尊师重教/谦虚谨慎 | |

### 三、探索融入方式，实现思政教育润物无声

通过将思政教育融入课程讲授、融入教材、融入实践、融入师生交往，"毕业论文"课程实现了价值引领与知识传授、能力培养的"三位一体"，探索了"思政"与"课程"由"两张皮"到"融盐于水"的变革路径。无论是教材编写还是课程讲授，该课程通过引入真实案例、名人故事、拓展阅读、行动示范、教学交互、师生交往等方式进行思政教育的教学渗透，在字里行间体现科学精神、严谨作风、创新意识、脚踏实地解决问题等。以"论文选题"专题为例，共包括4个知识点，相关思政元素及融入方式具体如表9-3所示。

表9-3 知识点对应思政元素及融入方式

| 序号 | 知识点名称 | 思政元素 | 融入方式 |
|---|---|---|---|
| 1 | 选题原则 | 家国担当/服务社会/脚踏实地/ 立足岗位/学术意识/创新意识 | 钱学森的故事 若干选题案例 爱因斯坦的名言 |

（续表）

| 序号 | 知识点名称 | 思政元素 | 融入方式 |
|------|------------|----------|----------|
| 2 | 选题途径 | 关注实践/问题意识/批判思维/科学精神/尊师重教/谦虚谨慎 | 不同职业场景案例有关"问题"的拓展阅读 |
| 3 | 选题方法 | 批判思维/科学精神/克难攻坚/立足岗位/工匠精神/终身学习 | 不同方法的案例示范 |
| 4 | 拟定题目 | 严谨态度/精益求精/不断质疑/自我革新 | 不同学科的题目案例师生交互产生的示范影响丘吉尔的故事 |

## 四、创设思政场景，营造课程思政育人环境

本课程结合大学生毕业论文写作的真实实践过程，创设了"在实践中选题""收集使用文献""开展符合伦理的研究""严谨撰写论文""遵守学术规范""论文查重""从容自信答辩"等思政场景（也是学习场景、实践场景），自然融入学术诚信等思政教育，培养学生严谨的学术品质、无畏的科学精神、脚踏实地的写作态度、知识产权的保护意识等，引导学员恪守学术道德、学术规范，坚决抵制抄袭、造假，通过脚踏实地的务实创新，努力研究解决生产实践一线问题，写出有价值的毕业论文。

在思政场景中，课程充分利用思维导图、中国知网、问卷星、E-Study、流程图、甘特图、滴答清单等在研究与论文写作中需要使用的软件和App，通过思政教育与实操工具相结合，实现了课程思政实施有抓手，育人育才可落地。

## 五、注重以身示范，通过交互加强正面引导

本课程注重师生互动，不断强化线上指导力度，做到了教学团队"有帖必复""有问必答"，并通过教师言行树立榜样（名人、名师、以及学员身边的师长）直接影响学员、感召学员树立脚踏实地的科学研究精神，实现榜样示范与引领。一方面，课程不断优化讨论主题、作业等教学活动，引导学员对科学研究的本质及方法进行深度思考，不断进行自我反思、自主创新，并通过活动让学生"近距离"观察榜样、体味真情、反思

深意。另一方面，课程配套的 MOOC 课程公布了教学团队所有教师的 QQ 或微信账号，免费对学生进行"一对一"指导，受到了学生们的广泛欢迎和热切回应。

### 六、坚持开放共享，大幅提升思政育人受益面

近年来，华南师范大学"毕业论文"课程团队在牢牢抓住"教材"和"在线课程"建设基础上，积极推动配套教材、数字化资源的免费开放与共享。教材方面，《毕业论文写作与答辩》（高等教育出版社）内容实用、语言活泼，阐述问题深入浅出，编写体例和版式设计新颖，并以二维码方式链接核心知识点微课视频，较大程度地满足了学习者的个性化、移动学习需求。该教材被全国 28 个省、自治区和直辖市的 69 所高校选用，其中既有网络教育学院、继续教育学院等非全日制办学单位，也有大量全日制教学院系。

数字化资源方面，由武丽志主讲的《毕业论文写作与答辩》自 2019 年 10 月在中国大学 MOOC 平台上线以来，迄今共开设 4 期，累计学习人数超 6.5 万，另有 62 所高校依托该 MOOC 资源建设了属于自己的 SPOC。（慕课网址：https://www.icourse163.org/course/scnu – 1206357801）。此外，课程还通过新华网"全国高校课程思政教学服务平台"、"百校千课共享联盟"平台、"智慧职教"平台、兄弟院校自有教学平台面向社会或特定群体开放，其中仅兰州大学累计选课人数就达到了 15821 人。

## 在"四个结合"的"教—学"锤炼中续写继教思政的育人使命：华南农业大学"公共管理学方法论"课程思政的实践探索

2021 年 5 月，《教育部关于公布课程思政示范项目名单的通知》正式发布。由华南农业大学张玉教授牵头，课程团队一起开发的"公共管理学方法论"课程，被教育部确定为"课程思政示范课程"（继续教育），课程开发成员及团队被认定为"课程思政教学名师和教学团队"。

该课程作为张玉教授主持的国家一流专业和广东省省级重点专业"行政管理"专业课程体系中的学位主干课，是一门应用公共管理原理的综合性课程。课程内容包括，认识公共行政现象和预测公共管理行为，为公共

管理研究者提供合适的研究方法、研究技术与指导思想，从而，使其在分析公共问题时，更具备穿透力、领悟力与可靠性。

在课程传导的"教—学"锤炼中，课程负责人与团队成员，深入分析和分解继续教育课程思政的特点，将继续教育的育人使命提炼为：在继续教育中，进一步提升学生的政治素养；在继续教育中，进一步强化学生的专业使命；在继续教育中，进一步明晰学生的时代责任；通过"四个结合"课程内容与方法设置，对如何以"继续教育"为契机，夯实高等教育中"全员、全程、全方位"三全育人的课程思政格局，做出了有益的探索。

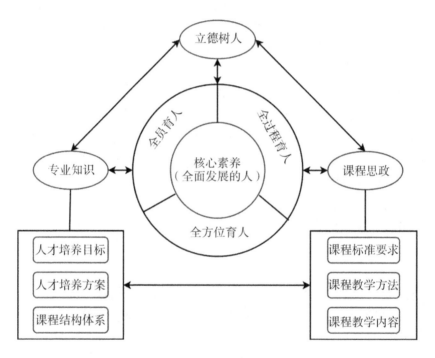

图9-4 课程思政模式

## 一、将价值引领与专业发展相结合

课程开发团队将行政管理专业人员需要具备的素质细分为知识、能力和职业价值观三个层面，并特别强调行政职业价值观的重要性。以"公共管理学方法论"金课建设为目标，突显价值观对塑造青年学生群体行为模式的引领作用，立足新时代中国特色社会主义实践，将知识传授与价值引领有机统一起来。实现价值观培育的"三维"融入：第一维度，在实践认知教学中，融入马克思主义的基本理论教育。第二维度，在实践认知操作中，融入社会主义核心价值观教育。第三维度，在全过程职业实践的培育中，融入中国优秀传统文化和思想。这些公共管理本土化的内容不仅要与国家行政管理专业认证资格标准贯通，还要与公共管理一级学科建立逻辑关联，使知识的难度由浅入深，避免碎片化。

**二、将国家需求与教学目标相结合**

依托粤港澳大湾区建设资源构建课程内容，拓展学生的思维视野和实践应用能力，消解"学非所用、用非所学"的问题。从强调知识的单一性和确定性，转变为强调知识的多元性和不确定性，增强课程内容的丰富性，激发学生思维的发散性。准确理清本课程在人才培养中的功用，打破学科壁垒，围绕专业认证核心主题，建构相关课程内容，以项目或平台为载体，整合课程体系。在经典教材的基础上不断融入其他学科前沿知识和动态，注重相关不同领域中新知识、新技术的交叉融合，突出综合性和复杂性思维，充分发挥课程专业认知、技术实践和文化传递等功能，提升课程特色与学生专业发展的依存度、契合度和满意度，体现公共管理的职业性、专业性和基础性的统一。

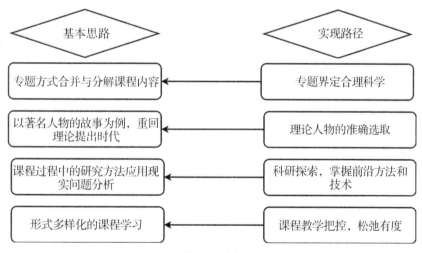

**图9-5 基本思路与实现路径**

### 三、将历史智慧与现实观照相结合

本课程以公共管理方法论历史演进的基本线索为主题，坚持以史为线、以情动人，运用案例式、专题式、互动式、参与式多元教学方式，用历史讲大道，引导学生重点关注在中西公共管理理论的历史演进中，中国社会的公共治理如何在马克思主义理论的指导之下不断创新。通过中西理性制度主义、历史制度主义和社会制度主义方法论应用的相互比较，结合中国社会制度发展的总体趋势，展示中国特色社会主义的制度优势和治理效能，增进制度自信。用中国故事讲好中国治理，培养具有自信心、自豪感和自主性的公共管理专业人才。

表9-4 课程目标分解

| 课程教学方法 | 课程思政 | 具体目标分解 | 课程目标 |
|---|---|---|---|
| 历史主义分析方法 | 培育时代新人 | 中国公共治理声音的传播者 中国公共治理理论的创新者 中国特色社会主义发展的开拓者 | 坚定制度自信 |

### 四、将知识传授与实践应用相结合

结合继续教育学生的特点，本课程以案例为线，将实地现场调研、案例开发、学术研究、课堂教学以及教材建设相串联，从实践中提炼理论案例，再反哺于课堂教学，通过案例扮演、案例分析，让专业课堂"动起来"、让教师科研"活起来"、让学科建设"强起来"。在具体教学中，以问题和目标为导向，对教学内容体系进行重构，在"知识维——逻辑维——目标维"的融合性创新中，实现教学内容从系统性向建构性转变。

知识维，以"问题"为导向，以"复合应用型"人才培养为目标。树立"能力为上、应用为本、创新为魂"的理念，根据"宽口径、实基础、强能力、高素质"的总体要求，引导学生从解决问题入手，探究式学习。以提升应用公共管理学基本原理、解决复杂问题的能力。在教师"教"的方面提出了以创新能力为核心，以"学习能力、实践能力、表达能力"为基础，从教学理念、教学内容、教学方法、案例教学等方面进行系统改革的教学模式；在学生"学"的方面构建以课堂讨论、案例分析、课程论文为本位的创新能力培养路径。

逻辑维，以教学理念改革为先导，综合应用智慧树平台，把课程拉长。在本课程的教学中，做到让学生课前、课后动起来，知识的"传播—接受—应用"三者并重，充分发挥学生在课程学习中的自主性和能动性，解决知识学习、自学能力和学习素养的问题。

目标维，以立德树人为旨归，融入课程思政，强化"思维塑造"和"价值引领"的有机统一。按照"思维＋能力培养"的高阶性、"内容＋形式＋结果"的创新性，以及课程的高挑战度这一标准，把教学目标、内容、方式、评价等多要素有机融合，实现立德树人与铸魂育人的综合创新。

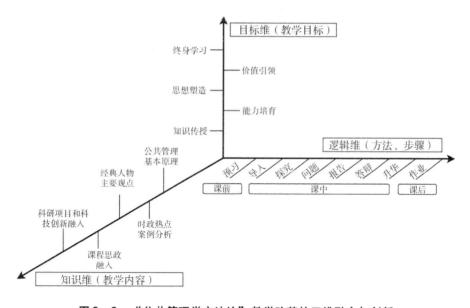

图9-6　"公共管理学方法论"教学改革的三维融合与创新

同时，以案例分析为基础，实现传统教学与混合学习的交叉融合。初期（前9周），注重启发式教学：在课堂讲授中，坚持以学生为主体，发挥教师的主导作用，以问题为中心，引导学生开动脑筋，积极思考，激发学生的学习兴趣。中期（10—13周）推广研究式教学：根据教学大纲规定的教学内容，结合目前"公共管理方法论"理论与实践中的热点、难点、焦点等问题，设立研讨题目，要求学生就某一问题，查找资料，进行讨论，形成自己的观点，使学生成为知识的发现者、探索者、判断者和研究者。后期（14—15周）尝试模拟式教学：为学生创设仿真的场景，让学生扮演相关的角色，通过模拟决策过程，使学生在亲身参与中，有效培养分析问题、解决问题、团结协作、口头表达、理论思维等各项能力。

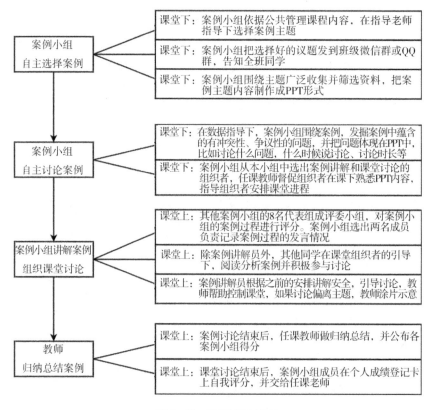

**图9-7　案例教学流程**

本课程自2010年开设以来，受到广大师生的热烈欢迎。2019年的调查显示，学生对本门课满意和很满意的占比86.7%，喜欢慕课和翻转课堂的占85.4%。认为学习任务明显加重一倍以上的占77.5%，认为加重一倍左右的占22.5%。初步实现学生"忙起来"的教学目标。目前，学生撰写学术论文已达500多篇。课程负责人指导学生获得省部级以上竞赛奖项7项。带领本科生在《学术研究》《天津社会科学》《江淮论坛》等

CSSCI 杂志上发表论文 3 篇。课程于 2021 年 3 月在"智慧树"在线教育平台制作完成，并作为在线开放课程在粤港澳大湾区教学平台上实现共享。

## 第三节　教学改革质量提升优秀案例

### 深圳大学提升成人高等学历教育办学质量的路径探索

#### 一、社会和成教学生对成人高等学历教育的需求

改革开放四十多年来，我国高等继续教育为社会培养了大批的高学历人才，极大地提高了国民素质，为地方经济发展做出了重要贡献。新时代，随着高等教育的内涵式发展，社会对成人高等学历教育人才的需求已经完全超出了提高学历的范畴，企业注重员工学历的同时，更加注重综合素质。学校单纯从数量和规模出发的扩张形式将难以为继，必须完成从数量向质量转变。成人高等学历教育除了提高学生的专业知识水平和技术应用能力外，还要培养学生自主学习和终身学习的能力。随着社会需求的不断变化，人们的终身教育意识更加强烈，对教育质量的要求更加突出。

学生通过成人高等学历教育提高自身的社会竞争力和综合素质，适应经济社会的需求和职业要求。学生对教育的要求具有实用性、功利性和职业导向性，即提高学历的同时更加注重知识应用和职业技能，更加注重学习的投入与回报。因此，成人高等学历教育应该坚持以人为本的理念，将教育目标与功利性追求正确结合，努力提高教育质量，满足成人教育（简称"成教"）学生的真实需求。尤其是进入新时代，在互联网共享经济条件下，从教育主管部门到地方高校已经形成共识，只有提高教育质量，才能培养和锻炼成教学生的各种能力。

#### 二、提高成人高等学历教育质量的主要动力

##### （一）高等教育办学体制多元化的竞争压力

2016 年，教育部印发了《高等学历继续教育专业设置管理办法》，该办法明确规定从 2018 年开始，普通高校将不再举办本校全日制教育专业

范围之外的学历继续教育；没有举办全日制专科层次教育的普通高校不再举办专科层次的学历继续教育。目的是将普通高校举办全日制本科、专科层次教育的办学优势用于举办相应学历层次的学历继续教育，这是为进一步推进内涵式发展做出的部署。专业设置是高等继续教育人才培养的基础工作，关系到人才培养的目标和质量，也关系到高等继续教育与经济社会发展的协调和适应。普通高校应充分依托学校自身学科、专业和师资等优势，将学历继续教育纳入学校整体发展规划与人才培养体系，统筹本校全日制教育与继续教育协调发展。普通高校成人高等学历教育的办学层次、类型、规模和质量要与学校办学定位、办学条件和社会声誉相适应。显然，这是从国家层面对我国成人高等学历教育面临规模持续缩小困境的直接回应。

2019年，中共中央、国务院颁发了《中国教育现代化2035》，这是新时代推进教育现代化、建设教育强国的纲领性文件，强调了高等教育内涵式发展是构建现代教育体系的重要着力点。强调高等教育办学体制改革要为构建现代高等教育体系服务，未来的高等教育办学应该是多元化、规范化、国际化并存，保持竞争张力与激发内在活力。除了公办学校、民办学校，还要有混合制学校、企业大学，甚至有"虚拟学校"，推动高等教育供给平台的优质化，实现高等教育提供方式的多元化，真正满足人们多样化的教育需求。

显然，不断发展壮大的新兴教育类型激活了我国高等教育的办学机制，在满足人民群众日益增长的教育需求的同时，也大大分流了原本属于成人高等教育的生源，一定程度上挤压了成人高等教育的空间，客观上迫使成人高等学历教育必须寻求提高教育质量的有效路径。

（二）顺应成人高等学历教育发展的趋势

新时代背景下，高等教育多元化的办学形式方兴未艾。尽管普通高校的本科和研究生规模不断扩大，但发展条件有限，仍然有一大批在职人员想通过成人高等教育提高学历，实现大学梦。广东是教育大省，是改革开放的前沿阵地，对成人高等学历教育的需求比其他省份更加明显。因此，高校继续教育有必要为他们提供接受高等学历教育的机会，通过成人高等学历教育的补充，提升在职人员的整体学历水平，为优化岗位配置、提升工作能力奠定良好基础。因此，成人高等学历教育已经面临穷途末路的观点，既过于悲观，也不符合实际。2016—2020年，深圳大学成人高等学历教育在校生人数逐年上升，在校生规模如图9-8所示。

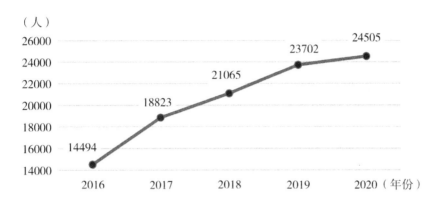

**图9-8　2016—2020年深圳大学成人高等学历教育在校生人数**

（三）基于MOOC的混合式教学是成人高等学历教育走出困境的突破口

混合式教学能更有效地定义"学生为中心"的教学，它有潜力成为高等教育的"新常态"。形势和政策的变化加速了成人高等教育的综合改革。深圳大学继续教育学院按照教育部关于深化高校继续教育改革的有关文件精神，积极转变观念，抢占先机，紧随MOOC潮流，从2016年起有计划、分步骤地稳步推进教学改革，走以更新观念为先导、深化改革为手段、提高质量为目标的发展之路。同时，也借鉴了深圳大学2014年牵头成立的"全国地方高校UOOC联盟"的成功做法和宝贵经验，在教学模式上采取基于MOOC的"线上＋线下"混合式教学。通过线上教学使学生共享了名校名师的优质教育资源，体现了教育公平，同时给学生提供了"处处可学，时时能学"的学习环境，加强学生的自主学习能力。通过线下教学实现翻转课堂，彻底改变了教师一言堂的状况，鼓励学生大胆提问、勤于思辨。深圳大学继续教育学院经过五年多的教学实践，几次问卷调查结果显示，学生对混合式教学的满意度越来越高。2016—2020年深圳大学继续教育学院MOOC学习人次如图9-9所示。

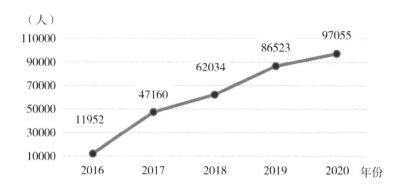

图9-9 2016—2020年深圳大学继续教育学院MOOC学习人次

### 三、提高成人高等学历教育质量的有效路径

深圳大学继续教育学院成立于1983年，是深圳大学面向社会，开展成人高等学历教育和非学历培训的办学与管理机构。学院以立德树人、守正创新、精致务实、质量优先为办学指导，服务粤港澳大湾区和中国特色社会主义先行示范区的"双区"发展。学院紧抓"双区驱动"的重大发展机遇，深化教学改革，实施以下有效路径提高教育质量。

（一）优化专业设置，修订培养方案

专业设置和培养方案是培养成人高等学历教育的设计蓝图，也是人才培养和教学运行的纲领性文件。通过对专业和培养方案不断进行优化和修订，满足社会和学生的需求，这有利于发展学生个性，提高职业竞争力，增强学生的择业与创业能力。深圳大学继续教育学院在专业设置和培养方案的优化修订上坚持了两项基本原则：一是紧贴市场，适应社会需求的原则。深圳大学继续教育学院加强与深圳大学专业学院和教学点的交流沟通，深入了解人才需求信息，使开设专业能够与社会发展相协调。二是稳定性和灵活性并存的原则。如深圳大学继续教育学院的会计、工商管理和人力资源管理等专业是深圳大学继续教育学院的品牌专业，报考人数连续多年递增，因此，学院从招生规模、培训方向、师资力量等方面加强专业的稳定性。而对近两年报考人数不多的通信工程、物流管理等专业果断停招。因此，学校在设置成人学历教育专业和修订培养方案时必须主动适应社会对专业人才的需求。

（二）掌握学习特点，体现教学特色

提高成人高等学历教育质量，需要根据学生的学习特点，办出教育特色。成教学生学习基础较差，精力投入有限，但他们学习的主体意识较强，他们不为家长、老师学习，也不会在意同学之间的差距，完全为自己而学。因此，他们有较强的自主性，能较好地把握投入到学习上的时间和精力。MOOC 更适合成教学生碎片化和移动式的学习方式，学生也愿意接受线上教学。成教学生积累了一定的社会实践经验，他们对学习内容有较高的要求，不求全面，但求实用，想结合工作实际主动领会而不是被动接受。他们重视解决实际问题的能力，不喜欢教师满堂灌输，对理论与实践密切结合的教学内容更感兴趣，也比较懂人情世故，他们能够通过老师的积极引导发现和提出问题，这就有利于教师线下面授时有针对性地讲重点和疑难。因此，只要教学内容和教学模式能迎合成教学生的学习特点，教育质量就不难提高。近五年，深圳大学继续教育学院在办出教育特色上下功夫，经过探索和实践，"线上 + 线下"的混合教学模式逐渐成形，MOOC 上线门数稳步增加，如图 9 - 10 所示。

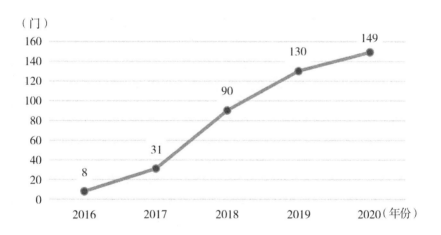

图 9 - 10　2016—2020 年深圳大学继续教育学院 MOOC 上线门数

（三）构建教学平台，做好技术支撑

深圳大学继续教育学院充分利用"互联网 + 教育"的现代信息技术，通过校企合作构建教学平台。线上教学采用深圳市优课在线教育有限公司提供的"优课在线"教学平台，该平台运用数据挖掘、学习分析与人工智能等信息技术手段，建立自适应学习系统。通过多通道互动和多维度采集学习数据，实时监控学生的学习进程，对学习效果和学习需求进行个性化诊断和评估，并依据数据分析结果，通过 App、微信公众号或手机短信等多个渠道，及时通知学生教务事项，对学习有困难的学生提供任课教师和平台管理员线上指导，对成绩落后的学生进行预警提醒，帮助他们及时调整学习进度。随着平台功能不断优化，起到了强有力的技术支撑。

（四）建设高标准 MOOC，实现优质资源共享和教育公平

MOOC 在世界范围内迅速兴起，它既拓展了时空，变革了教学模式，增强了教学吸引力，激发了学生的积极性和自主性，同时也扩大了优质教学资源的受益面，推动了教育资源的共建和共享，给教学改革和学生学习方式变革带来机遇和挑战。尤其 2020 年，MOOC 在新冠疫情防控期间发挥了巨大作用。为推动基于 MOOC 的混合式教学改革，实现在线教学的常态化发展，深圳大学继续教育学院从 2016 年起自筹资金，在深圳大学和其他高校招募优秀师资，分阶段、分步骤建设高标准 MOOC。截至目前，学院自建 MOOC 98 门，引进 MOOC 34 门。

通过 MOOC 的建设与应用，实现优质资源共享和教育公平，达到了"课堂精讲、网上优学、自己勤学"的目标，满足了学生个体差异的学习需求。基于 MOOC 的混合式教学减少了学生参加课堂面授的次数，所以很大程度上解决了他们的工学矛盾，近几年学生参加面授的到堂率明显高于以前纯面授的到堂率。2017—2020 年学生退学率明显降低，如图 9 - 11 所示。

（五）改革考核方式，加强质量监督

为了使考核方式更加科学合理，深圳大学继续教育学院结合混合式教学实际，调整考核方式和评分标准，线上采用闯关式教学，加大过程性考核的权重比例。对于选修通识类 MOOC 的学生，要求在规定时间内观看 80% 以上 MOOC 视频才能参加考试，考试通过后获得相应学分，达不到学分要求不能按期毕业。对于公共基础类和专业类 MOOC，线上学习成绩占总成绩的 40%，线下成绩占 50%，平时成绩占 10%，所有 MOOC 每章均有测验和作业。学生一致认为设置闯关式教学，可以有效改善他们拖延的不良学习习惯。线上线下相结合的考核无疑是对传统教育评估方法的一种完善，它以过程学习和主动学习为导向，能够促进学生主动完成学习任

务，提高自主学习能力。

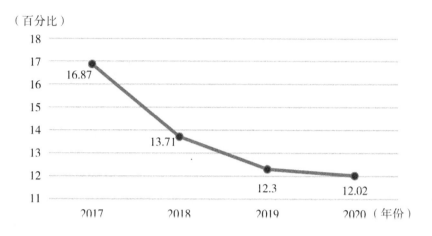

图 9-11　2017—2020 年深圳大学继续教育学院学生退学率

## 四、结束语

成人高等学历教育作为高校教育体系的重要组成部分，肩负着构建面向全民终身学习和学习型社会的重任。"高校光环"已经不能继续作为高校继续教育学院发展的必然保障。深圳大学继续教育学院紧随特区，锐意改革，树立转型发展和创新理念，不断在创新中求发展，破除束缚成人高等学历教育发展的不合时宜的观念和做法，扬长避短，突出办学特色，稳步提高教育质量。提升成人学历教育质量既是时代发展的要求，也是高校自身发展的需要，更是社会转型与发展的重要支撑。通过有效路径的实施，使教育质量迈上了一个新台阶，也为成人高等学历教育的可持续发展提供了良好的借鉴。

# 构建全面服务保障体系　推动继续教育高质量发展

## 一、项目背景

《国家中长期教育改革和发展规划纲要（2010—2020 年）》指出，高校要牢固树立主动为社会发展服务的意识，全方位开展服务。在信息技术迅猛发展的时代背景下，寻求信息技术与继续教育的融合对推进全民学习、完善终身教育体系、构建学习型社会具有重要的现实意义。

暨南大学教育学院（简称"教育学院"）立足粤港澳大湾区，自20世纪 80 年代开办继续教育以来，始终秉承"创新发展，培养人才，提高质量，服务社会"的办学理念，坚持"面向海外、面向港澳台"的办学方针和"侨校 + 名校"的发展战略，以国家和社会需求为出发点，主动服务于国家"一带一路"倡议与粤港澳大湾区建设需要。为了进一步规范教学管理，提升教学质量，提高办学效率，助力学校"双一流"和高水平大学建设，教育学院通过多年的探索，充分利用现代信息技术，将其与管理政策及社会服务融合，根据继续教育发展情况加强条件建设，同时发挥学校为社会服务的职能，逐步形成了行之有效、完善的服务保障体系，并不断开拓创新、与时俱进，为打造全民学习、终身学习的学习型社会做贡献。

## 二、项目具体实施路径

近年来，教育学院贯彻落实习近平总书记的"制度硬约束"重要思想，上有党建引领思想，下有各项规章制度指引行动，以质量为核心，以创新为动力，加大资源投入，以信息化促进继续教育现代化，为继续教育高质量发展提供完善的服务保障体系。

（一）完善制度建设，做好正面宣传

在人才培养过程中，教育学院持续完善制度建设，及时梳理现行规章制度，并通过广泛调研、党委会议和党政联席会议集体决策、学院教职工意见征集、平台大数据分析、与学校各兄弟院系及机关部处进行交流等方式，修订或增补管理制度，完善管理政策环境。教育学院建立健全招生宣传机制，与社会媒体长期合作，以法治思维管理学院，助力学院健康稳定发展。

**图 9-12 构建全面服务保障体系**

2016 年以来，教育学院先后成立网络安全与信息化领导小组、网络课程建设管理小组、疫情防控工作领导小组、课程线上教学专项工作小组等专项工作机构，制定并发布了《"三重一大"决策制度暂行规定》《暨南大学教育学院校外教学点设置及管理规定》《暨南大学教育学院成人教育招生管理制度（试行）》《暨南大学教育学院教材选订管理规定》等 20 多项规章制度，修订《暨南大学教育学院党政联席会议议事规则》《中共暨南大学教育学院委员会党委会议议事规则》，同时学院也正在草拟《暨南大学教育学院分院管理办法（试行）》《暨南大学继续教育管理办法（试行）》等文件，举全院之力推进信息技术与继续教育的深度融合，不断促进继续教育管理系统化、规范化。

教育学院领导班子多次接受新快报、广东电视台等媒体采访，向考生讲解继续教育基本常识并刊登声明，澄清暨南大学成人高等教育招生信息发布的正规渠道，提起对侵权机构的追责；学院与抖音、今日头条等平台也达成长期合作，所有与上述媒体发布的有关暨南大学继续教育宣传广告，必须经教育学院审核批准；委托专业律师事务所，向冒用暨南大学名义违法招生的社会机构进行追责。

（二）加强条件建设，夯实发展基础

1. 搭建暨南大学成人网络教育与综合管理平台

2016 年，教育学院根据实际工作需求，借鉴兄弟院校的优秀网站建设经验，整合搭建含教学、管理、查询、资讯等功能集一体的教育学院网络服务平台，并在使用过程中不断优化功能，最终顺利验收。暨南大学成人网络教育与综合管理平台的成功搭建大大提高了学院管理工作人员的办公效率，也进一步提升了教务管理水平和教学质量。

2. 开发成人高等教育招生管理系统

教育学院与校外教学点合作开展全日制管理类学生学历教育业务。为规范合作教学点招生管理，教育学院出资采购服务器、腾讯云短信及人脸验身服务，搭建成人高等教育学生报名确认系统，通过人脸识别、短信验证等手段验证学生真实身份，在系统首页验证界面展示入学须知等信息，确保学生了解真实招生信息，提高学生报名的准确性和真实性，避免合作教学点在招生过程中由于信息不透明、宣传不实导致学生虚假报名、误报名的现象。

3. 信息化数字教学资源建设

高等教育信息化是促进高等教育改革创新和提高质量的有效途径，教育学院高度重视教育信息化工作，把推进信息技术与教育教学深度融合作为内涵式发展的重要抓手，稳步推进线上教学与线下教学有机结合，促进学院的信息化建设迅速发展。

教育学院先后进行三批共 27 门网络课程建设，总投入 108 万元。2021 年 6 月，又开展了新一期的"暨南大学继续教育在线课程建设项目"，该项目计划建设 20 门在线课程，每门课程资助 10 万元。同时，教育学院积极调研，联系学校网络与教育技术中心，引入雨课堂教学平台并面向各教学点举办平台使用培训，对教学形式的多元化、课堂教学方法的数字化以及提高学生学习兴趣等方面均起到了良好的辅助作用。

4. 教学场地及教辅条件建设

经学校批准，教育学院在东莞、江门、深圳、珠海等地设立了四个分院，与广州开发区人才教育工作集团、广州才聚教育科技发展有限公司合作成立广州市黄埔区、开发区教学中心，与暨南大学信息研究所合作成立环市东教学中心。教育学院与著名企业、知名侨胞的强强联合，将为粤港澳大湾区的发展提供人才支撑和智力支持。

学校配备 4 间多媒体语音室供教育学院专用，可容纳学生 248 名，其余教室均由学校课室管理中心统一调配，学院可申请使用。学院正出资对其中两间设备较为陈旧的多媒体语音室进行升级改造，以满足日常教学、培训所需。此外，教育学院本身建设有两间多媒体课室，均配备完整的教学设施，并根据教学需求持续维护更新。

（三）融合信息技术，提升现代教育水准

1. 信息技术与教学活动的融合

充分利用信息技术优势，从教学形式、教学目标、教学组织等方面积极开展教学改革，坚持以学习者为中心原则，通过 SPOC 和面授课程深度融合，组织了灵活多样的混合教学形式，逐步实现信息化教与学应用的师生全覆盖。运用智慧教学工具，开展翻转课堂、个性化学习、混合学习和问题导向式教学，确保教学工作要求和教学质量标准不降低，努力提升线上教学与线下教学的混合式教学质量。

基于美国教育技术专家罗伯特提出的 ASSURE 模型设计了在线教学系统，借助课堂反馈、微信或 QQ 群的评述、论坛反馈、课后评价、学习者意见等，用不同的交流工具创造灵活的学习环境，通过学习者之间、学习者与教师之间的有效交互促进在线课程的高效完成。

2. 信息技术与教学管理的融合

通过搭建暨南大学成人网络教育与管理综合平台，构建学业评价、学科文化、教务管理、资源配备、教师态度与信念、教师知识与技能等要素在内的综合信息技术支持系统，将贯穿学生学习生涯的招生宣传、学籍管理、排课排考、课程评价、学习跟踪、学费收缴、毕业申请等环节与信息技术融合为一体，为受教育者、教育管理者、学科教师提供一站式继续教育服务。

3. 信息技术与社会服务的融合

教育学院始终贯彻暨南大学"为侨服务"的办学理念，拓展扶持境外教学点，培养港澳台侨及海外继续教育人才，促进人心融合。通过信息技术打通与海外沟通交流以及教学教务管理的渠道，根据不同生源特征因材施教，调整各专业教学计划，减少理论性课程，围绕应用型人才培养目标增设相应的实践课程；将国情教育与专业相结合，在港澳地区的应用型人才培养中，开设介绍"一国两制""港澳基本法"等相关通识课程，通过线上或线下举办介绍内地经济发展情况的专题讲座，在传授课本知识的同时介绍祖国内地改革开放发展状况，让港澳地区学生加深了解内地社会建设的新成就；鼓励赴港澳地区授课教师在课堂使用普通话与粤语双语教学，更好地服务港澳地区学生及社会。

### 三、项目实施成效

#### （一）继续教育管理更加规范

根据《暨南大学教育学院校外教学点设置及管理规定》，教育学院在校外教学点管理方面抓实举措，加强力度，截至目前已取消招生不规范教学点 1 个及长期招生数量过少的教学点 3 个，仅 2021 年上半年已向管理不规范的 5 个教学点发出整改函。目前合作教学点队伍总体质量过硬，在招生宣传、教务教学管理、学生管理等方面更加规范，学校继续教育事业健康、有序发展。

#### （二）境内办学规模稳步扩大，招生人数逐年创新高

2020 年，暨南大学教育学院在 11 个地区设立了 26 个校外教学点，开设了 39 个专业，录取学生 13906 人，招生人数再创新高。截至 2021 年 4 月，成人高等教育境内在读生共计 30290 人，其中校本部办学 2749 人，校外教学点 27541 人。2016 年至 2020 年，成人高等教育内招生报考人数、录取人数、在校生人数逐年上升，如图 9 - 13 所示。

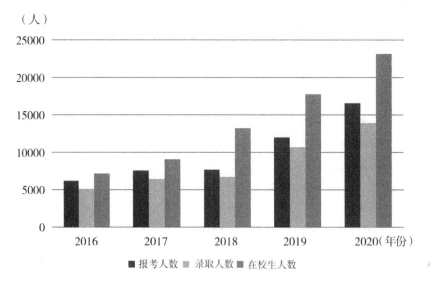

**图 9 - 13　境内成人教育办学规模**

#### （三）海外继续教育进一步发展，推进继续教育国际化

教育学院深入贯彻落实习近平总书记视察广东及暨南大学的重要讲话

精神，继续贯彻学校"面向海外，面向港澳台"的办学方针，积极开展海外及港澳地区成人教育。目前，教育学院在香港特别行政区、澳门特别行政区以及印度尼西亚、泰国、菲律宾等国家开办了社会学、金融学（理财规划）等11个专业。为进一步拓展境外办学工作，结合"侨校"特色，教育学院在2020年10月29日召开了"澳门成人继续教育发展论坛"，邀请本领域的多位资深专家，对学院在澳门特别行政区的成人高等继续教育办学提供了宝贵建议。

利用MOOC探索海外及港澳台地区继续教育教学模式创新，暨南大学继续教育以"华文教育技术与实践""华文趣味教学法"等课程作为试点，依托中国大学MOOC、学堂在线和暨南大学在线课程中心等网络开放平台，开展"MOOC自主学习＋短期面授""MOOC自主学习＋网络直播"等多种教学模式探索，取得了一定成效。教育学院规划进一步升级学院继续教育教学及管理平台，结合"一带一路"及粤港澳大湾区发展战略，将现有优秀MOOC课程制作成全英或双语课程推广至海外，力求更高效、更便捷地提高应用型人才的培养质量。

（四）经济效益和社会效益双赢

2015年至2016年，经过内部调整与过渡阶段后，教育学院各项业务发展态势良好，逐步控制院系办班及自办班招生规模，更多地寻求与校外教学点的合作，为学校创造了良好的经济效益，2016年至2020年教育学院经济效益如图9-14所示。

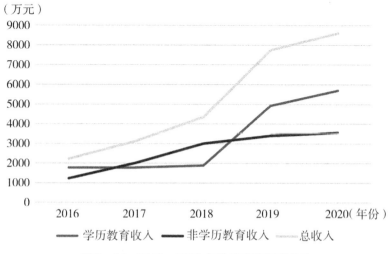

图9-14 2016—2020年教育学院经济效益

教育学院的发展模式得到兄弟院校的肯定，华侨大学、华南农业大学、广东第二师范学院、宁波大学、东莞理工学院等院校，甘肃省教育考试院、广东省考试院等教育行政部门相继来访，交流人才培养及管理服务心得。同时，教育学院的发展成果得到上级主管部门及行业协会的高度认可，获评"广东省成人教育先进集体"，所发表学术论文多次获得广东省优秀社科成果奖、国家和省成人教育学会优秀论文等奖项。

（五）成功获批广东省职业院校"双师型"教师培训基地

2020 年 6 月，教育学院牵头申报广东省职业院校"双师型"教师培训基地，经省教育厅组织专家进行材料评审、实地考察；9 月 27 日，暨南大学成功获批广东省职业院校"双师型"教师培训基地。教育学院将信息技术与社会服务相融合，发挥暨南大学为社会服务的智库职能，以教学场地、教辅条件建设、实训条件建设、信息化数字教学资源建设和社会服务能力等综合优势承担广东省职业院校"双师型"教师培训基地的培训任务，进一步以信息技术助推职业院校教师专业发展，为实现职业教育现代化提供强有力师资保障。

（六）教学科研水平得以提升

教育学院立足实践，重视总结，积极申报课题和撰写论文，产生了一批教研成果。获批两项国家社会科学基金项目，一项省厅级继续教育改革项目；建设了一批省级、校级继续教育精品课程；完成了专著《成教学生学习困境与应对策略研究》；发表了学术论文《基于智慧教育环境的"1＋2＋9"继续教育人才培养模式研究与实践》《基于霍姆伯格远程教育思想的在线教学创新策略研究——以疫情期间成人高等教育在线教学为例》《影响成人高等教育学生学习的主观性因素探析——以湾区成人高等教育学生为例》等，其中多篇成果发表在权威期刊上且获省级、校级成果奖。2019、2020 年连续两年获得暨南大学教学成果奖一等奖。

**四、案例启示**

近年来，暨南大学教育学院坚持"面向海外、面向港澳台"的办学方针和"质量是生命、创新是灵魂"的办学理念，以稳定为前提，规范为手段，发展为目的，积极探索"线上＋线下混合式教学"的人才培养模式创新，以制度建设和规范化管理为基础，以教学资源建设和信息化建设为重要抓手，以应用型人才培养为导向，逐步形成了行之有效、完善的服务保障体系。通过不断开拓创新、与时俱进，教育学院加强规范教学管理，提升教学质量，提高办学效率，助力学校"双一流"和高水平大学建设，为粤港澳大湾区输送更多的应用型人才。

## 第四节　学生学习支持服务优秀案例

### 自学考试实践课程助学与考核质量保障探究：
### 以华南理工大学自学考试数字媒体艺术专业为例

#### 一、背景

经广东省自学考试委员会（简称"自考委"）批复，华南理工大学于2011年在全省开考数字媒体艺术本科专业，并于当年面向自学考试本科与高职高专相沟通（简称"相沟通"）助学班招收学生，负责广东省自考委委派的委托考试课程（简称"委考课程"）和实践课程考核工作。2016年，受广东省考试院委托，面向社会开展实践课程考核工作。目前，华南理工大学自学考试助学班在校学生10760人，数字媒体艺术专业学生4820人，占自学考试学生总数的46%。

数字媒体艺术是一个适应性广、实操性较强的专业，自学考试专业考试计划设置了19门必考和加考课程，其中12门课程考核方式分为"笔试加实践考核"，笔试和实践课程独立计算成绩，该专业实践课程共13门（含毕业论文），占总课程门数的68%。按笔试课程、实践课程分开计算，数字媒体艺术专业课程达31门。本专业的培养目标是德智体美全面发展，掌握综合理论知识的同时，提高艺术素养、设计能力、信息科技与艺术整合能力以及创意能力的复合型人才。因此，要求数字媒体艺术专业的学生掌握理论知识和实操技能，实践课程的考核内容及方式对整个专业的学习引导具有重要的作用。助学、命题、考核等各个环节如何做到科学合理至关重要，是本专业培养质量的核心问题。

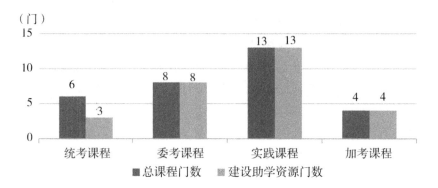

（门）

图9-15 数字媒体艺术专业课程资源数量统计

## 二、助学与考核实施情况

### （一）重视线上资源建设，提供多途径学习模式

同一门课程中的笔试和实践考核能检验学生对该门课程的理论知识掌握程度和综合运用能力，二者相辅相成。加强笔试部分理论知识的辅导，可有效促进实践部分教学及考核的顺利实施。

华南理工大学在相沟通助学过程中，除了注重线下面授教学，从2013年秋开始，针对不同学生需求，逐步建设多样化线上助学资源，包括全课程精讲、重难点讲解、考前串讲、知识点练习及测试等，涵盖了该课程的所有知识点，除三门公共课程外，专业课程已全部完成课程资源建设。学生可以通过PC端、手机App端观看视频、进行线上练习及测试等，线上线下紧密结合，随时查缺补漏，提高学习效果。

### （二）助学方式与时俱进，学练结合，夯实知识基础

相沟通学生来源于高职院校在读学生，同时攻读普通专科课程和自考本科课程，借助我校自考平台，充分利用线上助学资源，线上线下同步助学，有效缓解了学生专本科课程学习在时间上和精力上的冲突。

华南理工大学聘请熟悉自学考试的教师进行面授教学，配备专业主任指导、检查办学单位线下面授情况，进行毕业论文开题、答辩指导等工作，与学生面对面交流，使面授成为受学生欢迎的助学方式之一，体验度高，增强了考生自考学习的黏度。

学生通过线上全课程讲解、重难点讲解及考前串讲等线上视频资源学

习，加强对课程知识的理解；章节练习、测试及试题解析，为学生进一步巩固知识、综合运用知识提供了训练机会；训练题的练习模式、理解模式和测试模式，以及平台的错题优先推送技术，让学生有的放矢、高效学习，也为学生在有效的学习时间内同时完成专本科课程的学习提供了较大的帮助。

2020 年以来，受新冠疫情影响，线下教学一度停止，华南理工大学充分利用已有的网络助学资源、优秀师资，遴选资质好的直播平台，开展了直播与录播相结合的助学新模式，受到了学生的欢迎和认可，不仅本校学生踊跃参加，也吸引了不少外校学生参与学习。其中"艺术概论"直播课校内外学生达到了 2100 人同时观看的火爆场面。

多模式助学促进了学生对课程知识点的理解，为实践部分教学和考核的顺利实施提供了保障。

（三）科学设计实践课程考核模式及内容，促进学生对知识的理解和综合运用

1. 严格命题规则，甄选命题教师，推进题库建设及线上考核

参加华南理工大学组织的实践考核的学生主要为社会自考生及各高职院校助学班学生，考点分布于校内及各高职院校。为确保实践课程考核的质量，杜绝试卷安全隐患，华南理工大学严格按照全国（省）自学考试命题要求，甄选专业知识深厚、熟悉自学考试规律及命题规则的教师，参与实践课程考核题库建设，逐步推进委考课程及实践课程的题库建设和线上考核。2013 年秋季学期开始，在部分委考课程和实践课程中试行利用题库统一命题、统一考试、统一阅卷。

2. 适应不同课程要求，考核方式、时长及地点多样化

数字媒体艺术专业 12 门实践课程包括计算机信息技术类实操和艺术素养类实操，依据课程目标要求及课程特点，实践课程命题恰当反映考试目标和应掌握的能力，充分考虑各类课程考核目标、考核难度以及个性化、开放性、灵活性等要求，具备一定的综合性和挑战性。考核规范规范了考核方式、考核时长、考核题型及考核用品，其中 3 门课程考核时间延长至 3 个小时。具体见表 9 - 5。

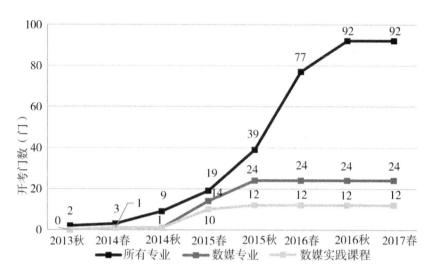

图 9-16　题库组卷开考进度

表 9-5　数字媒体艺术专业本科实践课程考核规范

| 序号 | 课程名称 | 题型 | 考核方式 | 考试时长（分钟） | 作答方式 |
|---|---|---|---|---|---|
| 1 | VB 程序设计（实践） | 应用题、编程题 | 机考 | 150 | 全部机上作答 |
| 2 | 计算机图形学（实践） | 图形设计题、流程图分析题、图形应用题 | 上机实操 | 150 | 全部机上作答 |
| 3 | 多媒体技术应用（实践） | 操作题、设计题 | 上机实操 | 150 | 全部机上作答 |
| 4 | 计算机辅助工业设计（实践） | 图案绘制、平面设计、立体设计 | 上机实操 | 150 | 全部机上作答 |
| 5 | 广告与包装设计（实践） | 包装设计综合实操题 | 上机实操 | 150 | 全部机上作答 |
| 6 | 计算机三维绘图（实践） | 草图绘制、零件设计、综合作图 | 上机实操 | 150 | 全部机上作答 |

（续表）

| 序号 | 课程名称 | 题型 | 考核方式 | 考试时长（分钟） | 作答方式 |
|------|---------|------|---------|----------------|---------|
| 7 | 设计表现技法（实践） | 设计题 | 实操 | 150 | 全部纸上作答 |
| 8 | 平面构成（实践） | 设计题 | 实操 | 150 | 画室考试 |
| 9 | 文字图形创意（实践） | 设计题 | 实操 | 150 | 画室考试 |
| 10 | 色彩（实践） | 写生题 | 实操 | 180 | 画室考试 |
| 11 | 素描（实践） | 绘画题 | 实操 | 180 | 画室考试 |
| 12 | 色彩构成（实践） | 设计题 | 实操 | 180 | 画室考试 |

在实践考核过程中，结合助学效果、考试环境、考试过程、成绩分析、学生反馈及教材版本等方面因素，华南理工大学不断查缺补漏、总结分析，题库建立以来，学校对数字媒体艺术专业线上助学资源及题库进行了3次大的优化调整。包括题目内容、题型、题量及考核方式的调整、教材版本的更新、为练习题逐一配备视频解析等。经过建设（维护）—使用—反馈—调整的测试，多次整合下来，资源的利用率和试卷考核内容的科学性与合理性不断提高。

（四）严格考核管理，严肃考风考纪

华南理工大学自2013年率先开发自学考试信息化考务系统，集网上报考、试卷生成、上机考试、自动收卷、网上阅卷、成绩生成及公布于一体的线上考务系统（见图9－17）。通过系统查重功能，避免试题重复。并依据实践课程考核特点，设置机考、机考与笔试结合、上机实操及实操等考核方式，以保证每科考核内容科学全面。考试过程中实行一生一机一卷，每个考生的试卷随机生成，避免作弊，均衡地考核每个应试者，促进考试过程的公平公正。

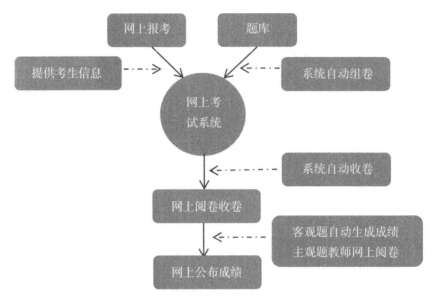

**图9-17 线上考务系统**

考核监控方面，采取线上实时监控与线下现场监考巡考相结合的方式，有效保证了考试的严肃性。华工自考平台具备"机考状态"功能，学校工作人员和考点工作人员在考试平台实时监控学生考试状态、缺考名单、交卷信息等情况。线下监考巡考除各考点按考生人数配备足额监考员和巡考员外，学校另外派出校级巡考员及巡视员，现场监控考核纪律。

为保证阅卷的公正性，华南理工大学统一组织教师在规定时间内登陆考试平台阅卷，教师所批阅的试卷在全校范围内随机分配。通过统一阅卷，保证了成绩的真实性。

毕业论文（设计）是比较重要的一门实践课程，考核方式包括三个方面：重复率检测、论文质量审核、面对面答辩。答辩室配备答辩秘书及巡考员，新冠疫情防控期间开展网上远程答辩，答辩过程录频保存。

**三、质量提升，实施效果明显**

（一）效果明显，实践课程考核质量及通过率提升

通过不断丰富网络助学资源、加大助学力度，针对每次笔试及实践考核情况进行分析，及时发现问题、调整资源及助学力度，实践课程考核通过率满意度较高。

图9-18的整体趋势显示，学生对视频、练习和章节测试的学习参与度较高，学习参与度与该门课程的考试通过率呈正相关，助学资源有效促进了学生对知识点的理解和掌握。

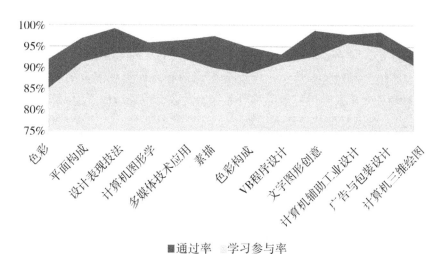

■通过率 ■学习参与率

**图9-18　2021年6月实践课程考核成绩与平时学习参与率关系图**

通过主动适应不同课程考核需求，调整考核时长，如"色彩""色彩构成""素描"等课程考核时间调整为180分钟，考核质量明显提高。

（二）实施线上考核，提高考核效率，促进考试公平

功能完善的考核平台、题库建设以及一生一机一卷的实施，严格践行了自学考试的教考分离原则，有效节约了考核组织和考生的时间成本。相较传统的线下考核，呈现如下优势：①题库灵活组卷，可根据需要开设多批次考核，同一时间段不同考点可以考核任意一门课程，同一门课程不同考点可以安排在不同时间段多次考核，大大提高了考生的时间利用率；②一生一机一卷，减少了试卷印刷、试卷分装、运输及保管环节，减轻安全保密压力，有利于考风考纪的建设；③远程监控与现场监考巡考结合，确保考核结果的真实性；④考生试卷平台可查，客观题平台自动阅卷、主观题教师机上及线下组合阅卷，快捷高效，阅卷结果有迹可查，也大大提高考核组织效率。

## 四、工作启示

**（一）资源建设应注重高质量，强针对性**

网上资源建设是开展线上助学的前提，多年的实践经验表明，效果好、受欢迎的资源的共同点为精心制作、与学生实际需求契合度高。在建设资源之初，引导教师深入研究教材内容、考试大纲、学生知识基础及学习能力，结合课程特点及学生情况分析，精心设计资源建设的基本思路、教学策略及难易程度，力争助学资源优质高效，避免造成资源浪费。

**（二）学习反馈应注重时效性**

线上助学重要的一个环节即反馈。在"互联网＋"数字化学习服务平台，平台自动记录学生学习情况，对其学习进度、学习时长、知识点掌握程度、学习成绩、排名情况等进行实时统计及分析，到达设置的临界点时，平台自动奖励学生或提醒学生，适时对学生的学习情况做出反馈和督促，可有效提高学生的学习效果，激励学生坚持学习。

**（三）机考平台应注重智能化**

华南理工大学自考平台是一个功能较全面的助学平台，可以满足学生从入学至毕业等全过程，包括：招生、学籍、教学及考核管理，为适应学生需求，提升教学质量及管理效率，不断更新迭代，目前第三代管理系统第一期开发已进入试用阶段。新平台将结合大数据分析，将区块链引入学生全过程管理，强化管理过程中的智能化，提高管理效率，强化助学的个性化，针对学生知识基础及学习习惯，智能引导学生学习。考核管理中完善人脸识别、线上签到、线上视频巡考、考试过程抓拍等功能，实现除使用电脑外，可以借助手机、平板电脑等工具开展过程性考核工作，同时监控到位，逐步取消对考试时间及空间的限制，实现随学随考。

## 传承大学精神　提升办学水平：
## 华南理工大学继续教育学院业余学生思想教育工作纪实

### 一、背景

学历继续教育（成人高等教育、现代远程教育和高等教育自学考试）

作为我国高等教育的重要组成部分，在提升国民素质和国家核心竞争力、构建学习型社会等方面发挥着越来越重要的作用，实现了无数适龄青年的"大学梦"。其学习时间相对自由，学习方式相对自主，尤其是现代远程教育技术克服了时空限制，将学习自主权完全交给学生，以"开放、自主、交互"教育等特点吸引着广大有学历提升需求的在职员工。然而，较全日制高等教育而言，学历继续教育也存在"先天"不足：由于其学习形式是"业余"的，学习地点分散，面授时间有限，出现了学生"只见老师、不见学校""只领证书、未入校门"等现象。与全日制高等教育相比，学历继续教育的功能更多体现在"知识"的传授上，而"育人"方面的功能明显弱化。

为了弥补学历继续教育的天然"短板"，华南理工大学继续教育学院依托学校优美的校园环境和厚重的校园文化，采取"请进来、走出去"等举措，面向学历继续教育学生（简称"业余学生"）开展一系列富有特色、卓有成效的精品文化活动，不仅有效增强了业余学生对母校的认同感、归属感和凝聚力，而且通过校园文化"润物细无声"的陶冶作用，发挥着独特的育人功能。

**二、主要举措**

（一）办好"两个典礼"，感受荣誉自豪

笔者认为，开学典礼与毕业典礼具有重要的仪式意义和教育功能。办好开学典礼与毕业典礼，既能让业余学生感受到学校对他们的重视，更是求学中重要的大学"第一课"和"最后一课"，使学生明白学校对他们的要求和期望，由此产生身为"华南理工大学学生"的荣誉感与自豪感。因此，华南理工大学继续教育学院非常重视举办业余学生的"两个典礼"，每年统一组织部分学生回校参加"两个典礼"，或者派学院领导及相关老师到校外教学点出席"两个典礼"。在开学典礼上，学院领导向学生介绍华南理工大学的历史沿革与发展现状，讲述一代代华工人爱岗敬业、艰苦奋斗的感人故事及其辉煌业绩，并将融入校园自然环境和校园建筑的"时代记忆"——重现，使业余学生明白"何为大学，大学何为"，自觉传承"厚德尚学、务实创新、自强不息、追求卓越"的华工精神。在毕业典礼上，学院领导在祝贺学生顺利完成学业同时，与学生共同回忆求学经历的点点滴滴，不失时机地讲述不同时期杰出校友的先进事迹，勉励业余学生走出校门后关心国家命运，勇担社会责任，爱岗敬业，努力在各自的岗位上做出自己应有的贡献。通过"今天你们以华工为荣，明天华工以你们为傲"的寄语，告诫一届届毕业生铭记母校教诲，做对国家和社会有利、有用之人。

（二）开启"校园文化之旅"，领悟华园精神

华南理工大学是一所具有悠久办学历史和良好办学传统的国家重点大学。校园占地面积4000多亩，分为两个校区，五山校区建于1934年（前身国立中山大学），校内湖光山色、绿树繁花，景致怡人，文化底蕴深厚；大学城校区建于2003年，环境如画，建筑如诗。学校两个校区古典与现代交相辉映，充满了浓浓的文化和学术气息，具有丰富的校园历史人文景观，校园环境优美，人才辈出，在华南地区久负盛名，一直是广大学子神往和流连忘返的高等学府。

华南理工大学继续教育学院（简称"学院"）依托优美的校园环境和厚重的校园文化，以"贴近学生、贴近生活、贴近实际"为原则，通过校外教学点的配合，组织业余学生分期分批到校参加"校园文化之旅"活动。通过观光游览、聆听讲解、参观校史馆和学院座谈等方式，让身在校外的业余学生们走进校园，享受华园胜景、感受华工文化、理解华工精神。

学院在开展大学校园文化之旅活动时，按照"五个一"的标准安排活动，分别是组织一次经典路线考察、举行一场校史校情知识讲座、免费提供一份大学饭堂午餐、发放一本大学景观画册、赠送一枚华南理工大学校徽，让广大业余学生在暖暖的人文关怀下体会到归属感和认同感。

为了让更多业余学生了解华工历史和现状，感受校园文化，学院一方面采取"请进来"的办法，组织业余学生回校参观考察，直接感受学校的人文景观和校园氛围，另一方面采取"走出去"的办法，邀请学校老领导、关工委老同志和档案馆工作人员前往各校外教学点开展校园文化巡讲，培养业余学生对母校认同感和归属感。

（三）开展文体科教活动，融入校园生活

为了让身处校外的业余学生有更多机会回到母校，体验校园生活，融入校园文化圈，学院每年面向业余学生开展内容丰富、形式多样的校园文体活动。如：运动会、羽毛球比赛、足球比赛、篮球比赛以及先进集体、先进个人表彰大会，等等。并积极组织业余学生与学校全日制学生开展联

谊活动，组织业余学生回校参加全校性的各类文体活动和比赛，如：校运会、院际篮球赛、女生节活动、校园青年歌手比赛等。与此同时，积极组织业余学生回校参加科技、创业活动，聆听各类专题教育讲座。这一系列文体科教活动的开展，极大地丰富了业余学生的文化生活，使他们有机会发挥特长，展现自我，感悟融合，让他们切实地感受到自己是华南理工大学的一分子，增强了学生的凝聚力，也提升了华工文化和华工精神对这些学子的感召力、影响力。

（四）完善校友服务，体会"家"的温暖

青年学子一旦"踏入"华南理工大学校门，从此以后就跟学校结下了"不解之缘"。学院不仅对在读学生提供的完备的教育和服务，还继续关注已经"走出"校门的校友，为他们的职业、事业提供必要的服务。为此，对内，学院专门成立校友服务办公室；对外，在学校校友会的指导下，成立了继续教育学院校友分会，在人力物力上为做好校友工作提供充分保障。两年来，学院指导、组建了广州、深圳和东莞等多地的继续教育校友分会。学院已逐步建立起一支有组织、有制度、有能力的校友工作队伍，对毕业学生建立班级校友联络员制度，负责记录、整理并更新校友去向。利用信息化技术手段，依托学院官方网站、QQ群和微信群等，建立多种渠道加强校友联络。在学院官网"校友风采"专栏和学校刊物《华工人》上，大力宣传继续教育学院优秀校友事迹。每年校庆期间举办"校友返校日"活动，组织各地校友返回母校重温求学经历，共叙同窗之情。定期邀请成功校友回校作报告，对在读学生开展榜样教育、信心教育、成功教育和创业教育。举办校友企业专场招聘会，为校友企业招贤纳才提供方便。为校友"穿针引线"，依托学校雄厚的学科和技术优势，为校友事业和企业发展提供智力支持。

**三、效果**

学院针对业余学生开展的富有特色的系列活动，受到学生和校外办学单位的一致好评和欢迎。比如，每年的开学季和毕业季，校外办学单位都争相邀请学院领导出席所在地的开学典礼和毕业典礼，或者主动将学生组织回母校举办"两个典礼"。每学期初，学院发出开展"校园文化之旅"活动的通知后，校外办学单位和广大业余学生都踊跃报名。由于接待能力有限，学院一个学期只能接待十几个办学单位约2000名学生回校。有些业余学生非常珍惜来之不易的"回校"机会，甚至带上家属一同听讲座、参观校史馆和校园，一同到学校饭堂就餐。他们说，人人都有一个"大学梦"，都希望有机会到自己心仪的大学校园里走走、看看。学院提供机会让业余学生走进校园，与全日制学生一起在饭堂就餐、参加各种校园文化活动，使业余学生们对母校产生了强烈的认同感和归属感。同学们为能成为一名华工学子而感到兴奋和自豪！系列学生活动也有效增强了业余学生的班组织建设和凝聚力，拉近了老师、同学、校外办学单位和学校的距离，为业余学生顺利完成学业打下了基础，华南理工大学近四年继续教育学生毕业率和学位授予率逐年提高（见表9-6）。校友工作的加强，增强了广大校友的爱校荣校意识；校友资源的利用又促进了在读学生培养质量的提高。

表9-6　华南理工大学近四年现代远程教育学生毕业率和学位授予率

| 年份 | 本科毕业数（人） | 毕业率（%） | 学位数（个） | 学位授予率（%） |
|------|------|------|------|------|
| 2017 年 | 3330 | 66.76 | 497 | 14.91 |
| 2018 年 | 3138 | 65.87 | 532 | 16.95 |
| 2019 年 | 4472 | 65.27 | 793 | 17.73 |
| 2020 年 | 5178 | 60.38 | 836 | 16.15 |

### 四、启示

1. 业余学生是一个特殊的群体，他们学习基础和学习能力相对较差，自信心相对不足，但他们也有强烈的自尊心与上进心，也渴望有机会成为受人尊重的大学生。

2. 帮助业余学生完成学业，除了要有良好的课程（课件）、师资和学习支持服务之外，学校还应给予这部分学生多一点关爱和包容，通过关爱、激励和帮助，激发其内心的上进动力。

3. 对业余学生开展思想教育，要结合这部分学生的年龄特点、心理特点以及在职学习的实际情况，不能完全照搬针对全日制学生的思想教育方式。可以充分利用学校雄厚的办学实力、良好的社会声誉和优美的校园环境，寓教育于服务之中，寓文化于活动之中，使业余学生对母校产生认同感和归属感。有认同才有传承。传承了大学文化，大学精神之传承就可潜移默化。

## 第五节　职业教育乡村振兴优秀案例

### 乡村振兴教育"云浮模式"大放光彩：
### 广东开放大学开展新型职业农民培养

#### 一、背景介绍

2021年4月22日至23日，由广东省教育厅、云浮市人民政府指导，广东开放大学主办，广东乡村振兴继续教育"云浮模式"经验推广会在云浮市召开，广东开放大学以乡村振兴继续教育"云浮模式"率先交出了答卷。

#### 二、"云浮模式"主要做法

继续教育要创新，合作融入是主旋律。2019年1月，广东开放大学与云浮市委市政府开展校地合作，依托云浮开放大学设立云浮乡村振兴学院，饮得三农教育改革的"头啖汤"，开始了"云浮模式"的探索实践。经过近三年的艰苦努力，探索解决乡村振兴继续教育"为谁培养人，培养什么样的人，怎样培养人"等关键难题，在人才培养规格、教学组织管理和成才通道建设等三个方面取得突破，逐步形成了初具特色的乡村振兴教育"云浮模式"。

（一）人才培养规格

两历（力）提升，技能立身。即在学历层次提升的同时，随着技能水平的提高，学员的工作能力也在提升；同时，强调新型职业农民的教育以三农职业技能习得为主，确保在生产实践中"会经营，善管理"，促进农业经济发展。

（二）教学组织管理

村镇课堂，岗位成才。破除城乡办学分离的隔阂，将开放大学办学网络延伸至广袤村镇，在镇里开办继续教育"分院"，在村里举办"教学点"，形成遍布省、市、县、镇、村五级办学网络体系，打通送教下乡最后一公里障碍，方便村民在田间地头、村镇岗位和家门口学习。

（三）成才通道建设

学分转换，终身职教。充分考虑农村学员在职在岗学习成才的需求，通过学分银行认证、累积、转换机制，将工作实践课程学分转换成学历学分，建设新型职业农民成才的"立交桥"。满足三农技术创新、产业升级的需求，形成村民人人皆学、时时能学、处处可学的技能习得和技能提升体制，为乡村振兴提供充足人才资源保障。

### 三、"云浮模式"成效经验

从 2019 年初至今，"云浮模式"成效显著。云浮开放大学报读大专学历的农村籍学生由 160 多人增加到 1700 多人。各村镇分院（教学点）接收了近 900 名村"两委"干部、镇级公务人员和新型村镇经营者（主体）参加大专、本科学历教育，学校农村类生源占比已连续两年在 75% 以上。同时，大力开展新型职业农民培训，开办了 10 余类、共 20 多期技能培训班，受训规模达 20000 余人次。

（一）契合能力需求，培养有用乡土人才

在"三产融合"的背景下，实现"技能立身"三农人才培养，关键要解决技能的价值体现和农民利益保护难题。为此，广东开放大学着重流通领域的技能培训，开发"农产品网络营销师"技能等级证书，加快农产品进城流转，加大农产品流通增值中农民收益获取的话语权。以培养用得上、留得住、干得好的乡土人才。

（二）瞄准村镇岗位，整合资源有效下乡

借鉴现代学徒制办学的办法，学员以村镇所在工作岗位为技能习得的实践平台，教授、博士送课下乡强化基础理论学习。同时，由学校聘任的村镇干部、致富能手、能工巧匠负责岗位实践课程教学，50% 以上的课程学习在村镇岗位上实施，使学员能够边工作、边学习、边成长。

（三）成才制度创新，支撑农民终身学习

职业农民培养的终身教育体系建设，关键是要解决三农实践活动资历与现有终身教育资历框架"对接"难题。为此，广东开放大学尝试建设重点专业职业农民学习"实践学分"资源库，通过规模化数据模拟，寻找出所蕴含的"对接"规律，在此基础上形成学分认证、转换、累积的系统化制度。

### 四、"云浮模式"特色创新

在"云浮模式"交流推广会上，教育部职业教育与成人教育司，广东省委教育工委、省教育厅党组，以及广东省农业农村厅有关领导出席会议并发表了重要讲话。会议高度肯定了"云浮模式"的创新成果：一是"政校协同办学"，云浮市政府、挂牌村镇和开放大学紧密合作，联合办学，创新乡村育人体制。二是"面向乡村育人"即教学资源下沉到村镇，岗位育人，实现农民泛在教育。三是"农民终身教育"，通过学分银行机制，将"学历非学历学分"融通互换，支撑农民终身学习。

2021 年 11 月，"云浮模式"被中国教育在线评为 2021 年高校服务乡村振兴优秀案例"时代先锋奖"。

## 服务乡村振兴战略需求，深耕农村地区人才培养

2019 年，云浮市根据国家和广东省乡村振兴战略系列文件和习近平总书记在广东考察时的重要讲话精神，结合云浮市实际，编制了《云浮市实施乡村振兴战略规划（2018—2022 年)》，以落实广东省委书记李希赋予云浮乡村振兴"走在全省前列"的指示要求。罗定职业技术学院（简称"学院"）依托教学资源和师资优势，充分发挥高校服务云浮市经济社会发展的作用，为加快云浮市乡村振兴战略实施的步伐，深耕地方村干部教育与职业培训，贡献自身力量。

### 一、主要做法

**（一）政校合作，培养高素质的农村干部队伍**

广东省云浮市位于粤北山区，是经济欠发达地区，村干部的总体素质偏低，学历水平不高。2014 年以来，学院受罗定市委组织部、云浮市委组织部委托，开办村干部大专学历班，开设行政管理专业（农村与乡镇管理方向），实行"订单式"培养。2019 年，学院受罗定市委组织部委托，开办村（社区）"头雁"脱产培训。通过学历提升和专业能力集中培训，

加快实现云浮市村（社区）学历和能力"双提升"，全面提升农村基层管理干部整体素质。

（二）加强职业技能培训，为乡村振兴培养高素质的技术技能型人才

乡村振兴战略规划的实施需要高素质劳动者和高水平的农村公共服务体系专业技术人员，尤其是农村紧缺急需的人才和新型职业农民，学院社区教育学院每年多次开办各类职业技能培训班 61 个，培训了 4800 多人，大大提升了农村地区专业技术人员的专业能力和农村劳动力职业技能。

## 二、成效经验

（一）学历继续教学大幅提升了基层组织干部和农村教师队伍的整体素质

广东省云浮市辖二区一市二县，有 250 多万人口，共有 965 村（社区），在任村（社区）干部 5381 人。2014 年开办村干部大专学历班之初统计村干部文化程度，大专及以上学历的占 18%，高中（中专）占 57.5%，初中及以下占 24.5%。通过六年的办学，云浮市村干部大专学历教育班的人数达 1113 人，其中在读学员 600 人，毕业生 513 人，占全市现任村干部的 20.6%，有效改善了村干部的学历结构与知识水平。自 2001 年学院由广东罗定师范学校升格为罗定职业技术学院以来，一直开展学历继续教育，为当地在职教师特别是农村地区的中小学教师提升学历提供了方便。

（二）职业培训强化了乡村振兴战略实施的人才技能

学院每年面向政府、企事业单位专业人员和农村劳动力多次开办各类职业技能培训班，为乡村振兴战略规划的实施培养了大量急需的公共服务体系专业人员和高素质的劳动者。2019 年，罗定职业技术学院社区教育学院承担了云浮市中小学教师心理健康教育 C 证培训，开办了多期罗定市技能晋升培训班，涉及了农业、工业和服务业三大产业 9 个工种，如电工、车工、焊工、汽车维修工、育婴员、保育员、妇婴保育、网商运营、花生高产栽培等，还承办了云浮市关工委的农村创业青年特色农作物培训，共计 4848 人次，通过培训，拓宽了农村地区劳动者创业就业渠道，提升了专业人员的职业素质，同时也为云浮市的农村科技提升、电子商务服务体系建设、农村公共服务提升等系列工程的实施提供了人才支撑。

### 三、特色创新

#### （一）政校合作，订单培养

学院开办村干部大专学历提升班和罗定市村（社区）"头雁"短期脱产培训，是云浮市委组织部和罗定市委组织部委托培养的，由云浮市委组织部提供生源，政校合作实行"订单式"专业人才培养方案，采用全新的教学理念，创新的课程体系，优秀教师授课，课堂教学与实践教学有效结合，大大提高了课堂教学质量，提高了村干部前来上课的动力与兴趣。三年来，该班对教师授课满意率高达95%，学员的平均到课率高达98%，有效地证明培训办班的成功。

#### （二）创新管理，提高质量

继续教育学员普遍存在着文化基础薄弱，整体年龄结构参差不齐，学习与工作、生活的矛盾突出的问题，这给教学与管理都带来了很大难度。社区教育学院针对问题，创新教学与管理理念，组建专门的管理团队并不断提高团队的管理水平，为村干部大专学历教育班和非学历培训班制定班级管理制度，配备班主任，通过种种活动与措施强化学员的班级归属感，争取学员大力支持与配合；此外，村干部教育还加强与市委组织部门的沟通，强化班级制度管理力度，这样既提高了村干部的思想行为素质，又为提高村干部的学习质量打下了基础。

### 四、社会价值

罗定职业技术学院作为云浮市唯一的公办高职院校，立足云浮，为云浮市经济社会的发展提供智力支持和人才保障。罗定职业技术学院社区教育学院广泛开展学历继续教育和非学历培训，立足地区实际，积极配合云浮市乡村战略实施规划，多年深耕村干部继续教育，赢得当地组织部门的好评，村干部教育从学历提升扩展到了脱产培训，为地方基层党组织建设和基层治理带来了新的活力；多年来一直为地方企事业单位和农村劳动力提供专门化的职业技能培训，为云浮市乡村振兴储备了大量的专业人才和技术人员。学院继续教育多年深耕地方，在为地方提高人口素质和推进学习型社会方面赢得了广泛的声誉。

# 高职立体化构建"三农"人才培养模式的探索与实践

一直以来，河源职业技术学院认真领会和精准解读国家、省、市有关政策文件，以服务河源社会经济发展为落脚点，积极探索人才培养模式，创新设立政校农协同乡村振兴学院，实施全省高职政校企协同农村党员干部素质提升办学模式、立体化构建"三农"人才培养模式等，积极构建乡村振兴人才培养体系，取得了显著的成效，为河源扎实推进乡村振兴战略、繁荣农村经济、建设社会主义新农村提供了人才保障。

## 一、工作做法及成效

（一）全力推进乡村振兴人才培养工作，积极举办乡村振兴人才培训班。如开展"创业致富带头人"培训班和退役军人"全员适应性"培训班，获得组织单位的高度肯定。2019 年 12 月，河源市司法局和河源市退役军人事务局分别在河源职业技术学院设立"河源市人民调解培训基地""河源市退役军人培训基地"。

（二）与河源市委组织部联合开设全国最大的村干部大专函授班。截至 2019 年，共培养具有大专学历的村干部 3997 人，使河源市农村干部的大专化比例从 2012 年的 9.7% 提升到 2019 年的 64.6%，为河源市乡村振兴战略实施打造了一支高素质"三农"工作队伍。

（三）开办农民大学生项目。与省内外农业类高校联合办学，如与仲恺农业工程学院、华南农业大学合办农业硕士研究生班，与西北农林科技大学联合开办畜牧兽医等专业专本科函授班等，在全省高校中开设 15 个农民大学生创业与实践基地，积极培养新型职业农民，打造了一支高素质"三农"人才队伍。

（四）开办乡村教师素质提升项目。与东北师范大学、华南师范大学、惠州学院等院校联合办学，开设学前教育、小学教育、汉语言文学、英语教育、数学等教育类专业，为在职教师的学历提升提供渠道，为我市建设高素质、专业化的乡村教师队伍提供了保障。

（五）创新资源利用模式。先后与中山大学、华南理工大学、华南师范大学、华南农业大学等高校开展学习交流。积极引导大湾区重点高校资源要素向河源聚集，搭建更高层次的平台、基地，协同创新整合办学资源，全方位推进乡村振兴人才培养。

（六）重视理论与实践相结合。积极总结工作经验，认真开展乡村振兴理论与实践研究，并取得了一定的科研成果：出版了《高职继续教育服务乡村振兴实证研究》和《全媒体视域下的河职院继续教育发展史》2部专著；撰写了《河源市省定贫困村创建社会主义新农村示范村规划编制专题调研报告》；教学成果《高职立体化构建"三农"人才培养模式的探索与实践》获广东省教育教学成果奖一等奖。

# 第十章 守正创新：广东省高校学历继续教育治理之路

习近平总书记在党的十九大报告中指出："经过长期努力，中国特色社会主义进入了新时代，这是我国发展新的历史方位。"这一重大政治判断，标志着中华民族站在了伟大复兴的新坐标上，步入了承前启后、继往开来、在新的历史条件下继续夺取中国特色社会主义伟大胜利的新时代。

## 第一节 广东省高等学历继续教育的治理探索

近年来，广东省高等学历继续教育呈现出"学习类型全、专业覆盖广、办学规模大"的特点，其办学总规模占全省高等教育的三分之一，为广东省实现高等教育普及化做出了积极贡献。广东省教育厅立足高等学历继续教育发展规模及针对存在问题，以"提质""规范"为重点，实施了一系列举措推动高等学历继续教育治理体系改革实践，建立健全适应新时代高等学历继续教育的治理体系建设。

1. 加强高等学历继续教育统筹规划。广东省将高等学历继续教育作为终身教育体系、学习型社会、学习型大国建设的重要内容，纳入省"十四五"规划纲要和省教育"十四五"规划，进行同规划、同部署、同落实。"十四五"期间，广东省将推动全省高等学历继续教育转型发展，坚持"宽进严出"的总体原则，严格学历继续教育出口标准，规范高等学历继续教育全过程质量监管，提高高等学历继续教育质量。

2. 优化高等学历继续教育布局结构。广东省教育厅指导各高校围绕国家发展战略、行业人才需求和区域经济社会发展需要，结合高校办学定位、优势学科专业和办学条件情况，主动对接新经济、新技术、新业态、新职业，坚持遵循高等教育规律和成人学习规律，更新科学高等学历继续教育定位，优化高等学历继续教育布局结构。

（1）严格执行《高等学历继续教育专业设置管理办法》，明确本科高校、专科高校各司其职，分别办好本科层次、专科层次学历继续教育。

（2）加强高等学历继续教育专业布局省级统筹，对于专业点多、在校生规模大的专业严格控制新增备案专业点。

（3）选优选好省外高校在粤招生专业布局，优先通过省外高水平高校的特色专业、优质专业在粤招生专业备案，严格控制传统专业在粤专业点备案。

3. 压实院校办学主体责任。省教育厅指导各高校加强校外教学点管理和学生支持服务工作，要求高校落实立德树人根本任务，聚焦高校办学主责主业，压实办学主体责任，保障学生合法权益。严格执行继续教育年报制度，要求所有高校按规定将其编制年度报告，重点报告校外教学点管理、教学质量、学生支持服务等内容，按规定纳入高校信息公开范围。省教育厅组织专家对高校继续教育年报进行分析，研判存在的风险和问题，纳入高等学历继续教育跟踪督办台账。

4. 研制专业设置管理实施细则。为加强对广东省高校学历继续教育专业设置的统筹规划与规范管理，促进各类高等学历继续教育健康、有序、协调发展，省教育厅组织专家研制规范性文件《广东省高等学历继续教育专业设置管理实施细则》。《广东省高等学历继续教育专业设置管理实施细则》在教育部相关政策要求的基础上，进一步细化要求，明确了广东省专业设置的目录、条件、程序，以及相关监管措施等，将进一步推动广东省高等学历继续教育专业建设与治理的科学化、规范化。

5. 推动高校规范制定高等学历继续教育人才培养方案。从人才培养的源头抓起，推动高校科学规范高等学历继续教育人才培养方案的制定流程，高标准制定人才培养方案。在流程上，自2019年起，省教育厅要求各高校高等学历继续教育人才培养方案必须组织专家论证，经学校学术委员会审议，提交学校党委会或校长办公审定，并将人才培养方案面向社会公开，接受社会个体、行业企业的监督。在质量上，省教育厅组织专家组，对高校人才培养方案进行全覆盖的审核，逐一反馈专家审核意见，要求高校根据专家意见不断修改完善，对新增专业人才培养方案在一轮反馈意见及修改完善后，还将进行第二轮审核检查。

思想政治理论课是高校继续教育落实立德树人根本任务的关键课程，关系着"培养什么人，怎样培养人，为谁培养人"的重大问题。近年来，广东省教育厅依据《新时代高校思想政治理论课教学工作基本要求》，每年都组织专家对各高校学历继续教育人才培养方案中思政课程的设置进行评审，并针对存在的问题提出相关反馈意见。要求各校依据教育部印发的关于高校思政课程开设的文件要求，进一步规范课程名称、学分、教学及考核形式，开足、开齐思想政治理论课。

6. 开展广告宣传专项整治。按照教育部工作部署，广东省教育厅联合省市场监督管理局、省委网信办、省通信管理局、省公安厅开展高等学历继续教育广告发布专项整治行动。要求高校主动排查涉及本校的违规宣传广告，净化高等学历继续教育市场环境。广东省教育厅组织对各校专项整治行动进行验收，对跨校、跨地、跨省的问题线索进行台账管理，协同有关部门推进问题整改。

7. 实施继续教育质量提升工程。广东省在"十四五"规划中部署实施了全省继续教育质量提升工程，按照年度开展继续教育相关的示范项目建设。目前共设置了12类项目，推动各地、各校建设一批终身教育学分银行实践应用试点项目、示范性继续教育基地项目、优质继续教育网络课程项目、继续教育教学改革与研究实践项目等。广东省继续教育质量提升工程"以点带面"，以系统思维方法统筹推进全省继续教育发展，引导各地各校聚焦继续教育发展的难点、短板推进创新发展，有效激活了高校继续教育办学活力。

2022年，广东省共立项继续教育质量提升工程项目681个，研究与实践周期为2年。其中，终身教育学分银行实践应用试点项目47个，职业培训项目112个，示范性职工培训基地建设项目50个，示范性继续教育基地建设项目30个，优质继续教育网络课程建设项目140个，社区教育示范基地建设项目101个，老年大学示范校建设项目28个，社区教育创新区建设项目6个，优质资源进社区建设项目62个，继续教育教学改革与研究实践项目105个。项目类型广泛，内容丰富，涵盖了学历继续教育和非学历继续教育。

8. 支持继续教育理论研究与教学成果培育。广东省十分重视继续教育的理论研究工作，鼓励高校、相关教指委、成人教育协会针对继续教育改革发展的重难点问题开展理论与实践研究。一是通过委托课题和项目，积极引导、带动省内高校加强继续教育研究，探索继续教育人才培养规律，深入推进继续教育人才培养改革与创新。二是通过会议、巡察等工作，推动高校继续教育业务交流、分享经验、共同发展，形成良好的发展氛围。三是不断加强经费投入和政策支持，推动成人教育学科向继续教育学科的转型升级。

此外，2019 年起，广东省率先在省级教育教学成果奖中设置继续教育类别，该奖项单设类别、单设标准、单设指标、单独评审。此项措施实施两届以来，培育了一大批继续教育教学成果，极大地提高了继续教育工作者的荣誉获得感，促进了高等学历继续教育教学成果在全省乃至全国的推广应用。

9. 加强高等继续教育从业人员建设。为贯彻落实党中央、国务院关于"办好继续教育"的决策部署，落实《教育部关于推进新时代普通高等学校学历继续教育改革的实施意见》和《教育部办公厅关于推荐教育部高等继续教育专家委员会委员人选的通知》，充分发挥专家智库作用，提高高等继续教育科学决策水平。2022 年，广东省教育厅按照文件要求，积极推荐专家上报教育部并组建了广东省高等继续教育专家团队，为广东省高等继续教育高质量发展提供人才保证和智力支撑。

同年，为深入贯彻落实党的二十大精神，积极引导广东高校深刻领悟教育部系列继续教育新政策，加快广东高校继续教育规范管理与创新发展，广东省面向高校的继续教育办学负责人举办了两期"广东省高校继续教育改革发展高级研修班"，共计 210 人参加培训。培训取得良好效果，很好地解决了高校理解和贯彻落实教育部政策文件过程中存在的困惑与问题，进一步推进了广东省学历继续教育规范高质量发展进程。

## 第二节　广东省高校学历继续教育面临的挑战

进入新时代，"中国社会主要矛盾已经转化为人民日益增长的美好生活需要和不平衡不充分的发展之间的矛盾"，这反映的是由较低层级供需矛盾向中高层级供需矛盾的转变，从"数量短缺型"供需矛盾向"优质不足型"的供需矛盾转变。这对包括高校继续教育事业在内的党和国家各项工作都提出了新要求。新时代，新征程！在教育部和省级教育行政部门的领导和指导下，高校继续教育肩负着服务"学习型社会建设""国民素质提升"等重要历史使命，其发展也面临诸多挑战。

### 一、党中央对高校办好学历继续教育提出了新指向

近年来，党中央高度重视继续教育事业，对发展继续教育提出了一系列明确要求，党的二十大报告以及《中国教育现代化 2035》《中共中央关

于坚持和完善中国特色社会主义制度、推进国家治理体系和治理能力现代化若干重大问题的决定》《中共中央关于制定国民经济和社会发展第十四五个五年规划和二〇三五远景目标的建议》等一系列重要文件相继出台，都强调要构建服务全民终身学习的教育体系，足见办好继续教育既是满足人民美好生活需要的重要方面，也是提高国民素质的战略选择。发展全民教育、终身教育，努力让 14 亿人民享有更好、更公平的教育，离不开办好继续教育；实现满足"人人皆学、处处能学、时时可学"多样化终身学习需求，大力提高国民素质，加快建设学习型社会，离不开办好继续教育。党中央对高校办好继续教育的使命要求具体体现在以下方面：

1. 高校继续教育要在推动教育公平、充分中发挥更大作用。想要办好新时代人民满意的继续教育，首先要保证充分的继续教育供给，提高继续教育覆盖面和参与率，促进继续教育的全纳和公平，解决继续教育发展长期存在的不平衡、不充分问题，满足人民日益增长的享受更加公平、更高质量、更好服务的教育需求。

2. 高校继续教育要在加快学习型社会建设中肩负更大担当。学习型社会建设是新时代建设社会主义现代化强国的必然要求，是教育现代化的重要标志。继续教育作为国家终身教育体系的重要组成部分，必须主动作为，担当助力全民终身学习、发展全民终身教育、建设学习型社会的历史重任。

3. 高校继续教育要在人力资源强国建设中做出更大贡献。当今世界面临百年未有之大变局，实现现代化强国目标，需要强化人力资源开发，提升全民族文化素质，建设教育强国。中国人口规模巨大，建设教育强国，教育强省，提升全民素质需要丰富多样的教育形式。高校学历继续教育作为我国高等教育的重要组成、全民终身学习服务体系的主力军，必须发挥办学优势，以满足大规模人口提高受教育程度的迫切要求。只有全面提升继续教育服务经济社会发展和人的全面发展能力，才能整体提高国民素质，为全面建设富强民主文明和谐美丽的社会主义现代化强国夯实人力资源基础。

**二、广东省委、省政府对高校办好学历继续教育提出了新要求**

为建设高质量教育体系，加快推进教育现代化、建设教育强省，广东省制定了《广东省国民经济和社会发展第十四个五年规划和 2035 年远景目标纲要》《广东省教育现代化 2035》《广东省教育发展"十四五"规划》等重要文件，强调"加快构建服务全民终身学习的教育体系"。

《广东省教育发展"十四五"规划》在述及"推动高等继续教育转型发展"时，对高校学历继续教育提出了具体要求，"坚持'宽进严出'"，严格学历继续教育出口标准。规范高等学历继续教育专业设置，构建高等学历继续教育治理体系，完善人才培养方案制定、课程建设、教学管理、人才评价等全过程质量监管，提高高等学历继续教育质量。推动现代远程教育试点高校网络教育规范发展、提升质量。实施继续教育质量提升工程。"

### 三、新科技对高校办好学历继续教育提出了新挑战

以互联网为核心的新一代信息技术，如 5G、人工智能、云计算、大数据、区块链等的蓬勃发展，为高校继续教育的创新发展，以及开放灵活、个性化服务提供不竭动力的同时，也对高校主动、灵活运用技术进行自我革新提出了新的挑战。具体体现在以下两点。

1. 如何充分利用新技术提高继续教育资源的开放性和灵活性。新技术将所有学习者、教育者、专家、学习工具、学习资源、应用服务联接起来，突破时空界限，让"人人、时时、处处"的终身学习更容易发生。因此，高校必须主动拥抱技术，而不是固守旧的人才培养模式和管理模式。例如，5G 推动了百兆带宽的升级，其运用可以使包括视频学习在内的继续教育方式变得更灵活、便捷；区块链技术可以真实记录每一个学习者的学习轨迹和每一个教育资源的版权信息，有效应用能够推动优质继续教育资源共享和学分银行建设。这些技术的应用对高校继续教育来说，都是新事物、新挑战。

2. 如何充分利用新技术支持继续教育服务的个性化和多样化。新技术有助于加强教学互动和个性化精准推送，恰当运用能够更好满足学习者个性化、多样化的学习需求。如虚拟现实（VR）、增强现实（AR）等技术可以很好解决远程教学中实验实习、情境障碍等问题，改善学习者学习体验，激发学习者学习兴趣和学习动力；大数据、人工智能、学习分析等技术可以及时、准确、连续地反映在线教与学的真实状态和效果，精准判断学习者的学习情况，从而为向教师和学习者提供个性化的精准服务。高校继续教育必须紧跟科学技术发展步伐，主动应用、不断革新，唯有如

此，才能在科技发展异常迅猛的新时代，保持事业常青。

### 四、学习者对高校办好学历继续教育提出了新要求

2019 年，我国高等教育毛入学率达到 51.6%，由高等教育大众化阶段正式迈入高等教育普及化阶段。2020—2023 年，我国高等教育毛入学率持续提升，目前已经接近 60%，各种形式的高等教育在学总规模四千多万人。以学历补偿为主的高校继续教育逐渐成为历史，继续教育的学习者群体悄然发生着变化，学习者的学习目的、学习习惯都有新的特点，这对高校继续教育提出更高的要求，也是挑战。

1. 数字"原住民"成为高等继续教育学习队伍的主力军，在线学习特别是移动学习成为最受欢迎的继续教育学习方式。当前，高校学历继续教育的学生越来越年轻，多为 90 后、00 后的数字"原住民"。对于他们而言，网络是生活的一部分，对虚拟的数字化世界习以为常。相比以前的继续教育学习者，他们信息素养和技术水平高，习惯快速接受大量信息，喜欢多任务同时进行、喜欢图解胜过文字、喜欢碎片化学习和游戏化学习，喜欢与人合作，并在即时满足和频繁奖励中成长。因此，他们期待的是形式多元、内容丰富、途径多样、开放灵活的高质量高等继续教育，在他们眼中，函授教育、说教式的传统课堂教学已经过时。即便身处同一个城市，他们也可能期望通过网络来联络。

2. 学习者对培养创新性问题解决能力的需求更为迫切。继续教育的学习者都是在职人员，具有一定的工作经验，是带着问题来学习的。因此，简单的照本宣科已经远远无法满足新时代学习者的需要，创新创业能力培养正逐渐成为普遍需求。继续教育的学生期望学习过程不是简单的匹配问题和答案，而是要了解问题情境，通过理解问题、界定问题、分析问题、寻找问题解决方式的过程逐渐还原本质。这对高校继续教育教什么、怎么教、如何考都提出了新要求。

### 五、老百姓对高校办好学历继续教育提出了新期待

伴随全民学习、终身学习的学习型社会建设不断推进，老百姓对学历继续教育提出了更多供给、更高质量、更加便捷、更加开放灵活的要求。

1. 更加公平、更加充分。教育是人力资本积累最有效的途径，继续教育对于提高成人人力资本的作用更加明显。社会大众对继续教育的需求

是全面的，特别是进城务工人员、残疾人、失业人员等弱势群体对通过继续教育享受高等教育的需求更加迫切。高校继续教育凭借跨越时空的技术优势，理应在推动教育公平上发挥更大作用。

2. 更高质量、更多收益。近年来高校继续教育的招生乱象、虚假宣传、考试舞弊等负面报道不时见诸媒体。老百姓对继续教育爱恨交加，有时还难辨真假，因此非常期待高质量、好口碑的继续教育，以及风清气正的继续教育生态。高校继续教育的人才培养成为社会大众关注焦点，如何增强继续教育学习者的获得感、成就感、归属感是高校必须面对的问题。

3. 更加便捷、更加开放。继续教育的学习者是在职成人，工学矛盾十分突出，因此社会大众期望高校继续教育的学习制度、学习方式、考试方式更加灵活、便捷、开放，期望继续教育的学习成果能够有效积累、转化，以适应终身学习、随时随地碎片化学习的需要。

## 第三节　广东省高校学历继续教育存在的问题

面对新时代的诸多挑战，广东省高校学历继续教育存在的问题与不足主要包括六个方面。

### 一、个别高校学历继续教育办学定位存在偏差

继续教育是高等教育和高校人才培养体系的重要组成部分，是国家终身教育体系的重要支柱。随着国家战略实施、区域经济建设以及人才成长等方面的发展，公众对继续教育的需求越来越高，然而高校在继续教育的发展规划、制度建设、资源配置、经费投入、队伍建设等方面存在的重视不够、研究不深、保障不足等问题日益凸显。不少高校还没能将发展继续教育写入大学章程并纳入学校中长期发展规划。有的高校还是以营利为目的，将继续教育作为学校"菜篮子""钱袋子"，盲目扩大继续教育招生规模，忽略人才培养质量，将经济效益作为衡量继续教育办学成效的主要指标，导致继续教育办学思想错位和办学方向有所偏离。

### 二、个别高校学历继续教育人才培养目标模糊

部分高校仍然沿袭补偿教育的模式，对面向成人的学历继续教育人才培养定位、培养目标和规格设定不清晰、不准确，在课程设计、教学实施

及评价考核等方面与全日制教育趋同，缺乏对成人学习规律和学习特征等的研究，教学过程中存在着重知识技能传授、轻素质品德培养，重学科、轻能力，重理论学习、轻实践应用的现象。高校学历继续教育的思政课程、思政课程研究与建设不足，全员、全方位、全过程的育人机制尚未建立。

此外，一些高校学历继续教育专业设置趋同，对经济形势走向、社会发展和人才市场变化的敏感度不高，与区域经济发展和产业结构不相适应，缺乏错位发展和特色发展意识，与区域经济发展和产业结构有待进一步适应，办学定位有待进一步明确。

### 三、个别高校学历继续教育办学观念较为陈旧

尚有一些高校的学历继续教育办学长时间沿袭旧的方式、方法，且多只是简单照搬（甚至简化）全日制课程，并未针对成人在职特点进行继续教育人才培养模式的改革与创新。办学观念陈旧主要表现在：

1. 以教师为主体，忽略了学生的自主性。个别高校的继续教育办学依旧以教师为主体，设置什么课程、传授什么内容都由教师说了算，没有充分考虑社会经济发展需求、行业企业岗位需要以及学习者个体的成长发展兴趣。在教学中，同样存在多数高校强调教师教学，忽略了学生的个性化学习需求。继续教育的学习者到底有没有学、多少人在学、学了多少、学得怎么样，无从知晓，甚至有意忽略和淡化。

2. 以知识传递为主，忽略了学生的创造性。不少高校的继续教育侧重于概念性知识的传递，淡化了技能训练、情感态度价值观的培养，特别是忽略了在职成人学习者的工作经验、问题意识与创新创造能力。这使得继续教育学生只能接触到一些书本上的死知识，进一步减弱了学习兴趣，更谈不上学习的灵活性和创造性。

3. 以学年制为主，忽略了学生的终身学习需求。部分高校的继续教育，特别是函授教育、业余教育一直沿用传统的学年制（甚至完全没有学分制概念），所有学生执行统一的进度安排，不能自定步调、自主选课，不能预约辅导和考试。封闭的学习制度不利于继续教育学生克服工学矛盾，直接影响了学生的终身学习成效。

4. 以传统班级授课为主，忽略了对教学与管理的信息化。尚有高校的函授教育、业余教育因理念滞后，经费投入不足，忽略了继续教育信息

化建设。多数高校的函授教学过程仍以传统课堂授课方式为主，学生管理模式落后，不能很好地服务继续教育教学与管理，导致工学矛盾突出。而伴随互联网技术、移动技术、人工智能、大数据等新兴技术的普及，继续教育的信息化、网络化已经成为新时代的发展必然。

**四、高校学历继续教育办学形式缺乏统筹**

尽管教育部发布的《关于推进新时代普通高等学校学历继续教育改革的实施意见》已经明确自 2025 年秋季起，高等学历继续教育不再使用"函授""业余"的名称，统一为"非脱产"，但目前，高校举办的高等学历继续教育仍有成人高等教育（脱产、函授、业余）、自学考试、开放教育等不同办学形式。各种办学形式面向同一群体，服务对象相似，但管理自成体系，资源相互竞争，亟待进行整合。

1. 管理自成体系，培养标准不统一。高校普遍存在同时开展多种形式学历继续教育的情况，有的学校除了自己主办的学历继续教育外，还兼做其他高校的校外教学点（函授站）；有的校外教学点（特别是公共服务体系学习中心）、函授站同时承担着多所高校的继续教育招生及学习支持服务任务。这种"你中有我，我中有你"的多种办学形式并存的现象，给求学者造成了选择困惑。同时，不同形式的学历继续教育又各自形成独立的运转体系，在招生方式、录取方式、学费标准、教学形式、学习过程、毕业要求等方面不一致，培养标准不统一，造成了相互之间界限模糊、区分度、特色不明显，教学质量参差不齐的情况。

2. 校内争资源，校外争市场。部分高校内部不同形式的学历继续教育未实现有效整合，分头管理、分头办学，存在内争资源、外争生源的恶性竞争，致使学生管理、教学组织、质量保证等工作难度增加。部分高校继续教育的管理主体和办学主体尚未分离，继续教育学院既是管理主体也是办学主体，不能很好地起到管理和监督作用，也容易因利益纠葛滋长对外宣传虚假、浮夸和不统一等问题。

**五、高校学历继续教育办学质量亟待提升**

质量作为高校学历继续教育发展的生命线，已经成为事业发展的"软肋"和"痛点"。个别高校学历继续教育办学中出现的招生乱象、虚假宣传、考试舞弊等负面报道时有见诸媒体，特别是个别高校招生规模过大、专业设置过多、教学过程流于形式。高校学历继续教育办学质量问题主要表现在以下几个方面。

1. 办学投入与条件不足。办学条件直接影响并决定着办学的质量和水平，但现状不容乐观。一是由于高校继续教育通常没有生均拨款，主要依赖学费收入进行办学，而很多高校函授、业余教育一直沿袭十几年前的学费标准，加之有些高校学费收入还未能主要用于继续教育教学，因此造成继续教育办学投入普遍不足。二是继续教育师资力量薄弱、队伍不稳定、年龄结构、职称结构不尽合理、培训不到位、普遍缺乏产业实践经验和对继续教育特殊性的认识。在函授、开放教育的面授教学环节，大多数授课教师是主办高校之外的其他高职、中职、技工院校，甚至是中学的老师，师资流动性大、约束机制少，教学实施过程很难得到完整有效监管。此外，高校自身师资参与继续教育的比例不高。三是多数高校并未将校内的实验场地、实训基地、图书资料、实验设备等用于继续教育，校外教学点（函授站）亦缺乏足够资金建立实验实训基地、购置实习实训设备，基于网络的虚拟实验平台建设又尚未有效普及，最终导致了高校继续教育办学的实验实训环节淡化甚至缺失。四是资源水平不高，教材建设滞后，适于成人学习的高质量的优质教材数量不多。此外，受专业技术人员匮乏和资源建设投入不足等影响，数字化资源质量良莠不齐、优质资源匮乏、低水平重复建设和浪费现象严重。优质教育教学资源分布不均衡，尽管一些地方和高校已经成立了继续教育资源建设联盟，但优质学习资源共享机制尚未真正形成并落地。

2. 质量评价标准尚不完善。很大一部分高校尚未健全或全面实施涵盖人才培养全员、全方位、全过程的质量评价标准体系，专业设置、招生管理、站点管理、资源建设、考核评价、队伍建设、教学督导等方面缺少指导性工作规范。学历继续教育不同类型院校间已有的质量评价标准不统一，过程管理尚未建立行业统一标准，办学质量参差不齐。多数主办院校的非学历继续教育质量评价标准也不完善，精细化管理不够，对培训种类、特色项目、校企合作等方面工作缺少经验。

3. 教学过程存在缺失。部分高校教学过程放松、具体教学环节不落实、教师工作敷衍、督学促学不到位、教学交互不足，甚至出现了函授、业余学生不上课、网络教育学生不上网的情况。继续教育学生教学过程的参与度普遍不高。此外，部分院校在继续教育人才培养方案、课程内容、教学模式及评价方式等方面存在照搬全日制的现象，如理论和实践联系不紧密、人才培养目标制定过程缺少社会和用人单位参与、培养过程与实际生产脱节、实验实训环节缺失、教学方法和手段单一、未能很好地解决工学矛盾、未能充分满足成人能力发展和学以致用的要求。

4. 课程考核和"出口"把控不严。部分高校学历继续教育课程学习效果的评价仍以课程考核为主，缺少对学生学习过程、实践运用等方面的综合评价。部分高校课程考核不严，考试纪律不严，使考试流于形式；一些院校甚至将课程命题、考试组织、阅卷登分等工作全交给合作办学单位（函授站、学习中心）负责；一些高校开卷考试课程所占比例过大，或为了让学生毕业组织"清考"；一些高校继续教育毕业论文存在较为严重的抄袭（或雷同）现象，毕业环节把控不严，使"出口关"失守。

### 六、高校学历继续教育管理体制不够完善

在"放管服"的背景下，广东省高校学历继续教育要保证良好的教学秩序和较高的培养质量，必须建立一个管得住、放得开、运转灵活、应变能力强的体制机制，以激发各方积极性，这无论对高校还是教育行政部门都是一个考验。当前，广东省高校继续教育管理体制存在的问题主要包括2点。

1. 高校继续教育管理体制办学体制、机制运行不顺。各高校继续教育办学单位建制良莠不齐，办学机构名称不一。个别高校还没有按照管办分离、权责一致原则设置独立的职能部门归口管理全校继续教育工作。

2. 高校对校外教学点布局不合理、管理不到位。从广东省来看，高校继续教育校外教学站点总体布局不平衡（珠三角发达地区多、粤东西北欠发达地区少），有些地方布点密度过高，多站点与小规模交织。从学校来看，部分高校对校外教学点（函授站）的建设管理制度不完善、布局不合理、管理不到位，资质审查、规范管理、检查评估不严格，缺乏退出机制，导致一些校外教学点（函授站）在招生宣传、收费、学习支持、考试服务等环节存在不同程度的违规违纪，严重影响了主办高校的社会声誉。此外，校外教学点校园文化建设存在缺失，"求学"的内涵被异化，学生缺乏"师与生"的存在感和"大学学术和品位"的存在感，"拜师求学"变成了"求学生上学"，校外教学站点服务教学和服务学习的"软文化建设"亟待加强。

## 第三节　广东省高校学历继续教育的未来展望

"十四五"时期，是我国由全面建成小康社会向基本实现社会主义现代化迈进的关键时期，是开启全面建设社会主义现代化国家新征程的第一个五年，也是我国由高等教育大国向高等教育强国跨越的关键期，更是广东在全国建设社会主义现代化国家新征程中，创造新的辉煌的关键期。展望未来，面对新时代、新形势和新任务，高校学历继续教育应以习近平新时代中国特色社会主义思想及二十大精神为指导，全面贯彻党的教育方针，深入贯彻习近平总书记对广东系列重要讲话和重要指示批示精神，按照"五位一体"总体布局和"四个全面"战略布局，立足新发展阶段，坚定不移贯彻新发展理念，深入实施"1＋1＋9"工作部署，围绕建设粤港澳大湾区和深圳中国特色社会主义先行示范区、打造新发展格局战略支点，以推动学历继续教育高质量发展为主题，以落实立德树人为根本任务，以深化改革为根本动力，以办好人民满意的教育为根本目的，在迎接新挑战中为国家、广东省战略的实施、经济社会发展和全民终身学习体系的建设做出新的贡献，进一步写好继续教育"奋进之笔"！

### 一、进一步提升高校学历继续教育供给能力

面对机遇与挑战，高校学历继续教育首先还是要在提升供给能力上下功夫，要主动服务国家与区域重大战略，对接"一带一路"、乡村振兴、数字经济、战略性新兴产业、高新技术产业等发展需要。高等学历继续教育需要服务广东省"双区"建设等多重国家战略和先行先试政策，扩大学历继续教育供给，为全省及各区域经济社会发展战略部署提供充足的人才、智力、科技、文化支撑。

首先，高校要高度重视学历继续教育工作，统筹推进学历继续教育体制机制改革，促进人、财、物等资源在继续教育领域的合理配置，为学历继续教育工作提供保障。特别是一流大学要办好一流的学历继续教育，切实起到示范引领作用。其次，高校可以通过融合众创，推动多方参与学历继续教育，增加学历继续教育有效供给，提高学历继续教育覆盖面和参与率，促进学历继续教育的全纳和公平，解决学历继续教育发展中存在的不平衡、不充分问题，满足人民享受更加公平、更高质量、更好服务的教育需求。

## 二、进一步提高高校学历继续教育服务水平

要提高高校学历继续教育服务水平，高校一是必须构建学历继续教育教师和管理人员队伍与培训体系，不断提升学历继续教育人员队伍的职业道德、素养和专业化水平，努力打造符合时代和科技发展趋势，遍布城乡、全民共享，需求导向、重点突出，开放共融、社会参与的特色终身学习项目。二是必须更新知识观和教学观、服务观，并积极发挥互联网和人工智能优势，固根基、扬优势、补短板、强弱项，创新教育服务供给方式，确保继续教育的受众满意。三是要主动适应区域经济社会发展和现实需要。广东省正处于竞争优势重塑期、新旧动能加速转换期、工业化城镇化深化期、社会转型加速期、全面深化改革攻坚期、生态环境提升期，发展呈现新的阶段性特征，高校学历继续教育需以新需求为导向，以服务广东省经济社会为己任，增强服务广东省发展能力，为广东省经济社会发展提供有力的人才支撑。

此外，为提高高校学历继续教育服务水平，高校还需深入研究继续教育的教学规律、学习规律。学生开展远程自主学习，时间、区域、学习内容都是分散的，学习支持服务是否健全、到位，直接影响教学质量和学生学习效果。高校要面向学习者，提供个性化、精准化、智能化、实时化的学习支持服务，帮助学习者开展学习，提高学习质量。要针对学习者的学习行为，分析形成学习者画像，探索高等学历继续教育过程评价改革。

## 三、加快基于在线教育的教学改革与创新

基于"互联网"的在线教学是高校学历继续教育发展的总趋势和大方向。因此，高校必须加快推进学历继续教育信息化建设，强化信息技术在高校学历继续教育中的运用力度，充分发挥在线教育优势，推动函授教育、业余教育与网络教育的深度融合。

一是在平台技术层面，积极探索建成"互联网＋教育"的高校及区域大平台，积极推进学历继续教育协同创新；坚持新发展理念，在学科之间、高校之间、高校与经济社会发展之间以及不同教育体系之间，搭建学历继续教育创新平台，创新工作模式，探索管理机制，全力打造协同创新共同体。

二是资源整合方面，建议按照政府主导、高校主体、社会参与和市场

运作的原则，统一制定在线课程资源建设规划、规范和标准，建立和完善教学资源更新机制，共建共享机制，推动从教育专用资源向教育大资源转变，推动优质在线开放课程的共建共享。

三是努力构建"互联网＋"条件下的人才培养新模式，推进信息技术与函授教育、夜大学的深度融合，建立网络教学和面授辅导、自主学习和协作学习、理论学习和实践实训等相结合的混合学习模式。其中，高校应充分利用数字技术，开展基于网络课程的异步教学和基于直播技术的同步教学。线上教学须加强数字资源建设和学习活动引导，增强师生、生生互动，提升学生课堂参与度。有条件的高校应加快探索运用人工智能等技术手段，创新本专业类的教学模式，推进在线课程、数字化资源及教学服务的开放共享。

四是要进一步完善高校学历继续教育监控平台的建设与大数据分析应用，确保线上学习的真实性和有效性，并尽快实现基于大数据的继续教育全过程质量跟踪与评估。

### 四、推进高校学历继续教育的数字化转型

"数字化"是新时代高校学历继续教育的重要内在"基因"，而非追逐时尚的外在光鲜"标签"，是继续教育历史发展的大势所趋，是学习者与办学者的众望所归，是办好人民满意的学历继续教育的必然选择。普通高校学历继续教育数字化战略转型的内涵应包含以下五个方面。

1. 优化办学形式，加快融合发展，即办学形式的"数字化"。立足时代，面向未来，以数字化为主要特征的不同办学形式融合发展是大势所趋和众望所归。这一融合发展是以数字化为主要特征和重要依托的系统转型，既包括线上教育的"数字化"，也包括线下教育的"数字化"；既包括教与学的"数字化"，也包括管理与服务的"数字化"。

2. 创新教学模式，推动混合教学，即教学方式的"数字化"。具体到专业课程层面，高校要根据专业人才培养的基本要求和在职成人学习者的实际需求，打造富有学校特色的学历继续教育教学模式，合理确定线上线下学时比例。高校要充分用好数字化这一变革"引擎"，既要满足广大在职学习者"随时随地""数字化""移动化""个性化"的学习需求，又要满足这一群体渴望"进大学校园""听教授讲课""与大师对话""与同学交流"的迫切需要。

3. 加强资源建设，促进共建共享，即教育资源的"数字化"。数字资源是高校学历继续教育数字化建设的重要内容和混合教学有效发生的重要依托，必须坚持内容为王，持续丰富数字资源，推进开放共享。一方面要尊重和保护授课者、技术制作者的知识产权，让其愿意投入精力去做，并"敢拿出来"开放共享；另一方面还必须激发资源建设者的内部动机，让其"愿意拿出来"并"持续拿出来"。另外，还要搭建平台，支持资源建设团队共享资源并提供配套支持服务，支持名师及团队打造课程品牌，从而使静态资源"动"起来、"活"起来，也使资源使用者获得更大价值。

4. 创新管理模式，加强数字治理，即教育治理的"数字化"。大数据时代，以数字化为主要特征的高校学历继续教育将实现人才培养全员、全过程、全方位的精准记录、监测预警、智能化监管。数据将成为学历继续教育现代化治理体系构建的前提和基础；成为驱动高校为学习者提供个性化教育服务，进行全流程质量管理和风险防控的核心要素和主要抓手；也将成为高校考核教师和评价学生，以及教育行政部门对高校学历继续教育办学进行常态监测、检查评估的重要依据。

5. 提升智慧水平，构建全新生态，即教育生态的"数字化"。未来已来！数字化已经成为人们（特别是成人）工作、学习、生活的基本方式，并将继续向纵深发展，向智慧化方向发展。特别是伴随5G、人工智能、虚拟现实、区块链、大数据、云计算等新技术的快速迭代和推广应用，虚拟教师、数字教室、沉浸式体验学习、元宇宙学校都将运用于高校学历继续教育，从而构建并完善以数字化平台为支撑，以服务全民终身学习的学习型社会建设为目的，现实与虚拟充分有机交融，场景化、智慧化、游戏化的继续教育"新生态"。

**五、实施学历继续教育检查评估**

高校学历继续教育的高质量发展离不开强有力的质量监控和评估体系。教与学的行为是否发生，什么时候发生，怎么发生，效果如何？这些过去处于"黑箱"中的信息（既包括线上，也包括线下），都将愈来愈清晰和透明地呈现出来，成为高校学历继续教育常态化检查评估的重要内容。实施高校学历继续教育检查评估，主要包括以下内容。

一是加快贯彻落实《教育部关于推进新时代普通高等学校学历继续教育改革的实施意见》《教育部办公厅关于严格规范高等学历继续教育校外

教学点设置与管理工作的通知》等文件精神，尽快启动高等学历继续教育质量的第三方评估工作，实施对所有学历继续教育（函授教育、业余教育、脱产教育、开放教育）的评估。学历继续教育评估应坚持"以评促建，以评促改，以评促管，评建结合，重在建设"的工作方针，通过线上线下相结合的方式，引导高等学历继续教育把准方向、遵守规范、特色发展，不断提高人才培养质量，服务好全民终身学习。二是要将各类学历继续教育办学情况、办学数据纳入高校整体质量常态监测和评估范围，纳入普通本科高校"双一流"、高职院校"双高"建设考核范围。特别是要把高等学历继续教育学生数按照国家规定折合在校生规模，测算高校办学条件，引导高校适度规模发展继续教育。三是要对继续教育课程教学及考核质量进行抽测监督，对办学中存在教学过程缺失、教学秩序混乱、考试管理不规范、教育质量低下等问题，依法、依规、依纪，视情节对有关高校给予责令限期整改、通报批评、限制招生和暂停招生等处理，并对相关责任人进行问责。

## 六、统筹职业教育、高等教育、继续教育协同创新，助力教育强国建设

2023 年 5 月，习近平总书记在中共中央政治局第五次集体学习时提出"加快建设教育强国，为中华民族伟大复兴提供有力支撑"，并明确要求"统筹职业教育、高等教育、继续教育，推进职普融通、产教融合、科教融汇"。这是继党的二十大报告之后，总书记又一次强调统筹职业教育、高等教育、继续教育协同创新，足见推进"三教统筹"意义重大，任务艰巨，且迫在眉睫。

统筹职业教育、高等教育、继续教育协同创新，须全面贯彻新发展理念，切实加强前瞻性思考、全局性谋划、战略性布局、整体性推进。要以"立德树人"为中心，以"学分银行"为支撑，把握好"产教融合""科教融汇"两个基本点，深入推进"职普融通""普继融合""职继融贯"三维协同。具体到高校学历继续教育表现为以下五点。

一是要根据产业发展趋势不断调整学历继续教育的专业结构，深度推进人才链、创新链与产业链、服务链紧密对接，聚焦合作育人、合作就业、合作发展，形成"政府＋学校＋企业"多方协作人才培养新机制，发挥职业教育与继续教育的合力，通过"政府主导，学校实施、企业协同"，

合作建立"政府买单，校企联动，量身定做、协同培养"育人新机制。

二是要构建"学历＋技能＋创业"学历继续教育人才培养新模式，专业设置对接产业需求，培养方案对接发展需求，教学过程对接生产需求，亦工亦学，形成"在学中干，在干中悟"的人才培养模式创新。

三是要积极探索 1＋X 证书制度、"学分银行"办学模式，深入开展多样化探索实践，搭建终身学习"立交桥"，将学历证书与职业技能等级证书相互衔接和融通与成果转换，推进职继协同、普职融通，构建灵活开放的终身教育体系，把人才培养直接输送到生产最前沿，构筑广泛人才高地，破解发展过程中人力资源瓶颈，促进成果有效转化为产业发展优势。

四是要研究推动普通高校学历继续教育举办本科层次职业教育的试点，对推进普通高校继续教育转型发展，助力完善职业教育体系建设，满足民众接受更加适合的教育具有重大意义。

五是要加快学分银行建设。统筹职业教育、高等教育、继续教育协同创新，离不开基于国家资历框架，面向全民终身学习的"学分银行"制度。这是支撑"职普""普继""职继"相互衔接贯通的底层逻辑，是打造高质量产业链、人才链、教育链，让每个人都有人生出彩机会，建设学习型社会、学习型大国的基础制度保障。

改革的号角已经吹响！在新发展阶段，高校必须切实提高政治判断力、政治领悟力、政治执行力，发扬钉钉子精神，重实干、抓落实、求实效，不打折扣地做好新时期高等学历继续教育的育人育才工作。特别是要切实抓住"数字化"这一牵动学历继续教育改革创新全局的"牛鼻子"，主动变革、主动作为、主动创新，为推动全国高等学历继续教育高质量发展贡献力量，为建设教育强国贡献力量，为推动经济社会发展和学习型社会建设贡献力量，为实现国家第二个百年奋斗目标贡献力量。

# 参考文献

[1] 豪利特 M，拉米什 M. 公共政策研：政策循环与政策子系统 ［M］. 庞诗，等，译. 北京：生活·读书·新知三联书店，2006：141－165.

[2] "高校非学历继续教育规范管理"课题组，武丽志. 新时代高校如何办好人民满意的非学历教育：专家学者谈落实《普通高等学校举办非学历教育管理规定（试行）》［J］. 终身教育研究，2022，33（1）：9－16.

[3] 包万平，李金波.《高等教育法》的制定、完善及未来面向 ［J］. 中国高教研究，2016（8）：35－41.

[4] 新华社. 蔡达峰：要推进基本公共教育服务均等化 ［EB/OL］.（2012－03－10）［2022－10－09］. http://www.gov.cn/2012lh/content_2088749.htm.

[5] 陈丽，沈欣忆，万芳怡，等. "互联网＋"时代的远程教育质量观定位 ［J］. 中国电化教育，2018（1）：15－21.

[6] 陈丽，等. 中国教育改革开放40年. 终身教育卷 ［M］. 北京：北京师范大学出版社，2019：83.

[7] 陈琳，罗飞，张雪芹，等. 加强高校校外教学点规范管理的问题剖析与对策研究 ［J］. 继续教育，2018，32（10）：24－26.

[8] 陈振明. 政策科学：公共政策分析导论 ［M］. 北京：中国人民大学出版社，2003：172.

[9] 陈振明. 政府工具研究与政府管理方式改进：论作为公共管理学新分支的政府工具研究的兴起、主题和意义 ［J］. 中国行政管理，2004（6）：43－48.

[10] 陈振明. 公共服务质量管理：理论、方法与应用 ［M］. 北京：科学出版社，2017.

[11] 陈玉琨，沈玉顺. 关于高等教育质量本质的探析 ［M］//胡祖莹，曲恒昌. 高等教育评估与质量保证：来自五大洲的最新经验与发现，北京：北京师范大学出版社，1998：17－23.

［12］邓铭. 浅谈新时代背景下普通高校学历继续教育的转型与人才培养方案变革［J］. 湖北第二师范学院学报，2016，33（5）：86－89.

［13］董明传，毕诚，张世平. 成人教育史［M］. 海口：海南出版社，2002：73.

［14］段春明，杨芹. 西方发达国家成人教育的发展与启示［J］. 继续教育，2008（5）：61－62.

［15］段福德. 网络教育质量能否"另"眼相看［J］. 中国远程教育，2003（2）：26－28.

［16］冯晓英，王瑞雪，曹洁婷，等. "互联网＋"时代三位一体的教育供给侧改革［J］. 电化教育研究，2020，41（4）：42－48.

［17］改革开放30年 远程教育和继续教育成绩斐然［J］. 现代教育技术，2008（11）：128.

［18］高等学校土木工程专业指导委员会. 高等学校土木工程专业本科教育培养目标和培养方案及课程教学大纲［M］. 北京：中国建筑工业出版社，2002.

［19］高有华，王婷. 发达国家成人继续教育比较及启示［J］. 内蒙古师范大学学报（教育科学版），2012，25（3）：6－9.

［20］顾建光，吴明华. 公共政策工具论视角述论［J］. 科学学研究，2007（1）：47－51.

［21］郭翠，陈海建. 基于"双证融通"的学分银行建设研究［J］. 中国职业技术教育，2020（24）：15－20＋53.

［22］广东省道路运输协会团体标准. 汽车业（后市场）行业资历等级标准：T/GDRTA 004－2020［S/OL］.［2020－12－17］［2022－10－10］. https://www.ttbz.org.cn/StandardManage/Detail/41310.

［23］广东省终身教育银行学分银行"十三五"规划工作报告，内部资料.

［24］广播电视大学暂行规定［J］. 中国电大教育，1988（7）：5－9.

［25］郭文革. 中国网络教育政策变迁：从现代远程教育试点到MOOC［M］. 北京：北京大学出版社，2014.

［26］郭玉娟，胡韧奋. 基于文本挖掘的继续教育机构评价方法新探［J］. 开放学习研究，2019，24（6）：8－14.

［27］国卉男，史枫. 改革开放以来我国终身教育政策：价值选择与成效

分析 [J]. 中国职业技术教育, 2020 (30): 55 - 62.

[28] 国家教育行政学院. 国家教育体制改革试点阶段性研究报告. 高等教育卷 [M]. 北京: 教育科学出版社, 2014.

[29] 国务院批转教育部关于大力发展高等学校函授教育和夜大学的意见 [J]. 中华人民共和国国务院公报, 1980 (14): 437 - 441.

[30] 郝克明. 终身学习与"学分银行"的教育管理模式 [J]. 开放教育研究, 2012, 18 (1): 12 - 15.

[31] 侯华伟, 林小英. 教育政策工具类型与政府的选择 [J]. 教育学术月刊, 2010 (4): 3 - 6 + 14.

[32] 侯建军. 现代远程高等教育质量的标准、评价及保证体系 [J]. 现代远程教育研究, 2003 (3): 9 - 13 + 63.

[33] 黄建如. 终身学习在新加坡 [J]. 江西科技师范学院学报, 2004 (2): 1 - 3.

[34] 黄健. 高质量发展高等继续教育的思考和建议 [J]. 终身教育研究, 2021, 32 (2): 9 - 12 + 19.

[35] 黄启兵, 毛亚庆. 大众化高等教育质量保障: 基于知识的解读 [M]. 北京: 北京师范大学出版社, 2011.

[36] 亓俊国, 白华, 王彦平, 等. 师范类高校继续教育管理体制与运行机制发展探究 [J]. 继续教育, 2015, 29 (4): 11 - 14.

[37] 贾佳. 高等教育质量观: 演进逻辑与行为契合 [D]. 湖南科技大学, 2016.

[38] 教育部关于印发《国家开放大学综合改革方案》的通知 [J]. 中华人民共和国教育部公报, 2020 (9): 44 - 49.

[39] 教育部关于办好开放大学的意见 [J]. 中华人民共和国教育部公报, 2016 (12): 74 - 79.

[40] 教育部关于进一步深化本科教学改革全面提高教学质量的若干意见 [J]. 中华人民共和国教育部公报, 2007 (5): 37 - 40.

[41] 教育部高等学校教学指导委员会. 普通高等学校本科专业类教学质量国家标准 [M]. 北京: 高等教育出版社, 2018.

[42] 乐传永, 许日华. 高校继续教育治理: 缘起、主体与机制 [J]. 现代远距离教育, 2018 (1): 3 - 8.

[43] 李光先. 广东学分银行建设之势与难研究 [J]. 广东广播电视大学

学报，2014，23（5）：1 – 5.

［44］李光先. 广东学分银行建设模式研究［J］. 广东开放大学学报，2015，24（5）：1 – 4.

［45］李红燕，薛圣凡. 中国继续教育政策变迁历程、逻辑与方向：基于历史制度主义视角［J］. 中国成人教育，2020（19）：24 – 29.

［46］李金. 韩国成人教育的发展历程及趋势展望［J］. 职教通讯，2015（13）：52 – 55 + 60.

［47］李薇. 经合组织与全民终身学习发展［M］. 上海：上海教育出版社，2015.

［48］李兴洲，卢海红. 继续教育的国际经验［J］. 北京师范大学学报（社会科学版），2010（1）：21 – 28.

［49］李雪婵，关燕桃，李怀俊. 基于资历框架的能力标准开发：粤港的经验育［J］. 中国职业技术教，2020（6）：39 – 48.

［50］李中亮. 中国共产党领导下高等继续教育的百年历程、进展与展望［J］. 当代继续教育，2021，39（4）：4 – 11.

［51］林同. 大学公共选修课存在的问题和提高教学质量的途径［J］. 西南师范大学学报（自然科学版），2015，40（7）：193 – 198.

［52］林晓凤，安宽洙. 韩国学分银行十五年：成、挑战与未来［J］. 职教论，2015（3）：42 – 49.

［53］刘安，王海东. 韩国国家学分银行制度及经验［J］. 中国考试，2013（5）：32 – 38.

［54］刘振天. 论"过程主导"的高等教育质量观［J］. 北京大学教育评论，2013：171 – 180.

［55］马国刚，李红燕，孙姚同，等. 教育改革新常态下高等学历继续教育的发展趋向［J］. 中国成人教育，2017（18）：18 – 24.

［56］全国人民代表大会常务委员会. 中华人民共和国高等教育法［EB/OL］.（2019 – 01 – 07）［2022 – 09 – 12］. http://www.npc.gov.cn/npc/c30834/201901/9df07167324c4a34bf6c44700fafa753.shtml.

［57］沈欣忆. 我国高等教育质量保证标准的研究［D］. 北京师范大学，2015.

［58］盛冰. 高等教育的治理：重构政府、高校、社会之间的关系［J］. 高等教育研究，2003（2）：47 – 51.

[59] 舒永久，李林玲. 高等教育治理体系现代化：逻辑、困境及路径 [J]. 现代教育管理，2020（6）：1-6.

[60] 孙立新. 发达国家成人高等教育发展的特征及其启示 [J]. 继续教育研究，2005（1）：23-25.

[61] 覃兵，胡蓉. 韩国高等教育学分银行制探析 [J]. 比较教育研究，2009，31（12）：65-68.

[62] 田恩舜. 高等教育质量保证模式研究 [M]. 青岛：中国海洋大学出版社，2007.

[63] 田红梅. 长三角地区开放教育学分银行筹建及上海市的经验借鉴与启示 [J]. 中国成人教育，2020（5）：59-61.

[64] 王海荣. "互联网＋" 战略下远程教育学习中心发展研究 [J]. 中国远程教育，2018（4）：32-41.

[65] 王建. 继续教育发展的战略转型与推进策略 [J]. 教育研究，2013，34（9）：95-101.

[66] 王莉华. 高等教育的四种质量观 [J]. 江苏高教，2008（1）：20-22.

[67] 王晓辉，刘敏，谷小燕. 大学治理：理念、模式与制度 [M]. 北京：北京师范大学出版社，2018.

[68] 王严淞. 论我国一流大学本科人才培养目标 [J]. 中国高教研究，2016（8）：13-19+41.

[69] 王有升. 中国教育治理体制的历史演变、现实问题与改革动力探析 [J]. 华中师范大学学报（人文社会科学版），2016，55（6）：167-174.

[70] 魏垂高，于斐斐，张清学. 共同体视域下校外支持服务机构的治理策略 [J]. 中国成人教育，2021（8）：21-25.

[71] 吴斌，高庆元，范太华. 高等学历继续教育人才培养目标定位研究 [J]. 高等继续教育学报，2017，30（2）：8-13+18.

[72] 吴佳妮. 美国高等教育质量保障体系中的权力博弈：学术、国家、市场的三角关系变迁 [J]. 比较教育研究，2012（7）：30-35.

[73] 吴建文，陈海英，张建飞. 浙江省高等学历继续教育发展现状与对策研究 [J]. 高等继续教育学报，2020，33（1）：22-26.

[74] 吴向明，陈煜. 大众化背景下大学精英人才培养规格研究 [J]. 中国高教研究，2008（2）：20-21.

[75] 谢浩, 许玲, 李炜. 新时期高校网络教育治理体系的结构与关键制度 [J]. 中国远程教育, 2021 (11): 22 – 28 + 57 + 76 – 77.

[76] 谢洵, 丁兴富. 英国 QAA 的学科评估方法及其启示 [J]. 开放教育研究, 2005 (4): 38 – 41.

[77] 徐绪卿. 我国民办高校治理及机制创新研究 [M]. 北京: 中国社会科学出版社, 2017.

[78] 许虎. 美、日、法继续教育发展对我国的启示 [J]. 继续教育, 2008 (7): 61 – 63.

[79] 薛二勇, 周秀平. 中国教育脱贫的政策设计与制度创新 [J]. 教育研究, 2017, 38 (12): 29 – 37.

[80] 闫凤桥. 大学的办学质量与声誉机制 [J]. 国家教育行政学院学报, 2012 (12): 16 – 20.

[81] 阎建鑫, 张建林. 关于提高函授教学质量的几点思考 [J]. 继续教育研究, 2005 (6): 75 – 78.

[82] 杨德广, 谢安邦. 高等教育学 [M]. 北京: 高等教育出版社, 2009.

[83] 杨伟国, 吴守祥. 德国技能人才短缺及其治理 [J]. 德国研究, 2006 (2): 48 – 53 + 79.

[84] 杨学祥, 张魁元, 侯建军. 高等学校继续教育体制与机制创新: 以北京大学继续教育体制与机制改革为例 [J]. 继续教育, 2016, 30 (1): 3 – 6.

[85] 尤文. 学习与贯彻: 为第一次全国成人教育工作会议一周年而作 [J]. 北京成人教育, 1987 (12): 2 – 4 + 30.

[86] 余雅风, 蔡海龙, 等. 中国教育改革开放 40 年. 政策与法律卷 [M]. 北京: 北京师范大学出版社, 2019.

[87] 俞可平. 权利政治与公益政治: 当代西方政治哲学评析 [M]. 北京: 社会科学文献出版社, 2000.

[88] 袁松鹤, 齐坤, 孙鸿飞. 终身教育体系下的远程教育质量观 [J]. 中国电化教育, 2012 (4): 33 – 41.

[89] 袁振国. 当代教育学 [M]. 北京: 教育科学出版社, 1999.

[90] 张民选. 模块课程: 现代课程中的新概念、新形态 [J]. 比较教育研究, 1993 (6): 11 – 13.

［91］ 张振刚，朱永东. 美国高等教育质量保障体系［M］. 北京：高等教育出版社，2013：122.

［92］ 张振刚. 美国高等教育认可和认证系统研究［J］. 学位与研究生教育，2007（7）：62 – 69.

［93］ 赵敏，等. 现代远程教育公共服务体系的质量保证［M］. 北京：国家开放大学出版社，2019.

［94］ 赵艺凡. 供给侧视角下我国普通高校学历继续教育存在的问题及改革路径［J］. 中国职业技术教育，2017（33）：32 – 37.

［95］ 郑炜君，王顶明，王立生. 国家资历框架内涵研究：基于多个国家和地区资历框架文本的分析［J］. 中国远程教育，2020（9）：1 – 7 + 15 + 76.

［96］ 褚宏启. 教育治理：以共治求善治［J］. 教育研究，2014，35（10）：4 – 11.

［97］ 中华人民共和国中央人民政府. 教育部关于印发《高等学历继续教育专业设置管理办法》的通知：教职成〔2016〕7 号［EB/OL］.（2016 – 12 – 03）［2022 – 12 – 03］. http://www. gov. cn/xinwen/2016 – 12/03/content_ 5142506. htm.

［98］ 中华人民共和国教育部. 卓越工程师教育培养计划［EB/OL］.（2010 – 06 – 24）［2023 – 09 – 03］. https://baike. baidu. com/item/卓越工程师教育培养计划/4942299?fr = aladdin.

［99］ 中华人民共和国教育部. 关于印发《关于深化教学改革，培养适应21 世纪需要的高质量人才的意见》等文件的通知：教高〔1998〕2 号［EB/OL］.（1998 – 04 – 10）［2023 – 09 – 03］. http://www. moe. gov. cn/srcsite/A08/s7056/199804/t19980410_ 162625. html.

［100］ 中华人民共和国高等教育法［N］. 人民日报，2016 – 03 – 30（16）.

［101］ 中国人民大学继续教育学院. 中国人民大学继续教育学院简介［EB/OL］.［2022 – 7 – 23］. http://sce. ruc. edu. cn/gywm/xyjj/index. htm.

［102］ Barnett R. The idea of quality：voicing the educational［J］. Higher education quarterly，1992，46（1）.

［103］ European Commission. European credit transfer and accumulation sys-

tem (ECTS) [EB/OL]. [2021 – 12 – 10]. https://ec. europa. eu/
education/resources – and – tools/european – credit – transfer – and –
accumulation – system – ects_ en.

[104] European Commission. European Users' Guide [EB/OL]. (2017 – 1 –
5) [2021 – 12 – 10]. https://op. europa. eu/en/publication – detail/ – /
publication/da7467e6 – 8450 – 11e5 – b8b7 – 01aa75ed71a1.

[105] Green D. What is quality in higher education? [M]. London: Taylor
& Francis, 1994.

[106] Harvey L, Green D. Defining quality [J]. Assessment & evaluation in
higher education, 1993, 18 (1): 9 – 34.

[107] Harvey L, Knight P T. Transforming higher education [M]. Miden-
head: Open University Press, 1996.

[108] Knowles M S. The modern practice of adult education: andragogy ver-
sus pedagogy [M]. New York: Association Press, 1970.

[109] Lomas L. Does the development of mass education necessarily mean the
end of quality [J]. Quality in higher education, 2002, 9 (1), 71 – 79.

[110] Msche. Middle states commission on higher education accreditation
[EB/OL]. (2018 – 9 – 22) [2023 – 10 – 04]. https://www.
msche. org/accreditation.

[111] McDonnell L, Elmore R. Getting the job done: alternative policy instru-
ments [J]. Educational evaluation and policy analysis, 1987, 9 (2):
133 – 152.

[112] Pagden A. The genesis of 'governance' and enlightenment conceptions of
the cosmopolitan world order [J]. International Social Science Journal ,
1998: 7 – 15.

[113] Rothwell R, Zegveld W. Reindusdalization and technology [M]. Lon-
don: Longman Group Limited, 1985: 49 – 100.

[114] Robinson B. Governance, accreditation and quality assurance in open
and distance education [M] // Policy for open and distance learning.
London: Routledge, 2003: 197 – 222.

[115] Schemmann M. Analysis of the governance of university continuing edu-
cation in the United Kingdom and Germany [J]. Internationales Jahr-

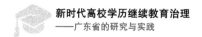
新时代高校学历继续教育治理
——广东省的研究与实践

buch der Erwachsenenbildung, 2014, 37 (1): 61 – 72.

[116] Tam M. Measuring quality and performance in higher education [J]. Quality in higher education, 2001, 7 (1).

[117] Weingarten J. All you need to know about the European Credit System ECTS [EB/OL]. [2023 – 10 – 04]. https://www. mastersportal. com/articles/388/all – you – need – to – know – about – the – european – credit – system – ects. html.

# 后记：以高质量发展推进学习型社会、学习型大国建设

2023 年 5 月，习近平总书记在中共中央政治局第五次集体学习时强调："要建设全民终身学习的学习型社会、学习型大国，促进人人皆学、处处能学、时时可学，不断提高国民受教育程度，全面提升人力资源开发水平，促进人的全面发展。"这一重要讲话清晰绘制了具有中国特色的学习型社会、学习型大国建设蓝图，旗帜鲜明地提出了"人人皆学、处处能学、时时可学"的建设目标，并特别强调要通过全民终身学习促进人的全面发展，进而为中国式现代化建设提供基础性、战略性支撑。立足新时代，勇担新使命，中国学习型社会、学习型大国建设必须坚持党的领导，坚定不移地高举高质量发展旗帜，走高质量发展道路。把握好这里的高质量发展内涵，须抓住"规范""公平""创新""数字化"四个关键词。

规范是高质量发展的基本前提。近年来，国家出台了一系列政策文件，为发展全民终身学习、建设学习型社会搭建了政策的"四梁八柱"。特别是对普通高等学校举办高等学历继续教育和非学历教育提出了一系列明确的规范性要求。相关要求涉及办学定位、主体责任、归口管理、合作办学、体制机制、招生宣传、办学条件、培养过程、考核评价、毕业学位、证书发放、财务收支等方方面面，为高校推动继续教育高质量发展，办好人民满意的继续教育，明确了基本要求和行动底线。规范是高质量发展的前提和基础，规范的目的是保障和促进事业的健康可持续发展，而非限制和阻碍发展。因此，高校等办学主体一定要全面贯彻落实系列规范管理制度，坚持立德树人，夯实办学条件，强化过程管理，全面践行依法依规小学和高质量人才培养。

公平是高质量发展的重要特征。学习型社会、学习型大国建设是一项战略性国家行动，必须始终坚持以人民为中心的发展理念，坚持"面向人人，服务人人，适合人人"，切实推进全国一盘棋，构建面向 14 亿人口的终身学习体系。无论是学历继续教育还是非学历教育，无论是青少年读书活动还是社区教育、老年教育，无论是社区学习中心还是学习型城市建设，都需要全力推进公平普惠，都需要覆盖全国城乡，覆盖所有行业企

业，覆盖所有人群。不论老幼，不论贫富，不论职业，只有让所有公民都享有公平的终身学习机会和优质的教育资源及配套支持服务，才是达到了"人人皆学"的发展目标，才是高质量的继续教育，才能推动"人口大国"向"人才强国"转变，进而推动经济社会高质量发展。这就需要在工作中贯彻"纵向到底，横向到边"的原则，加强顶层设计和全方位一体化部署，确保终身学习一个人都不能少，一个地区都不能落下。

创新是高质量发展的驱动引擎。学习型社会、学习型大国建设最终要落实到城市、社区、单位和个人，落实到具体项目、工程、工作、活动中来。这就要求各地、各校、各单位必须坚持"一地一策""一校一策""一单位一策"，结合实际灵活推进全民终身学习，在实践中弘扬特色、创新发展。这就要求我们在工作中必须明确奋斗目标，然后全面、准确采集信息，理性而活跃地分析思考，以改革创新的担当勇气，大胆超越陈规，知难而进，开拓创新。在学习型社会、学习型大国建设中，创新既要体现在制度建设、体系重构、体制机制变革，如推动国家及地方终身学习立法，统筹职业教育、高等教育、继续教育协调创新，建设国家资历框架和学分银行制度，构建国家老年大学办学服务体系等；也要体现在专业建设、课程建设、思政教育、教材建设、资源共享、支持服务、考试测评、质量保障、新技术应用等育人育才的重点领域和关键环节。

数字化是加快高质量发展的重要引擎。党的二十大报告将"推进教育数字化"置于"建设全民终身学习的学习型社会、学习型大国"之前，充分体现了数字化在促进全民终身学习中的战略定位和重要价值。习近平总书记特别强调"教育数字化是我国开辟教育发展新赛道和塑造教育发展新优势的重要突破口"。对中国来说，要建设幅员辽阔、14亿人口的全民终身学习的学习型社会、学习型大国，数字化是必然选择、关键利器和基础支撑。只有充分发挥好数字化在资源共享、模式创新、生态重构中的倍增器作用，才能大幅提升学习型社会、学习型大国的建设速度与成果成效。要将数字化作为高质量发展的重要引擎，积极将新理念、新技术引入终身学习领域，不断夯实数字基础设施与平台建设，筑牢支撑"人人皆学、处处能学、时时可学"的学习型社会数字底座，丰富数字化资源与内容供给，创新泛在多元、智能化、体验式的学习场景与学习模式，打造现实与虚拟深度融合的终身学习新生态。

党的二十大报告强调"高质量发展是全面建设社会主义现代化国家的

首要任务"。办好人民满意的继续教育，建设面向全民终身学习的学习型社会、学习型大国，也必须将高质量发展放在首位，并着力在保规范、促公平、求创新、数字化上下功夫，从而切实提升我国人力资源整体水平，推动教育强国、科技强国、人才强国建设，以中国式现代化全面推进中华民族伟大复兴。